Arriesgando la gracia está lleno de sabiduría ganada con esfuerzo. Cuando Dave y Neta Jackson supieron que su hija era lesbiana y que tenía pareja, decidieron adoptar una postura humilde y ejemplar. A diferencia de aquellos que construyen muros dentro y alrededor de la iglesia, ellos volvieron a las Escrituras para obtener nuevos conocimientos. *Arriesgando la gracia* es un libro arriesgado, y dada la trayectoria de los Jackson como escritores en el corazón de la publicación evangélica, es también un libro valiente.

David Neff, exeditor en jefe
Revista *Christianity Today*

En una palabra, *Arriesgando la gracia* es fabuloso. Establece un equilibrio apropiado entre teología, sentido común, espiritualidad y humildad. Como padre de un hijo *gay*, he leído todo lo que pude sobre este tema y no creía que haya algo nuevo que aprender. Pero Dave ofreció muchas perspectivas nuevas y novedosas y hace un trabajo maravilloso al anticipar inquietudes y objeciones. Dios va a usar este libro. No tengo dudas . . . ciertamente fue útil y alentador para mí.

Pastor de una iglesia bautista del sur de gran tamaño

Como psicoterapeuta y misionera que ahora atiende a mujeres en el barrio Tenderloin de San Francisco, estoy rodeada de "daños colaterales" en la vida de las personas LGBT. Una niña misionera rechazada por su familia. Un compasivo y brillante terapeuta describiendo la pérdida del tamaño de un cañón cuando su padre descubrió que su hijo es *gay* . . . y cerró la puerta de la relación, aparentemente para siempre. Una amable amiga transgénero quien comenta que raras veces se le permite ver a sus nietos. Y ver a una hermana muy querida en Cristo atravesando el dolor y la pérdida de creer que debe elegir entre obedecer a Cristo y amar a su hermana lesbiana y a su pareja.

En *Arriesgando la gracia,* Dave Jackson tiene la valentía de decir a su propia comunidad evangélica: "Basta". Él no exige ningún cambio en su teología, pero nos pide que hagamos el esfuerzo de comprender. Explica cómo los cristianos creyentes en la Biblia, fieles y amantes de Jesús llegan a conclusiones diferentes sobre la enseñanza bíblica en cuanto a las relaciones del mismo sexo. Y nos invita a todos a caminar al otro lado de este puente de separación y elegir el amor.

Julia Pferdehirt, psicoterapeuta y misionera
The Tenderloin, San Francisco.

He conocido a Dave y Neta Jackson por muchos años, primero por la reputación de sus muchos libros, y más recientemente como queridos amigos. Han dirigido estudios bíblicos para personas sin hogar en Breakthrough y han recorrido las calles con nuestro personal para acercarse a mujeres víctimas de la trata. Viven lo que hablan de su compromiso con Jesús y reverencia por la Palabra de Dios. He disfrutado de cen
conversaciones sobre fe, familia y nuestros des
la ciudad de Chicago. Su forma de ser es autén

Sabía que la experiencia de descubrir que su hija era lesbiana les había costado, así que cuando Dave escribió un libro sobre eso, estaba ansioso por saber lo que él tenía que decir. He aprendido por experiencia que pensar, hablar y escribir sobre la homosexualidad a distancia es un tema, pero es otro muy distinto cuando la persona que decide "salir del clóset" es un miembro querido de la familia o amigo. Y cuando sabemos que ese ser amado ha nombrado a Jesús como su Señor y Salvador, se vuelve aún más problemático. Francamente, la iglesia evangélica no sabe qué hacer con ellos más que echarlos en vergüenza y deshonra. Los padres de personas homosexuales luchan con la forma de responder. Ellos a menudo también son rechazados y amonestados si no toman una postura de condenar a sus hijos.

Arriesgando la gracia está escrito desde el corazón de un padre y revela el corazón del Padre Dios para aquellos que son desechados. Mi corazón se partió al leer los muchos ejemplos de Dave de aquellos que han sufrido, muchos conducidos a la depresión y al suicidio por las decisiones que tuvieron que tomar para vivir honestamente. La iglesia ha fallado al no envolver con brazos de amor a aquellos que están sufriendo en sus momentos más vulnerables. *Arriesgando la gracia* nos desafía a mirar a la totalidad de las Escrituras y el ejemplo de Jesús para ver si nuestro juicio y condenación son justificados. Desafió mi propio prejuicio y me llevó a reexaminar cómo he interpretado las Escrituras.

Ya sea que llegue o no a las mismas conclusiones que Dave, encontrará que este libro es estimulante y valiente. Se lo recomendaré a las muchas personas que buscan una mejor manera de tratar este asunto.

Arloa Sutter, Fundadora y Directora
Breakthrough Urban Ministries, Chicago

En *Arriesgando la gracia,* el autor y editor evangélico Dave Jackson se une al creciente coro de cristianos que han repudiado nuestra complicidad anterior con versiones de cristianismo anti-LGBT y han adoptado una postura de solidaridad y refugio para las personas homosexuales. Al igual que muchas otras personas, su aceptación complaciente de la explicación evangélica por defecto solo comenzó a ser desafiada cuando se enfrentaba a la dignidad y el sufrimiento de su propia hija. Solamente después de experimentar la historia de ella, y especialmente su sufrimiento a manos de otros cristianos, la venda cayó de sus propios ojos. Luego comenzó la larga lucha intelectual y espiritual con las Escrituras, narrada ingeniosamente aquí. Como muchas otras personas, Dave Jackson ha encontrado en esta lucha una fe más centrada en Jesús. Ha sido conducido nuevamente al núcleo de las Buenas Nuevas de la gracia de Dios en Jesús para los pecadores, el verdadero Jesús de carne y sangre. Una vez más, queda claro que la lucha por la aceptación de las personas LGBT en la iglesia es una lucha por el significado del Evangelio de Jesucristo. Y creo que Dave Jackson lo hace bien. Una adición importante a una creciente biblioteca de trabajos importantes sobre este tema.

Rdo. Dr. David P. Gushee
Distinguido profesor universitario de ética cristiana
Director del Centro de Teología y Vida Pública de Mercer University

Estoy profundamente agradecida por esta visión de "gracia definitiva". El amor de un padre por su hija es un modelo nuevo de cómo permanecer conectados cuando se nos enfrentamos cara a cara con una forma nueva e inesperada de conocer a Dios por medio de amar a alguien LGBT. Dave Jackson compartió su corazón, su intelecto, su compromiso y su integridad aquí. Que seamos conmovidos como lo ha sido él y que encontremos la manera de mantenernos comprometidos a través de nuestras líneas de diferencia, para el mejoramiento de nuestra familia y del Evangelio en el mundo.

Rda. Debra Peevy, Entrenador Ecuménico Principal
Grupo de trabajo nacional LGBTQ

Arriesgando la gracia es un avance muy necesario en la conversación sobre uno de los temas polémicos más difíciles de nuestro tiempo. Agarrará tu corazón y expandirá tu pensamiento, bíblica, emocional y psicológicamente. Las personas heridas necesitan este libro. Las familias heridas necesitan este libro. Las iglesias heridas necesitan este libro.

Bill Denney, terapeuta matrimonial y familiar autorizada
En práctica privada durante cuarenta años en Reno Nevada

Con *Arriesgando la* gracia, Dave Jackson ha creado un recurso vital para padres y para la iglesia. Su corazón para su propia hija, así como para aquellas personas que son LGBT y sus familias, es claramente evidente en este lleno de gracia, bíblicamente completo y rigoroso libro. Nos ayudará a todos a vivir y amar como Jesús.

Robert y Susan Cottrell, Fundadores, FreedHearts,
Autor de "Mom, I'm Gay" ["Mamá, soy *gay*"]

Dave y Neta Jackson se aferran mucho a la Biblia. Pero cuando ellos vierten la Biblia, se derrama gracia para personas homosexuales, lesbianas y transexuales. Con un celo evangélico por la autoridad de las Escrituras, los Jackson muestran que la Biblia no es solamente "el libro bueno", sino un libro grandioso, un sorprendente manifiesto de misericordia y gracia para aquellas personas que pueden aparecer "muy lejanas". Si eres un cristiano buscando una comprensión de la sexualidad LGBT que sea consistente con el corazón de Jesús, este es el libro para ti.

Tim Otto, pastor
Church of the Sojourners, San Francisco
Autor de *Oriented to Faith* [*Orientado a la fe*]

Hace años Dave y Neta vinieron a preguntarme sobre mi vida con un hijo *gay*. Les dije que había pasado por un profundo interrogatorio y tristeza, pero siempre suplicando, "Señor, ¿qué hago aquí?" Perdí a mi hija hace años por cáncer, no quiero perder a mi hijo". La respuesta siempre fue igual, "Ámalo". No realicé estudios profundos teológicas como lo han hecho Dave y Neta, pero nunca he vacilado de esa orden. Lo que he aprendido a través de muchos años es que mi trabajo es amar a las personas que Dios envía a mi vida. Es su trabajo cambiarlas y madurarlas al igual que él me está cambiando y madurando. La honestidad de Dave al escribir este libro puede ayudar a cualquier padre, amigo o hermano o hermana familiar a lidiar con este tema. Por eso, *Arriesgando la gracia* debe estar en la estantería de la cada iglesia, leída por cada pastor, consejero y miembro de la iglesia. ¡Amarlos! Una orden tan simple, sin embargo, hasta qué punto muchos de nosotros vamos a eludir el mandato de Jesús.

Lauraine Snelling
Célebre novelista cristiana

Hace más de 50 años, respondí por primera vez al llamado de Dios para trabajar con "las personas menos valoradas". A lo largo de los años, mi vida ha sido bendecida inmensamente al seguir ese llamado a trabajar con personas frecuentemente rechazadas por la sociedad. Con miedo y hasta temblando, pero con profunda confianza en Dios, hace unos años respondí al llamado de estar presente pastoralmente para un grupo de cristianos que en ese momento se reunían en secreto por "temor a los cristianos" de su país. Cuando miro a los rostros de estas personas maravillosas, que aman a Dios y que están comprometidas a seguir a Jesús, veo más allá del temor que las excluye y las margina, y veo maravillosas obras de gracia.

Arriesgando la gracia es la historia de un padre. Leerlo como una historia personal, profunda y vulnerable, me ayudó a comprender cuán insondable es el amor de Dios para todas las personas, sin excepciones. Escuchar las historias dolorosas de personas marginadas y rechazadas por sus padres, sus hogares espirituales y la sociedad, me parte el corazón y creo que lastima también al corazón de Dios. Y al igual a Dave Jackson, no puedo permanecer callado y por eso me uno a su voz y a la de tantas otras personas que se han atrevido a arriesgar la gracia, a amar a todas las personas, especialmente dentro de nuestra familia y amistades que son homosexuales; es un comienzo, ya es hora. Podemos estar en desacuerdo sobre detalles, pero no podemos cerrar nuestros corazones a amar como Jesús amó. Caminemos juntos, podemos hacerlo.

Jonathan Beachy
Consejero Pastoral

Arriesgando la gracia

Amando a nuestros familiares y amigos *gais* como lo haría Jesús

~La historia de un padre~

Dave Jackson

CASTLE
ROCK
CREATIVE

Evanston, Illinois 60202

Publicado por Castle Rock Creative, Evanston, Illinois en los Estados Unidos.

A menos que se indique lo contrario, las citas de las Escrituras se toman de la Nueva Versión Internacional.

Arriesgando la gracia es una traducción autorizada del libro *Risking Grace*, copyright © 2016, por Dave Jackson. Es la historia de un padre estadounidense, por lo tanto, todo lo que él relata se enmarca en el contexto de la sociedad de los Estados Unidos de América, incluyendo referencias a leyes y posturas religiosas.

La traducción fue realizada por un equipo de traductores multilingües, Lic. Juan Manuel de Jesús Talavera García, editor.

Observación: las referencias de Internet eran validas al momento de la publicación de Risking Grace en inglés en marzo de 2016. Es posible que hayan cambiado desde ese momento.

ISBN: 978-0-9982107-6-6

Diseño de la tapa: Dave Jackson
Foto de la tapa: Li Kim Goh, iStock

Impreso en los Estados Unidos de América

www.daveneta.com
www.riskinggrace.com

Para nuestra amada
hija y nuera

CONTENIDO

Prefacio

CUANDO DAVE JACKSON SE ACERCÓ a mí para que escribiera el prefacio de *Risking Grace [Arriesgando la gracia]*, estaba segura de que había recurrido a la persona equivocada. Durante dieciséis años fui coanfitriona de un programa de entrevistas en la Moody Radio Network. Ése ciertamente no es el perfil de alguien que pudiera estar interesado en tener su nombre vinculado a un libro como éste.

Crecí en un sistema y una cultura que eran, como dice un amigo mío, adictos a la certeza. Como hija de un pastor bautista, asistí a una escuela cristiana conservadora y luego a una universidad cristiana aún más conservadora. Como mujer dentro de esa cultura, se me pidió a menudo que creyera lo que se me decía y que no cuestionara. Lo hice durante unos cuarenta años y luego mi matrimonio se vino abajo. La vida pasó de lo cierto a lo incierto e incluso a lo inestable. Cuando comencé a pensar por mí misma, con la ayuda del Espíritu Santo, ocurrió algo significativo. Comencé a ver el dolor y las heridas del mundo. Comencé a sentir el dolor y las heridas en mi propia vida, y mi visión de Dios comenzaba a expandirse. Pasé de la certeza acerca de todo a una voluntad de aceptar que no todas las cuestiones son blancas y negras. Tenía que aprender sobre la gracia. La gracia para los demás e incluso la gracia para mí misma.

Un par de años antes de dejar mi trabajo en la radio, mi compañero estuvo presentando solo un programa con el tema centrado en cómo construir lazos con la comunidad *gay*. Los evangélicos no habían hecho exactamente un gran trabajo en eso, y queríamos hacer avanzar el diálogo. Sabía que el tema del programa era riesgoso para nosotros, pero era importante. Habilitamos las líneas telefónicas y mi coanfitrión dijo a la audiencia: "Si eres *gay* y escuchas, llámanos". Todas las líneas disponibles se iluminaron. Me sorprendió la cantidad de oyentes homosexuales que escuchaban regularmente y también apoyaban financieramente la cadena radial. Pero lo que me preocupó profundamente fue la cantidad de correo electrónico que recibimos de personas que estaban indignadas de que pusiéramos las llamadas de estos oyentes homosexuales al aire.

Nuestro equipo fue bastante atacado debido a ese programa. Me entristeció profundamente cómo los cristianos actuaron hacia otros cristianos. Igualmente inquietante es la manera en la quienes nombran a Cristo actúan hacia los que están fuera de la fe.

Tengo que ser honesta, no he resuelto mis propias opiniones acerca de este tema. Lo que habla Dave en *Arriesgando la gracia* es convincente. Creo que este libro es una lectura importante para todos los que dicen conocer a Cristo. *Arriesgando la gracia* me desafió de innumerables maneras y voy a volver a leerlo.

Siempre habrá puntos de desacuerdo entre los cristianos, aunque sea ¿podríamos extender más gracia y misericordia hacia aquéllos con quienes no estamos de acuerdo? Un amigo me transmitió un pensamiento que he estado masticando durante meses: "Dios es grande y los límites de su misericordia no han sido establecidos".

Dave ha sido amable y completo en su enfoque sobre este complejo tema. Mientras me desafiaba a pensar más profundamente, me vi obligada a preguntarme si estaba o no dispuesta a "arriesgar la gracia" a expensas de la "certeza de estar en lo cierto" que muchos de nosotros no estamos dispuestos a abandonar. ¡Creo que Dios quiere que estemos dispuestos a *arriesgar la gracia*!

Anita Lustrea, autora y productora de podcasts de *Faith Connections,*
Excoanfitriona de Midday Connection de Moody Radio

Introducción

Por qué estoy escribiendo este libro

Cuando la enfermera colocó el paquete envuelto en una toalla en mis brazos y dijo: "¡Es una niña!", las lágrimas fluyeron por mis mejillas mientras el doctor terminaba de cuidar a Neta.

Leah[1], muy esperada y ya profundamente amada, por fin había llegado. Seis años antes, cuando nuestro hijo nació, no tenía idea de en qué me estaba metiendo, y cuando fuimos a casa y él se echó a gritar en medio de nuestra cama, dije: "¿Qué hemos hecho?" Pero esta vez, estábamos listos y tan ansiosos. ¡Y una niña, qué bienaventurados!

Yo era su protector más feroz, lo que empezó a hacer efecto con enorme fuerza veinticinco años después cuando nos dijo que era lesbiana. La noticia provocó un desplome de emociones, pero más grande fue mi temor al dolor que le esperaba, y no tenía ni idea de cómo protegerla.

Gran parte de ese dolor venía de la iglesia y de las actitudes de los cristianos con buenas intenciones que esperaban disuadirla de lo que creían era una mala decisión—tal como la mujer que dijo— "¡Prefiero encontrar a mi hijo en el fondo de una piscina a que me diga que es *gay*!"

Piensa un minuto en eso . . .

Si una *madre* era capaz de decir eso acerca de su propio hijo, ¿cómo Leah podría entender algo diferente de que esta mujer pensaría que *ella* también estaría mejor muerta?

La mayoría de nosotros sentimos vergüenza cuando escuchamos al difunto Fred Phelps y la Westboro Baptist Church [Iglesia Bautista de Westboro] cantando "Dios odia a los maricones". Pero comencé a escuchar comentarios que eran mucho más "corteses" y "aceptables" en los círculos evangélicos a través de los oídos de mi hija. Algunas fueron bromas personales, otras fueron declaradas como distantes "verdades" teológicas que no podían ser cedidas

1. Se ha cambiado los nombres de todas las personas, excepto las que han expresado sus opiniones públicamente al hablar, publicar o dirigir organizaciones.

aunque rechazaban y condenaban a personas homosexuales. Solía pensar que "Amar al pecador y aborrecer (sinónimo de odiar) el pecado" articulaba un equilibrio compasivo pero preciso que la gente homosexual debía recibir: "Oh, qué amable. Me aman". Pero como la mayoría de las personas homosexuales, Leah cree que su orientación es tan inmutable como el color de la piel, así que el odio a su orientación, es inevitablemente el odio hacia ella.

Y cuando en una librería cristiana vi el título, *Can You be Gay and Christian?*[2] *[¿Puedes ser* gay *y cristiano?]*[3], intenté imaginar preguntas alternativas: "¿Puedes ser un hombre blanco y cristiano?" "¿Puedes ser obeso y cristiano?" O "¿(. . .) divorciado y cristiano?"

Al estar tan devastados por el anuncio de Leah, Neta y yo comenzábamos a darnos cuenta de lo ineficaz y perjudicial que se había convertido la iglesia evangélica con relación a las personas homosexuales—una brecha mucho más significativa que la existente con cualquier otro grupo demográfico—. Lo más preocupante fue la distorsión frecuente del mensaje básico del evangelio de que somos "salvos por la gracia a través de la fe", excepto para las personas homosexuales, que deben sumar un requisito de "obras".

En medio de todo esto, todavía teníamos las típicas preguntas: ¿Han *elegido* las personas homosexuales, el ser homosexual? ¿Podrían cambiar si estaban seriamente comprometidas con el Señor? ¿Qué implicaría el no cambiar? ¿Es probable que estimulen a las personas heterosexuales—especialmente a los jóvenes y personas maleables—a convertirse en personas homosexuales? ¿Es probable que abusen de menores? ¿Están iniciando una guerra cultural contra la verdad bíblica?... Y una de las preguntas más inquietantes: ¿Qué he hecho *yo*, como padre, para ocasionar esto?

---

2. Michael L. Brown, *Can You Be Gay and Christian? Responding with Love and Truth to Questions About Homosexuality*. (Lake Mary, FL: Frontline, impreso por Charisma House, 2014). Brown dice: "Si usted dice que es un homosexual practicante (…) y siguiendo a Jesús al mismo tiempo, yo digo, no. Según las Escrituras, los dos son mutuamente incompatibles" (https://www.youtube.com/watch?v=-3Mtgj5R2Qk).

3. *Nota del traductor:* A lo largo del libro, cuando se cite otro publicado en inglés, se mantendrá el título en su idioma original seguido por la traducción del dicho título entre corchetes [ ] para indicar que es un traducción del título del libro y no uno publicado en español.

Nuestro viaje fue solitario, pero no quiero que sea así para ti. Y por eso estoy escribiendo este libro.

De dónde vengo

Tal vez comparta una historia espiritual similar a la tuya. Mi esposa y yo fuimos criados en iglesias conservadoras que creían en la Biblia, decidimos seguir a Jesús a una edad temprana, nos formamos en la Multnomah University (entonces llamada Multnomah School of the Bible), en la Judson University y en Wheaton College. Trabajamos durante años como editores de prominentes editoriales evangélicas y hemos escrito más libros de lo que nos gustaría contar para la mayoría de otras grandes editoriales evangélicas.

Creemos que "Toda la Escritura es inspirada por Dios y útil para enseñar, para reprender, para corregir, para instruir en la justicia" (2 Timoteo 3.16). Pero debido al viaje personal de nuestra familia, nos dimos cuenta de que necesitábamos mirar más de cerca que antes el tema de la atracción hacia el mismo sexo. Ya éramos conscientes de que no todas las partes de la Escritura que supuestamente tratan sobre el tema, eran tan sencillas como pensábamos. Y sabíamos que reexaminar una *interpretación* de larga data no era lo mismo que cuestionar la fuente, no más que ahora, cuando la iglesia reexaminó las interpretaciones ampliamente difundidas de la Biblia que enseñaban que la tierra era el centro del universo o que justificaban la esclavitud. Estábamos desesperados por escudriñar las Escrituras con otros creyentes que tomasen la Biblia tan seriamente como nosotros.

Durante mucho tiempo, nos sentimos solos. Parecía haber solo dos opciones: la de los "tradicionalistas" que no estaban dispuestos a reconsiderar ninguna interpretación y la de los "liberales" que rechazaban pasajes que no les gustaban, como si Dios no hubiera inspirado toda la Biblia. En cambio, nosotros queríamos ser como los de Berea, que "eran de sentimientos más nobles (. . .) de modo que recibieron el mensaje con toda avidez y todos los días examinaban las Escrituras para ver si era verdad lo que se les anunciaba" (Hechos 17.11).

No descarto la historia personal de nadie. Si alguien afirma con evidencia suficiente que Dios lo cambió de homosexual a heterosexual, yo celebraría el milagro. Tenemos un Dios milagroso que levanta a los muertos. Pero en todos mis años, no he conocido a una persona "ex *gay*" cuya orientación hacia el mismo sexo haya cambiado genuinamente. Así que, aunque inicialmente yo sugerí una "terapia reparativa" a mi hija, no podría prometérsela como panacea.

El apóstol Pablo rogó al Señor tres veces que le quitara su "aguijón en la carne", pero Dios dijo: "Te basta con mi gracia" (2 Corintios 12.9). Muchas personas homosexuales han orado más tiempo y más duro que Pablo (cualquiera que haya sido su "aguijón") para recibir una respuesta similar: "Con mi gracia tienes más que suficiente".

Entonces, ¿cómo podemos hacer para que llegue esa gracia de manera suficiente? ¿Cómo se ve eso?

Todavía tengo muchas preguntas, y las respuestas a las que he llegado pueden no ser definitivas, lo que me hace sentir vulnerable y también necesitado de la gracia de Dios. Más fácil sería callarme, amar a mi hija y evitar el discurso público . . . pero las apuestas son demasiado altas. Mientras observaba lo que le sucedía a ella y a muchas otras personas LGBT, sabía que había algo terriblemente malo en la manera en que habíamos aplicado el Evangelio a la gente homosexual, particularmente a los mismos hijos de la iglesia que entregaron sus corazones a Jesús, crecieron en la fe, aprendieron la Palabra, se dedicaron al servicio, y en muchos casos, oraron y agonizaron *durante años* para que Dios cambiara su orientación que sentían hacia el mismo sexo . . . Y luego, nuestras iglesias prácticamente los negaban cuando "salían del clóset". No todas las iglesias evangélicas se comportan de esa manera, pero las actitudes prevalecen, actitudes que alguna vez yo ayudé a difundir . . . pero lo explicaré luego.

Lenguaje

La gente tiene derecho a ser conocida por los términos que elija. Y aunque "*gay*" como lo uso, no es un término preciso, es generalmente aceptado como un término genérico entre la mayoría de la comunidad LGBTQ[4]. A menos que se indique lo contrario, mi uso de "*gay*" indica la orientación de una persona (es decir, atraída hacia el mismo sexo), no necesariamente el comportamiento sexual de la persona. Por ejemplo, el hecho de que soy heterosexual (atraído hacia el sexo opuesto) no significa que estoy sexualmente involucrado o fantaseando con todas las mujeres. Por lo tanto, si un amigo o miembro de la familia sale del clóset y dice que es *gay*, yo no presumo que esté acostándose con alguien.

Hay algunas personas homosexuales obsesionadas por el sexo, van de fiesta en fiesta, hacen alarde de sus cuerpos, tienen sexo casual, buscan compañeros sexuales uno tras otro, se drogan, o participan en orgías, y tratan atraer a otras personas al mismo comportamiento. Esto es lo que muchos de nosotros considerábamos el "estilo de vida *gay*", y metíamos a todas las personas homosexuales dentro de ese estereotipo. *Pero tal comportamiento es igual de frecuente entre las personas heterosexuales.* ¿Lo llamamos "estilo de vida heterosexual"? ¿Nos gustaría que otros afirmaran que esos son nuestros estándares? Así que trato de evitar el término "estilo de vida *gay*". Es inútil, prejuicioso y a menudo hiriente.

Luchaba por saber qué términos utilizar para identificar varios puntos de vista sobre la orientación hacia el mismo sexo y finalmente me quedé con estos tres:

Tradicional—Cree que la Biblia condena inequívocamente la homosexualidad, tanto el acto como la inclinación. Se piensa que la orientación hacia el mismo sexo es el resultado de un trauma o privación combinado con las opciones del individuo. Por lo tanto, puede ser "reparado" a través de la terapia de saneamiento que incluye el arrepentimiento sincero, la fe persistente, la disciplina y el asesoramiento.

Neo-tradicional—Reconoce que el cambio genuino de orientación es raro y, por lo tanto, no debe ser prescrito como normativo. También reconoce que la *tentación* a pecar no es en sí pecado. Por lo tanto,

4. El acrónimo LGBTQ significa: L = lesbiana, G = hombres *gais*, B = bisexual, T = transgénero, Q = queer / género no binario. Este libro no trata asuntos bisexuales o transgéneros.

las personas homosexuales deben ser bienvenidas y apoyadas en la iglesia, *siempre que* se comprometan a vivir una vida célibe (evitando las relaciones homosexuales físicas). Las "caídas" son pecado, pero el arrepentimiento genuino las restaura.

Inclusivo—Acepta que Dios hizo algunas personas con orientación hacia personas del mismo sexo. Por lo tanto, tenemos que aceptar a las personas homosexuales en la misma medida en que aceptamos personas heterosexuales. Además, la iglesia puede apoyar el cumplimiento de esa orientación en las relaciones comprometidas cuando el cortejo y el matrimonio se ajustan a los mismos estándares de fidelidad sexual esperados de los creyentes heterosexuales. Pero una iglesia "inclusiva" también respeta y apoya a las personas homosexuales llamadas a permanecer célibes.[5]

Una invitación

Tal vez tú, como yo, te has preguntado por qué Dios *nos* dio seres queridos homosexuales. La vida sería mucho más sencilla si fueran heterosexuales. Pero tal vez no se trata de nosotros, sino de nuestros seres queridos y de la multitud de personas homosexuales que han sido confundidas y heridas por la iglesia. Tal vez Dios *nos* eligió porque sabía que los amábamos lo suficiente como para cuidar, escuchar, cambiar y tomar el riesgo de extender su gracia. No es que seamos especiales, pero como nos recuerda el apóstol Santiago: "El clamor de los [oprimidos] ha llegado a los oídos del Señor Todopoderoso" (5.4), y él envía la liberación.

5. Quería utilizar términos descriptivos, no peyorativos. Hace veinte años la mayoría de los evangélicos (estadounidenses) eran "tradicionalistas". Hoy en día, muchos se están convirtiendo en "neo-tradicionalistas". Justin Lee de la Gay Christian Network [Red cristiana *gay*] — (ahora conocida como Q Christian Fellowship) utiliza la terminología "Side [Lado] A" y "Side [Lado] B". El Lado A acepta la posibilidad del matrimonio entre personas del mismo sexo mientras que el Lado B opina que el celibato es requerido para los cristianos homosexuales. El término común "afirmativo" describe con precisión la aprobación del Lado A, pero yo quería ir más allá usando "inclusivo" para describir apoyo activo tanto para el Lado A como también para el Lado B, así como explico más detalladamente en el capítulo 16. Según mi terminología, la Gay Christian Network es inclusiva.

Tal vez Dios te ha llamado a unirte junto a otros para llevar esta liberación a través de una amable corrección a la iglesia, que venía trágicamente errada.

Si es así, en este libro encontrarás un lugar seguro para hacer tuyas las preguntas que surjan mientras caminas junto a tu hijo o hija *gay*, amigo o vecino *gay* a quien amas, un lugar seguro para estar de acuerdo o en desacuerdo con varias perspectivas e interpretaciones mientras juntos buscamos el corazón de Dios. Por favor únete a mí y a los muchos otros que están arriesgando la gracia.

Capítulo 1
La llamada telefónica

Esté cerca de mí, Señor Jesús, te pido que te quedes
Cerca de mí para siempre y me ames, te ruego;
Bendice a todos los queridos hijos en tu tierno cuidado,
Y prepáranos para el cielo para vivir allá contigo.

"Away in a Manger"
William J. Kirkpatrick, 1895, estrofa 3

MI MADRE FALLECIÓ el tres de noviembre del año dos mil, un día antes de cumplir ochenta y siete años. También fue el vigésimo quinto cumpleaños de mi hija. Leah pensaba en su abuela como su "compañera de cumpleaños", aunque un día separaba sus cumpleaños. Los últimos meses—realmente fueron años—habían sido difíciles cuando el flagelo de la enfermedad de Alzheimer quitaba la mamá que conocíamos aunque su cuerpo vivía todavía. Ella y papá vivían en el sur de California mientras nosotros vivíamos en Chicago, lo que significaba muchos viajes agotadores y un perpetuo sentimiento de impotencia sobre cómo ayudarles.

Esa pudo haber sido una lección que Dios estaba tratando de enseñarme a mí y a mi esposa, Neta, en preparación para un desafío mucho mayor y más largo que el declive de mi madre.

Llegó por teléfono, dos semanas antes de Navidad y antes de que termináramos el duelo del fallecimiento de mamá. Tomamos la llamada en la sala de estar, Neta en una extensión y yo en la otra, mientras Leah leía, con lágrimas, una carta diciendo que su matrimonio de casi seis años con Robert se terminaba. Mi mente masculina se buscó rápidamente respuestas, la de darle más tiempo, la de terapia y la respuesta de fe-en-la-cura-de-Dios, cualquier respuesta . . .

Hasta que ella añadió: "Yo . . . no puedo continuar en una relación heterosexual". Neta tartamudeó, "¿Qué estás intentando decir?"

Yo era más contundente. "¿Estás diciendo que eres *gay*?"

Más lágrimas. Una pausa. Entonces . . . "Sí".

El tiempo se detuvo. En ese momento, habríamos dado cualquier cosa para retroceder el reloj, para no oír lo que ella acababa de decir. Pero la palabra retumbó en nuestros oídos como un disparo.

Leah trató de suavizar nuestra sorpresa asegurándonos que aún consideraba a Robert como su mejor amigo y que querían criar juntos a nuestra nieta de casi cinco años de edad y habían acordado resolver todo amistosamente. Pero yo apenas la escuchaba. Me quedé sin aire como alguien que se ahogaba y sollozaba con mi mano cubriendo el micrófono del teléfono, esperando que ella no pudiera oír. No quería que todo esto fuera acerca de mí, porque tenía miedo por ella, su futuro, su relación con Dios, incluso su salvación si ella no se arrepentía.

Pero me sentía impotente, y en ese sentido, se trataba de mí y en lo que yo creía con respecto a las implicaciones espirituales de su decisión . . . o lo que yo pensaba que era una decisión. Ciertamente, ella había decidido poner fin al matrimonio, lo cual era bastante doloroso, pero si ella había tomado una decisión sobre su orientación sexual, la elección equivocada, que parecía aún más peligrosa, una elección que destruiría todo. La amábamos y no queríamos que eso sucediera, pero ¿qué podríamos hacer? ¿Cómo podría yo arreglarlo?

Una vez que colgamos, yo me solté, lamentando en voz alta, tan fuerte que Neta no podía quedarse en la habitación. Cuando finalmente dejé de llorar, ella me dijo que tenía que salir de la casa, que tenía que dar un paseo, aunque ya era oscuro. No podía dejarla ir sola, así que caminamos en silencio por las calles congeladas del invierno de Chicago hasta quedarnos helados, pero no a causa del frío, simplemente helados.

Más tarde Neta describió sus sentimientos de esa noche así: "todos mis peores temores desembocaron en un golpe inesperado—la ruptura del matrimonio de mi hija, mi nieta creciendo sin tener a sus padres juntos, sin ese modelo para dar forma a su vida— (. . .) y algo que jamás temí, algo tan remoto, mi hija, mi propia preciosa hija, que creía conocer, diciendo que ella era lesbiana".

Para nosotros dos, esto atravesó el centro de algunos de nuestros fundamentos más preciados en la vida, los dones de Dios: el compromiso en el matrimonio, el regalo de la vida familiar, los niños creciendo con ambos padres, mujeres y hombres en relaciones saludables entre sí: "Dios creó al ser humano a su imagen; lo creó a imagen de Dios" (Génesis 1.27). ¿Cómo llegaría nuestra nieta a una visión equilibrada de los hombres y las mujeres, el matrimonio y el plan de Dios para una familia feliz?

Cuando finalmente regresamos a la casa—ya no nos sentíamos *en casa*—Neta apagó las luces del árbol de Navidad, las luces de los adornos de la entrada y todas las velas de las ventanas. La alegría navideña había desaparecido. ¿Por qué fingir? Luego apagó el resto de las luces de la casa. De hecho, parecía que toda luz había salido de nuestras vidas.

No dormimos esa noche. Es más, ni siquiera podíamos quedarnos en la cama. En vez de eso, nos sentamos en la sala oscura, cada uno de nosotros solos en sus pensamientos y sentimientos privados, hasta que Neta cayó al suelo y lloró y lloró.

Al día siguiente, nos llamó nuestro hijo. Leah le había hablado de su situación antes, y él nos ayudó a Neta y a mí a empezar a hablar entre nosotros. Finalmente, oramos y rompimos el hielo de nuestro dolor.

* * * *

Trece años antes de la llamada telefónica de nuestra hija, yo escribí, junto con Ed Hurst, un libro titulado *Overcoming Homosexuality* [*Superando la homosexualidad*]. Él decía tener diez años de experiencia en ayudar a las personas a cambiar su orientación homosexual por medio de una organización entonces asociado con Exodus International. En ese momento, yo no sabía casi nada sobre la homosexualidad, pero Neta y yo habíamos comenzado nuestro propio negocio de publicación ofreciendo nuestros servicios a editores cristianos para escribir libros con personas expertas en ciertos temas, personas que tenían un mensaje importante pero que necesitaban la ayuda de un escritor. Trabajar en muchos de esos libros fue como tener cursos de posgrado en nuevos temas. Este proyecto no fue una excepción. Me familiaricé con las interpretaciones cristianas tradicionales de la Escritura sobre la homosexualidad y las teorías populares de ese momento sobre sus causas y supuestos tratamientos.

Sin embargo, como la homosexualidad era un tema tan delicado, me aseguré de que el nombre de Neta apareciera junto al mío en la portada, aunque yo hice la mayor parte de la investigación y la redacción inicial. No quería que los lectores tuvieran una idea equivocada acerca de *mi* orientación sexual.

Ed dijo que cuando se volvió a ser cristiano en 1974, nunca había oído hablar de alguien que superara la homosexualidad. "Esto me molestó muchísimo", dijo. "Pero todos mis otros pecados—beber, fumar, drogarme, mentir, etc. —eran cosas que yo *hacía,* pero la homosexualidad era diferente; describía quién yo era. Ninguna otra faceta de mi vida igualaba la transcendencia de la homosexualidad. Había estado conmigo todo el tiempo que podía recordar".[6] Pero al momento de escribir el libro, Ed afirmó haber estado "fuera del estilo de vida", como él lo dijo, durante doce años.

Tomé esa afirmación en su valor nominal en la medida en que él ya no frecuentaba bares homosexuales, perseguía amantes, o se identificaba con la comunidad *gay*. Pero Ed todavía exhibía muchos de los ropajes estereotipados con su vestimenta extravagante, forma de hablar afeminada y los gestos (características que en sí mismas no hace que uno sea *gay*). Sin embargo, era lo suficientemente honesto para admitir que todavía sentía atracción hacia el mismo sexo. Pero él creía que nadie había nacido *gay* y escribió: "La homosexualidad es una condición aprendida y, por lo tanto, puede ser desaprendida".[7] Las causas, pensaba él, surgieron de una combinación de las propias decisiones del individuo, el ambiente y la manera en que la persona eligió responder a su entorno. Por ambiente, Ed se refirió a la experiencia familiar y dio mucha importancia a las opiniones de Gerard Van Den Aardweg, Leanne Payne, y Elizabeth Moberly. Moberly, en particular, sugirió que la cuestión ambiental más común era una relación rota con un padre a una edad temprana y la respuesta del niño al "desprendimiento

6. Ed Hurst con Dave y Neta Jackson, *Overcoming Homosexuality* (Elgin, IL: David C. Cook Publishing Co., 1987), 7.

7. Ibid., 102.

defensivo".[8] Van Den Aardweg y Payne agregaron conflictos de autocompasión e identidad como respuestas comunes. En general, todos compartían la culpa.

En nuestro caso, esas teorías significaban que Neta y yo habríamos dejado de proporcionar el tipo de crianza—el amor, el apoyo, la protección, la cercanía y la instrucción moral que protegería a Leah—, y en respuesta a nuestras deficiencias, ella había tomado decisiones que la enredaban en la homosexualidad. En esencia, nosotros representábamos la misma pregunta que los discípulos le hicieron a Jesús acerca del ciego: "¿Quién pecó, este hombre o sus padres, para que naciera ciego?" (Juan 9.2). En ese momento, por supuesto, estábamos tan abrumados con la noticia de nuestra hija que no oímos nada de la respuesta exonerante de Jesús: "Ni este hombre ni sus padres pecaron, pero esto sucedió para que la obra de Dios pudiera ser vista en su vida. Mientras sea día, debemos hacer la obra de aquel que me envió".

Pero al día siguiente de la llamada de Leah, ni Neta ni yo podíamos trabajar. De hecho, pasó mucho tiempo antes de que la obra de Dios se manifestara en nuestras vidas. Estábamos exhaustos por el estrés y una noche sin dormir que solamente podíamos ocuparnos haciendo compras para comestibles y cumplir recados mundanos. Pensaba que me estaba enfermando, pero no me enfermé, y de alguna manera el día pasó.

En un momento, me di cuenta de que Leah debería estar sufriendo también. Había estado llorando durante la mayor parte de la llamada telefónica mientras nos había leído su carta, tal vez porque sabía que ella nos estaba causando dolor, pero ella misma tenía que estar pasando por una gran cantidad de dolor y decepción. Robert también debería estar devastado.

Nosotros queríamos—amábamos—a Robert. Había sido como el chico de al lado durante toda la secundaria, era el mejor amigo

8. En el coloquio "Christian Faith and Human Sexuality" del The Colossian Forum en Grand Rapids, MI, el 14 de agosto de 2014, yo hablé en privado con el hermano de Elizabeth Moberly, Walter, y le pregunté si Elizabeth había cambiado durante los últimos treinta años su punto de vista sobre los orígenes de la homosexualidad, él me dijo, "Yo no sé si ella ha cambiado, pero ella ya no quiere tener nada con el tema". Walter Moberly es Profesor de Teología e Interpretación Bíblica en la Universidad de Durham.

de Leah en el grupo juvenil de nuestra iglesia. Se casaron a los diecinueve años y nuestra nieta nació poco más de un año después. Pero durante el verano antes de la llamada de Leah, nos habíamos dado cuenta de que estaban teniendo dificultades. Había sido tentador involucrarnos, dar respuestas a pesar de que no sabíamos las preguntas, pero ellos no habían pedido nuestra ayuda, y ahora sabíamos que solamente hubiéramos complicado las cosas. Aún así, ¿no podríamos haber hecho algo?

Tal vez. No lo sé. Pero había una cosa que podía hacer ahora. Tomé el teléfono y llamé a mi hija. "Leah, quiero que sepas que te amamos . . . pase lo que pase".

* * * *

Al día siguiente, Neta escribió lo siguiente en su diario de oración:

> Oh Dios, ¿qué hacemos ahora? ¡No lo creo por un minuto! No creo que Leah sea lesbiana. ¡¡¡SATANÁS ES UN MENTIROSO!!! Él ha encontrado una parte vulnerable, débil, herida en el espíritu de Leah y la está engañando.
>
> ¡ESTOY ENOJADA! Enojada con nuestra cultura, nuestros tiempos, nuestra sociedad, incluso ciertos movimientos que promueven la confusión sexual y dicen, "¡la homosexualidad está realmente bien!"
>
> ¡Satanás, ten cuidado! ¡No voy a dejar que tengas a mi hija sin *pelear*!

Cuando compartimos nuestra situación con nuestro pequeño grupo de la iglesia, uno de los miembros sugirió que Leah podría estar bajo un "espíritu de homosexualidad". Hacía unos años atrás nuestro grupo había incluido a dos mujeres que más tarde se declararon lesbianas (aunque no estuvieron involucradas una con otra). Algunas veces cuidaron de Leah cuando era pequeña. Jamás ocurrió nada inapropiado, pero ¿de alguna manera podrían haberla "infectado" con un "espíritu de homosexualidad?", sea lo que sea que eso significaba. Estábamos desesperados.

Buscaba otras respuestas. Quizá fue culpa de Robert. Tal vez, si hubiera sido el marido que debería haber sido, Leah no podría haber llegado a esta conclusión. Pero eso no es lo que el libro de Ed Hurst decía, ni los "expertos" que había citado. La responsabilidad—no la culpa—apuntaba más hacía la casa.

Y se amontonaba cada vez más, pero sin ningún foco específico. Durante varios años Neta y yo habíamos trabajado como editores de Marriage and Family Products [Productos para Matrimonios y Familias] para una importante editorial cristiana. Editamos libros y artículos de varios de los autores más respetados en el campo. Sabíamos cómo era el buen matrimonio cristiano y la vida familiar, y aunque no éramos perfectos, sabíamos que nuestro matrimonio y familia eran así, y había gente de nuestra iglesia en nuestra casa *todo el tiempo* que podía dar testimonio de ese hecho. Pero . . . deberíamos haber fallado en alguna parte. Tal vez, debería haberle leído más historias a Leah cuando era pequeña. O tal vez Neta debió haber trabajado más duro para resolver los desacuerdos que ella y Leah experimentaron cuando tenía nueve años, pero mantuvimos el rumbo y confiábamos que esa etapa pasaría, y así fue, de hecho nuestra vida familiar fue mucho más placentera que muchas familias que criaron tribus enteras de niños heterosexuales. Leah pasó por las dificultades propias de la adolescencia, pero no había exhibido una "autocompasión" inusual, un "conflicto de identidad" o "separación defensiva". Pero supuestamente éstas eran las raíces de la homosexualidad que Ed Hurst y otros teóricos habían identificado como respuestas negativas a un ambiente "dañino".

¿Dónde nos habíamos equivocado?

Capítulo 2
¿Qué pudo haber salido mal?

No sé por qué la maravillosa gracia de Dios
A mí se me ha dado a conocer,
Ni por qué, indigno, Cristo con amor
Me redimió para ser suyo.

Pero yo sé en quién he creído,
Y estoy persuadido que él puede
Mantener lo que le entregué
A él hasta aquel día.

"I Know Whom I Have Believed"
Daniel W. Whittle, 1883, estrofa 1, refrán

Cuando intentábamos buscar lo que pudo haber salido mal, recordamos la vez cuando Leah tenía unos trece años. Ella le dijo a su mamá que ella misma se preguntaba si era lesbiana. En ese momento, éramos oradores en un campamento familiar bautista en las Montañas Rocosas de Colorado, y los adolescentes más jóvenes habían tenido sus propias sesiones hablando sobre el crecimiento y la vida cristiana. "Oh, cariño, no tienes que preocuparte por eso", Neta la tranquilizó. "Cuando yo tenía tu edad, me enamoré de varias mujeres de Pioneer Girls [Señoritas Pioneras], mujeres que yo admiraba. Buscaba su atención y quería ser como ellas. Definir esas cosas es una parte del proceso del ajuste adolescente. Estarás bien".

Allí terminó, o eso pensamos. Lo que no nos dimos cuenta fue que a medida que avanzaba a través de la pubertad, sus sentimientos románticos, no deseados, hacia las chicas la aterrorizaban, aunque ella valientemente trató de fijarse en los muchachos. Nos consolamos en el hecho de que ella no estaba loca por los muchachos y estábamos contentos con la naturaleza discreta de su amistad con Robert. Hasta el penúltimo año de la escuela secundaria ellos no salían juntos porque ella pensaba que arruinaría la amistad entre ambos.

Ella exhibía una fuerza moral extraordinaria para resistir a la presión de los compañeros en otros aspectos. Por ejemplo, en su decimotercer cumpleaños, ella invitó a un grupo de amigas a pasar la noche en nuestro sótano. Alrededor de la una de la mañana, Neta bajó para revisar la fiesta, sabiendo que posiblemente las chicas no dormirían nada si ella no "intervenía" en algún momento. Para su sorpresa, Leah era la única persona en los sacos de dormir esparcidos en el suelo.

"¿Dónde están las demás?" preguntó Neta.

"Um, ellas fueron a buscar algo para comer".

"Pero acabo de pasar por la cocina y no hay nadie arriba".

Leah vaciló y pareció avergonzada. "Ellas . . . dijeron que iban a ir al 7-Eleven" (tienda que abre toda la noche).

¿Qué? ¡Éstas chicas tenían trece años y era pasando la medianoche! Ya en pánico, Neta corrió arriba y me despertó. "¡Las chicas se han ido!" Hicimos a Leah algunas preguntas adicionales y resultó que las chicas habían salido por la ventana del sótano. Pero elogiamos a Leah por haber tenido sentido suficiente para no cometer una cosa tan tonta. Ya era la 1:30 a.m., me subí al coche y fui tras ellas. No estaban en el 7-Eleven. "Pero yo las recuerdo", dijo el empleado. "Estuvieron aquí hace unos veinte minutos". No tenía idea a adónde se habían ido.

Preocupado ahora, anduve por las calles durante la siguiente media hora sin suerte alguna. Cuando llegué a casa, las chicas aún no habían regresado. Nuestro vecindario no era particularmente peligroso, pero sí vivíamos en una zona urbana, y caminar por las calles no era un lugar para señoritas jóvenes a esa hora nocturna. Sin ninguna señal de las amigas de nuestra hija, finalmente llamamos a la policía y luego a cada uno de sus padres. ¿Qué más podríamos hacer?

Cuando las chicas volvieron alrededor de las 2:30 a.m., encontraron a sus padres y a un oficial de la policía de pie en nuestra sala de estar. Naturalmente trastornados, los padres llevaron a sus hijas a casa. Nos sentíamos mal por Leah con su fiesta de cumpleaños arruinada.

Cuando hablamos con Leah más tarde, no había sido el temor de nuestra ira lo que la mantuvo en casa. Ella sabía que se metería en un lío si era atrapada, pero ella también sabía que era una estupidez lo que hacían y tuvo las agallas de decirles que no.

* * * *

Durante los años de adolescencia de Leah, hubo rebeldías menores, y nos poníamos firmes cuando era necesario, pero las cosas parecían estar funcionando normalmente. Leah sobre todo pasaba tiempo con su grupo adolescente. Por un corto tiempo, salió con un chico cinco años mayor que ella, y eso nos preocupaba, pero esa relación no duró. Luego, en su último año, comenzó salir con Robert de una manera más seria.

Dos veces durante su adolescencia, Leah salió en viajes de misiones de corto plazo con nuestra iglesia a El Salvador. El Evangelio impregnaba nuestra familia y vida de iglesia, y desde temprana edad Leah amó y siguió a Jesús, pero nuestra iglesia no presionaba a los niños jóvenes a formalizar su compromiso con Cristo para que no fuera una respuesta sin pensar a la presión de los adultos. Pero después de graduarse de la escuela secundaria, dijo que quería ser bautizada.

¡Qué mayor alegría podrían experimentar los padres!

Cuando se bautizó en agosto, le escribimos esta afirmación positiva:

> Al hacer esta declaración pública de "he decidido seguir a Cristo", nos damos cuenta de que te estás alejando de nuestro cuidado espiritual y yendo más plenamente al cuidado de Dios y el cuidado de su pueblo, la iglesia. ¡Eso es fantástico! Queremos mantenerte con los brazos abiertos y las manos abiertas.
>
> También es nuestra oración que el simbolismo del bautismo—morir a sí mismo, de resucitar a una nueva vida en Cristo—se ampliará en sentido y bendición cuando enfrentes nuevas situaciones y desafíos en los meses y años venideros.
>
> Has aceptado el don de la salvación.
> Tú eres la hija amada de Dios.
> Tú le perteneces.

Nunca jamás él te abandonará.

Te queremos y sólo queremos aprovechar esta ocasión para decírtelo.

Con todo nuestro amor,
Mamá y Papá

A pesar de que había sido aceptada en tres universidades cristianas, Leah quería tomar un año sabático y participar en un proyecto misionero en Centroamérica. Pero durante el período de entrenamiento prolongado para esta misión más larga, ella padeció insomnio—un insomnio grave, es decir, no poder dormir durante muchas noches seguidas—. Después de un par de semanas, estaba tan agotada físicamente que volvió a casa. Fue un gran desánimo para ella y disminuyó su confianza en sí misma, pero siguió adelante y se inscribió en la universidad. Mirando hacia atrás más tarde, nos preguntamos si, detrás de todo, ella estuviera luchando contra su orientación sexual, pero eso nunca fue mencionado y tal vez ni siquiera ella se dio cuenta.

De hecho, ella comenzaba a pasar más y más tiempo con Robert, y antes de que terminara la universidad, anunciaron su compromiso para casarse . . . pronto. Eran un poco jóvenes, pero ambos eran cristianos comprometidos, parecían maduros y con buen juicio, planeaba terminar la universidad después de la boda y tomaron consejería pre-matrimonial. Fue un acontecimiento alegre celebrado por toda nuestra iglesia, dos de los nuestros, uniendo sus vidas en santo matrimonio.

Poco más de un año más tarde, acogimos con satisfacción la llegada de nuestra hermosa nieta, Emma. Y aquel otoño, les ayudamos a cargar sus pertenencias en un camión y esta pequeña familia se dirigió a terminar su escolarización en una universidad cristiana en otro estado.

Neta y yo los visitábamos con la mayor frecuencia posible, y en el verano, después de la graduación de Leah (se graduó un año antes de Robert), regresaron al área de Chicago a cuidar la casa de un conocido. Fue genial tenerlos cerca y maravilloso ver a menudo a nuestra nieta. Sin embargo, fue ahí cuando sentimos por primera vez que había tensión entre Leah y Robert. Pero, ¿qué podíamos hacer?

Realmente no hicimos nada más que orar por ellos.

En octubre, después de regresar a la universidad para que Robert pudiera terminar su último año, Neta escribió en su diario de oración: "Oh Dios, estoy tan asustada. Algo está mal con Leah y Robert, lo siento dentro de mí. Estoy incómoda"... pero cualquier tensión que ella sintiera era vaga e indefinida y parecía desaparecer.

Fue en noviembre que mi madre de ochenta y siete años falleció. Con los viajes a California para verla durante sus últimos días, y luego nuevamente para el funeral, nuestra atención no se centró en Leah, Robert y la pequeña Emma. Afortunadamente, Leah y nuestro hijo pudieron ir con nosotros al funeral, y el tiempo que pasamos juntos hablando simplemente de su abuela como una familia y muchos otros buenos recuerdos familiares fue uno de gran alegría ocasionado por la ida de mi madre. Las discusiones de Leah con Robert—si aún existían—no ensombrecieron nuestras largas conversaciones familiares.

Pero a poco más de un mes después, recibimos la llamada telefónica.

Menos de una semana luego de la llamada telefónica de Leah, Robert y la pequeña Emma volaron de regreso a Chicago para las vacaciones de Navidad porque sus padres también vivían en la ciudad. Leah no pudo venir sino más tarde debido a su horario de trabajo. Recogimos a padre e hija en el aeropuerto, y a consecuencia Neta se preguntaba:

> ¡Oh Dios! ¿Emma sabe que sus padres están a punto de separarse? Ella está tan llena de vida y alegría, y ahora su vida está a punto de romperse. Yo sé que Leah y Robert tratarán de educarla lo mejor que puedan bajo las circunstancias, pero la verdad es que el mejor regalo que los padres pueden dar a sus hijos es su propio amor confiable del uno hacía el otro. ¡Oh, Dios, ella sólo tiene cuatro años!

Durante las vacaciones, Robert se reunió con nosotros para explicar un poco sobre lo que había sucedido. Evitó compartir las cosas que Lea tenía que contar, y no la criticaba. Simplemente informó que durante el último año, después de que ella compartiera sus sentimientos con él sobre su orientación sexual, habían comenzado una terapia de pareja con la esperanza de salvar su matrimonio. Hablaron mucho durante el verano—cuando habíamos sentido la tensión—y él había esperado que pudieran resolverlo. Pero cuando comenzaron de nuevo las clases, se dieron cuenta de que a pesar del progreso que habían logrado en relacionarse entre sí, no había cambiado la convicción de Leah de que no podía pretender continuar una relación heterosexual.

Después de hablar con Robert, Neta y yo experimentamos una suerte de liberación del dolor que nos había atrapado como una prensa. De alguna manera mi terror fue reemplazado por la compasión hacia mi hija. Tal vez cuando Leah llegara, podríamos hablar con ella. Tal vez al compartir la Palabra de Dios y lo que yo creía saber sobre la homosexualidad, ella lo reconsideraría.

* * * *

Después de que Robert se graduó, ambos regresaron a Illinois y se instalaron en la misma ciudad para poder cooperar en la crianza de Emma. Estábamos agradecidos por su cercanía hacia nosotros.

La casi cotidianidad de nuestras visitas durante la siguiente primavera y el verano fue interrumpida por el impacto de los ataques del 11 de setiembre. De nuevo, nuestro mundo parecía estar cayéndose a pedazos, al igual que el mundo de todos los demás. Y nos sentimos impotentes. En octubre mi padre falleció, apenas un año después de que mamá había fallecido. Más tarde ese mes, Leah llegó a casa de visita . . . y trajo con ella a una amiga, Jane. Por supuesto, nos preguntamos si la joven representaba una "relación" en la que Leah se estaba embarcando, pero traer amigos a casa para cenar o visitar era rutinario en nuestros hijos, y Leah tenía muchos amigos.

Muchas visitas continuaron al el año siguiente (2002), incluyendo varias visitas de Emma de una semana con nosotros. Cuando estábamos con Leah, ocasionalmente discutíamos su "decisión" con ella, esperando que pudiéramos convencerla de que cambiara.

Incluso le sugerimos explorar Exodus International como una organización que podría "ayudarla". Pero ella dijo: "Papá, he leído muchos de los testimonios, y no puedo identificarme con esa gente. Algunos de ellos tenían antecedentes de abusos, otros tenían adicciones sexuales y la mayoría se encontraba en estilos de vida sexual realmente destructivos, pero eso simplemente no soy yo".

Está bien, buen punto. Pero también sentimos que su postura no era bíblica, por lo que nos preocupaba lo que significaba espiritualmente para ella. En respuesta a eso, ella escribió lo siguiente:

> Al parecer tengo sólo tres absolutos, y por los dos primeros, basada en mis convicciones, moriría. Primero, mi espíritu sostiene la verdad de que fui creada y soy profundamente amada por Yavé. De esta verdad nunca me pueden hacer tambalear dado que vino a mí tan joven y ni siquiera se puede explicar con éxito a través de la expresión humana. Segundo, estoy segura de que Jesucristo caminó entre nosotros como el hijo de Dios en forma humana, vivió para dar ejemplo y sufrió en nuestro lugar. Yo solo sé esto porque tengo una fe personal de que es verdad. Y tercero, soy consciente de que puedo saber muy poco de lo que hay que saber. Lo digo sólo porque creo que es estúpido no admitirlo.[9]

Eso debería haber bastado para nosotros. Pero por lo menos sentimos que Dios nos decía que todo lo que podíamos decir ya había sido dicho y debíamos centrarnos en orar por ella y amarla. *Y no destruir ningún puente.*

La Navidad siguiente, Leah, Emma y Jane llegaron para las vacaciones. Había sido que Jane se había mudado a la misma ciudad donde Leah vivía porque habían desarrollado una amistad seria. Vivían en apartamentos separados, pero seguía sintiéndose como un clavo más en el ataúd y la posibilidad de retroceder parecía cada vez más remota. No teníamos ni idea si tenían intimidad sexual y teníamos miedo de preguntar. Pero suponíamos que eso era lo que

9. Carta particular, 24 de noviembre de 2002.

hacía la gente homosexual, así que ¿deberíamos permitirles compartir un dormitorio "bajo nuestro techo" durante las vacaciones?

Lo gracioso fue que ni siquiera protestaron por los arreglos separados que hicimos para ellas.

Y entonces llegó el día en que Leah y Jane alquilaron *juntas* una casa de tres dormitorios, un paso más significativo en su relación. Era un paso más significativo en su relación. Pero cuando nos fuimos de visita, y nos mostraron habitaciones separadas, nuevamente nos agarramos de ese detalle como un salvavidas en el océano. Tal vez, posiblemente . . .

Durante algún tiempo, habíamos estado ayunando todos los lunes, orando para que Leah "cambiara". ¿Por qué nuestras oraciones no fueron contestadas? Poco a poco nos convencimos de que necesitábamos dejar de decirle a Dios lo que queríamos que hiciera y confiar plenamente nuestra hija al cuidado de Él. Nuestra oración cambió a: "Señor, resuelve *tu* propósito en la vida de Lea, cualquiera que sea".

A medida que pasaban los meses, y la relación de Leah y Jane crecía—a pesar de nuestras esperanzas de que ellas fueran "solamente amigas"—no podíamos dejar de querer a Jane y notar que ella tenía una influencia claramente positiva en Leah. Juntas estaban construyendo una familia mutua y ordenada, complementándose mutuamente de maneras que las hacía más fuertes, más estables y más felices. Y Emma parecía estar sorprendentemente bien viviendo con su mamá mientras pasaba momentos especiales con su papá que vivía a pocas cuadras de distancia. Todos ellos asistían a la misma iglesia, una cuyos pastores conocíamos y respetábamos.

En abril de 2004, Leah y Jane nos llamaron a invitarnos con mucho ánimo a ver la nueva casa que habían comprado juntas. Una vez más, había tres dormitorios, pero esta vez uno era para Emma, uno era un cuarto de huéspedes, y eso significaba que el tercero era para Leah y Jane. Mi corazón se desplomó—no solamente porque el lugar necesitaba muchos arreglos, sino también porque comprar una casa en conjunto parecía como un paso adicional mayor que sería difícil de revertir—.

Aún así, en los cumpleaños, los días de fiesta y cualquier otra excusa, nos mantuvimos en contacto, visitando su casa e invitándolas a venir un fin de semana o cuidar a Emma durante unas vacaciones prolongadas siempre que pudiéramos. Estábamos empezando a aceptar que "esta es nuestra familia" y Jane es parte de ella. También sabíamos que la madre de Jane, sobre todo, estaba extremadamente molesta con su relación y no permitiría que Leah o Emma vinieran a visitarla cuando Jane iba a casa a visitar a sus padres. Debido a que habíamos llegado a conocer e incluso amar a Jane como una persona, así como alguien significativo en la vida de Leah, no queríamos que experimentara más rechazo de nosotros. Neta dijo que sentía que Dios le decía que amara a Jane como a otra hija.

No teníamos respuestas para las cuestiones que se debatían en la sociedad y en la iglesia, pero como familia, sentíamos que nuestra vocación era clara: simplemente amarlas, mantener los vínculos y no derribar puentes. Y esperar que no hubiera más sorpresas.

Luego, recibimos la invitación.

Illinois aún no había aprobado matrimonios del mismo sexo, pero en septiembre de 2006, Leah y Jane decidieron celebrar su relación con una boda en el patio trasero de un amigo. Conociendo nuestra creencia básica sobre las relaciones entre personas del mismo sexo, no esperaban que asistiéramos, y tampoco teníamos intención de asistir. Pero poco a poco comencé a sentir que necesitábamos estar allí. Obviamente era una ocasión extremadamente importante para nuestra hija, y optar por no estar hubiera significado mucho más rechazo que el mero hecho de que no estuviéramos de acuerdo. Después de todo, ellas ya sabían que no estábamos de acuerdo. Y yo no quería que las únicas personas presentes fueran las que estuvieran de acuerdo mientras nosotros, como miembros más cercanos de la familia, nos quedábamos lejos. Pero para mí, se sentía como el final de toda esperanza de que Leah cambiara de dirección. Los padres de Jane ni siquiera asistieron. De hecho, casi habían interrumpido su relación con ella.

Los dos pastores de su propia iglesia tenían diferentes perspectivas sobre las relaciones homosexuales. Uno no discriminaba, en teoría, mientras que el otro sí. Habían "aceptado no estar de acuerdo", y por lo tanto Leah y Jane le pidieron a otro amigo que condujera la ceremonia.

Leah mantenía su confianza en Jesús, pero yo podía percibir que su tensión con la iglesia estaba aumentando. ¿A dónde conduciría todo? Me dolía el corazón cuando recordaba Escrituras como: "Si alguien conoce el bien que debe hacer y no lo hace, es pecado para ellos" (Santiago 4.17). Y "Si deliberadamente seguimos pecando después de haber recibido el conocimiento de la verdad, no queda sacrificio por los pecados" (Hebreos 10.26).

¡Necesitábamos la ayuda de Dios!

Capítulo 3
"¿Ella está a salvo?"

Ven, tú que eres la fuente de toda bendición,
Afina mi corazón para cantar tu gracia;
Corrientes de misericordia incesantes,
Invitan a canciones de alabanza exaltante.
Enséñame un soneto melodioso,
Cantado por lenguas llameantes celestiales.
¡Alabado sea el monte! Firme en él estoy,
Monte de tu amor redentor.

"Come Thou Fount of Every Blessing"
Robert Robinson, 1758, estrofa 1

COMO TESTIMONIO DE SU FE PERDURABLE y su enfoque en la gracia de Jesús, Leah y Jane invitaron a un solista a cantar este himno en la celebración de la boda, pero yo no pude encontrar ningún consuelo en el himno. La disonancia en mi propia mente era demasiado fuerte.

Tal como comenté anteriormente, hacía años que me había sumergido en las teorías tradicionales y en la investigación necesaria para ayudar a Ed Hurst a escribir su libro *Overcoming Homosexuality* [*Superando la homosexualidad*]. Y aunque yo sabía que había cierta debilidad bíblica y lógica en la perspectiva tradicional, básicamente la aceptaba porque reforzó quién yo era y lo que me habían enseñado toda mi vida. Todo lo que podía pensar era que mi hija necesitaba cambiar o ella iba a destruir su vida.

Además, mi opinión estaba cargado con la historia de decepción y traición de cinco líderes cristianos importantes que yo personalmente conocía que habían destruido sus carreras espirituales por su supuesta actividad homosexual. Uno incluso había muerto a causa del SIDA antes de que los fármacos retrovirales se hicieran efectivos y disponibles.

Cuatro de estas personas estaban casadas, y aparentemente los cinco se habían involucrado en un amplio engaño e infidelidad y en la traición a personas que confiaban en ellos. Sólo por esas razones—si las acusaciones eran ciertas—la pérdida de sus carreras espirituales y el daño a su reputación eran inevitables.

A medida que los hechos se hacían públicos, resultó que un par de estas personas aparentemente eran pedófilos, consumidos por la lujuria por el poder, la dominación y el control, y no interesados en una relación con un adulto del mismo sexo.[10] Pero en ese momento yo ignoraba la distinción clara y muy importante entre los homosexuales y los pedófilos, por eso las anécdotas simplemente reforzaron mis estereotipos homosexuales. Sin embargo, en los años transcurridos desde entonces, no puedo dejar de preguntarme: ¿Qué podría haber sido el resultado para aquellos que eran homosexuales—y no pedófilos—si se les hubiera dado la opción legítima de un matrimonio del mismo sexo aprobado y apoyado? ¿Qué les podría haber sucedido si eso hubiera sido una elección desde el momento en que eran adolescentes? ¿Podrían haber encontrado paz y un lugar productivo en la sociedad?

Cuando Pablo dijo, "es mejor casarse que quemarse con pasión" (1 Corintios 7. 9), él usó una expresión muy apta. El fuego en un ambiente controlado puede cocinar nuestra comida, calentar nuestros hogares y dar energía a nuestros vehículos, pero sin un "contenedor" legítimo, puede crear una destrucción inmensa. Toda la sociedad se beneficia con la institución del matrimonio entre personas heterosexuales porque fomenta responsabilidad, transparencia, amor y permanencia, (imagino el caos sin ella). Con razón me sentí traicionado por el daño causado por esos cinco líderes, pero algunos de mis amigos homosexuales me han recor-

10. "La investigación empírica no muestra que los hombres homosexuales o bisexuales sean más propensos que los hombres heterosexuales a abusar menores. Esto no implica decir que los hombres homosexuales y bisexuales no abusan a menores. Sin embargo, no existe una base científica para afirmar que ellos son más propensos que los hombres heterosexuales a hacer eso (. . .) A muchos abusadores de menores no se les puede caracterizar por tener a la orientación sexual de los adultos en absoluto; están obsesionados en menores". Gregory Herek, "Facts about Homosexuality and Child Molestation", http://psychology.ucdavis.edu/faculty_sites/rainbow/html/facts_molestation.html.

dado que el matrimonio igualitario tal y como fue aprobado en nuestro país fomenta la misma clase de estabilidad y responsabilidad que nosotros valoramos para las personas heterosexuales y desalienta a la falsedad y el engaño.

Pero yo no me hacía tales preguntas perspicaces cuando asistimos a la boda de nuestra hija. Dado mi adoctrinamiento mientras yo ayudaba a escribir *Overcoming Homosexuality* [*Superando la homosexualidad*], lo que había experimentado como traición de los líderes antes mencionados, y mi aversión emocional a cualquier atracción hacia el mismo sexo—es decir, no podía ni imaginar cómo alguien podría estar sexualmente atraído por alguien del mismo sexo—yo era un desastre. Apenas podía sentarme durante la boda de Leah y Jane que tuvo lugar en el jardín del fondo de nuestra casa.

Durante la ceremonia, una niña de cinco años de edad sentada cerca de nosotros dijo en voz baja, "Espera un minuto, ¿cómo es posible que dos chicas se casen?" Sí, eso es lo que quería gritar con toda la fuerza de mis pulmones a todos los invitados. No lo hice, por supuesto, y me escabullí después de la ceremonia para dar un largo paseo y calmarme antes de volver a enfrentarme a las personas durante la recepción.

Cuando regresé, Leah y Jane resplandecían, y muchos amigos y otros familiares estaban muy alegres, como toda la gente debería estarlo cuando una pareja declara públicamente su amor y compromiso de por vida uno a otra. Pero yo estaba tambaleando, murmurando saludos a amigos y parientes, y preguntándome por qué Dios no había disuelto la relación mucho tiempo antes de que llegara a este punto.

Sacar fotografías para registrar todos nuestros eventos familiares es la afición de Neta. Tenemos docenas de álbumes, pero ninguno de nosotros sacó ni una sola fotografía aquel día. Hace poco eché un vistazo al libro de la boda de Leah y Jane, que ellas habían titulado con una frase del Cantar de los Cantares: "He encontrado aquella que ama mi alma". Yo no recuerdo haberlo visto nunca antes, pero la ultima parte del libro había servido como un registro de huéspedes, y allí estaba mi garabateada nota: "Para Leah & Jane. ¡Les queremos! Papá". En tinta de otro color Neta agregó: "Estamos contentos de haber venido. Mamá". Bastante fuerte reconocimiento junto a todas las otras anotaciones calurosas que les deseaban lo mejor y expresaban alegría y placer en su día feliz. No sé hasta qué punto Leah y Jane conocían nuestra agitación. Ellas, diligentemente nos habían enviado una invitación a su boda, pero no habían esperado realmente que aceptáramos la invitación. ¿Ellas podían ver la consternación en mi cara? Si lo notaron, cargaron su decepción con gracia.

En las siguientes semanas, a Leah y Jane se les hacía cada vez más difícil sentirse aceptadas en su comunidad espiritual. Ir a la iglesia era como ponerse un manto de vergüenza, sin saber quién era amigo o enemigo. Un pastor más accesible, el otro más distante, pero en la congregación, Leah dijo que era como ser el primo invisible en una comida familiar. "A menudo, las interacciones de las personas parecían tan condescendientes, ya, «Amar al pecador, aborrecer el pecado». Dimos cuenta de que algunas personas nos veían como el enemigo, mientras que otras nos consideraban su proyecto pastoral".

"Creo que nos quedamos en la iglesia por un sentido del deber, como si esto fuera la realidad cuando una es *gay* pero quiere estar en la iglesia. Pero me cansé de no saber quién realmente se preocupaba por mí por lo que yo era", recordaba Jane.

Pegado por el amor de un bebé

Leah siempre había estado muy orientada hacia el hogar y la familia—la vida familiar significaba mucho para ella—. Ella y Jane eran madres devotas de Emma, pero querían más hijos. Un año más tarde, Jane dio a luz a un niño llamado Jacob, concebido por inseminación artificial de un donante. Qué familia feliz eran. Leah adoptó a Jacob, y ellas dedicaron[11] al bebé Jacob a Dios en su iglesia, en una celebración a la que asistimos junto con los padrinos que eligieron entre amigos de hacía mucho tiempo, quienes prometieron apoyar a estas madres física y espiritualmente mientras criaban a este niño.

No había manera de evitarlo—ésta era nuestra familia—. No lo habría desmentido, negado, o rechazado. Jacob era nuestro nieto,

11. *Nota del traductor:* Iglesias que no practican el bautismo de infantes muchas veces tienen una ceremonia de dedicación de niños donde tantos los padres como la iglesia se comprometen a criar al hijo en la fe cristiana.

tanto como Emma y nuestros otros nietos, y rápidamente él encontró el camino a lo más profundo de nuestros corazones . . . tal como lo hizo en los corazones de los padres de Jane. Encontramos alegría en esa reconciliación con la familia de Jane, alegría y orgullo más allá de la mera tolerancia, en el estilo de vida hogareño que estaban construyendo—estable, pacífico, bien disciplinado y por donde se lo mire, la clase de familia de la que cualquier abuelo se sentiría orgulloso—.

Bajo ataque

Pero la dedicación de Jacob delante de toda la iglesia—una afirmación pública de su familia y un pedido de apoyo a otros miembros de la iglesia—llevó una gran crisis. Se convocó una reunión especial de la iglesia donde varias familias amenazaron con abandonar la iglesia si no se adoptaba una posición que se opusiera a las relaciones entre personas del mismo sexo. De alguna manera, confiando en que un proceso congregacional llevaría a una resolución pacífica, Leah y Jane asistieron a la reunión y se sentaron allí mientras algunas personas se referían a ellas como "una nube oscura sobre la iglesia". Luego alguien se levantó y declaró: "Satanás está engañando a todos. Yo jamás las dejaré entrar a mi casa".

Eso fue demasiado. Leah se levantó para hablar en su propio nombre, pero en eso la reunión entera se descompuso hasta el punto que unas cuantas personas les gritaron desde el otro lado del salón.

Los pastores no hicieron nada para defenderlas, y de hecho, en un intento por poner orden en la reunión, el pastor más tradicional se puso de pie y leyó un documento de la política de la iglesia declarando que no se permitiría que alguien, en una relación *gay*, fuera docente o que ocupara una posición de liderazgo.

"Esa fue la gota que colmó el vaso", dijo Jane. "Allí estaba yo, una docente de tiempo completo, de menores pequeños en una reconocida escuela primaria de la comunidad, y sin embargo mi propia iglesia no me permitía enseñar en la escuela dominical. ¿Qué pensaron que yo iba a hacer?"

"Había otras personas homosexuales en la iglesia", dice Leah, "aunque éramos las únicas que habíamos salido del clóset. Pero el ejemplo de lo que nos sucedió a nosotras, les dio una advertencia justa de lo que les aguardaba a los demás si se atrevían a revelarse como personas homosexuales".

"Unos días después de esa gran explosión" dijo Jane, "recibimos un enorme ramo de flores con una linda carta que decía: «Son amadas. Gracias por ser auténticas». Durante un buen tiempo pensamos que había venido de alguien en la iglesia, lo que nos dio una esperanza adicional de que podríamos permanecer en la congregación. Pero entonces descubrimos que había venido de un visitante que de alguna manera había estado presente en esa reunión desagradable. Nadie en la iglesia se acercó a nosotras con tales sentimientos". A pesar de los golpes bajos que Leah y Jane habían recibido, no fueron ellas, sino cuatro o cinco de las familias más tradicionales las que optaron por abandonar la iglesia en las semanas siguientes. De todas formas, eso solamente aumentó la tensión en la que vivían, sintiéndose culpables por todos los problemas—más aun la pérdida de ingresos para la iglesia a causa de los donantes que salían—y viendo que todos los líderes, algunos de los cuales habían sido muy hirientes en la reunión, permanecieron en el poder.

Durante este tiempo, yo sabía muy poco de lo que estaba sucediendo con Leah y Jane en su iglesia, pero sentíamos que estaban distanciándose de la congregación, y no podía dejar de preguntarme: ¿Qué significaba espiritualmente para ellas su situación? Necesitaba una palabra del Señor.

Dios habla

Dios generalmente me habla a través de la Biblia y a veces a través de las palabras de un pastor o de las ideas de Neta o en las letras de alguna canción. Cada uno de ellos suele representar "la voz apacible y delicada" del Espíritu Santo que gradualmente reconozco como la palabra de Dios para mí cuando la pruebo con hermanos y hermanas u otros pasajes bíblicos. Fue esta clase de indicaciones de Dios lo que sentimos que nos había guiado a reducir nuestros esfuerzos para persuadir a Leah a "cambiar" y simplemente enfocarnos en amarla y orar por ella. Pero en otras ocasiones, había oído a Dios hablarme más directamente.

La primera vez que lo escuché, ocurrió cuando entré en la casa de un vecino en medio de un robo a mano armada. El asaltante dio la vuelta para sostener un gran cuchillo a pocos centímetros de mi garganta. En ese momento, Dios habló con una voz casi audible dentro de mi cabeza, diciéndome qué hacer para someter al ladrón, asegurándome que nadie saldría herido. Obedecí, y el resultado fue exactamente como Dios había dicho.

La segunda vez que el Señor me habló de una manera tan elocuente ocurrió durante mi batalla para evitar perder la vista. Después de cinco meses y cinco cirugías, durante los cuales la visión de mi ojo izquierdo se deterioró a 20/200—legalmente ciego—Dios finalmente me dijo, con esa misma voz clara, casi audible, "La pesadilla ha terminado". Y fue así. A partir de ese día, mi ojo cesó de deteriorarse y comenzó a sanar. A pesar de mis temores, el ojo derecho nunca fue afectado, y mi visión ahora se corrige a 20/30 en mi ojo izquierdo y 20/15 en mi ojo derecho.

No estoy seguro de qué tipo de palabra de Dios estaba esperando para mi preocupación por nuestra hija. Todo lo que sabía hacer era simplemente seguir orando, amar lo mejor que sabía, y orar más.

Un día, mientras conducía a Home Depot para recoger algo para la casa, estaba escuchando a WMBI, la Radio de Moody. Creo que David Jeremiah estaba enseñando acerca de la oración en su programa "Turning Point" cuando relató un incidente relacionado con el famoso predicador del siglo XIX, Charles Spurgeon. Una noche, un joven seminarista tuvo el privilegio de orar por Spurgeon antes de que él predicara a una gran multitud. El joven se embarcó en una florida oración tan larga que ocupó tiempo de prédica de Spurgeon. Finalmente, el gran predicador se levantó y lo interrumpió. "Hijo, solo llámale Padre y ¡dile lo que quieres!"[12]

Esas palabras fueron directamente a mi corazón. ¡Es *correcto!* Pensé. Al igual que el antigua canción del Evangelio, "Jesús está en la línea principal. ¡Llámalo y dile lo que quieres!"[13]

---

12. Aunque no podía documentar si el evento era real, este comentario reflejaba un tema que Spurgeon enfatizaba a menudo. Por ejemplo, en su sermón, "True Prayer—True Power!" (12 de agosto de 1860), él dijo: "Si anhelas la misericordia que está en tu casa, no vayas dando vueltas; dirige tus súplicas a Dios, de manera sencilla y directa. Cuando le rezas, expresa lo que quieras. Si no tienes suficiente dinero, si estás en la pobreza, si estás en necesidad desesperado, declara el caso. No seas tímido con Dios".

13. *"Jesus is on the Mainline"* tradicional, dominio público.

¡Y eso es lo que hice! A solas en el coche, grité a todo pulmón, "Sí, Padre, sólo quiero saber, ¿está mi hija a salvo?" Al instante, y sin que yo meditara o pensara, Dios habló tan clara y concretamente como nunca antes había escuchado . . .

"Está a salvo por la sangre de Cristo".

¡Estaba aturdido! ¿Podría ser cierto? Y entonces se me ocurrió. ¡Por supuesto que es verdad! ¡Esa es la única manera en que *cualquiera* puede venir a Jesús! Él había dicho: "Nadie viene al Padre sino por mí" (Juan 14. 6). ¡Esa gran gracia es tan efectiva para ella como para mí! Es la única manera en que alguien puede acercarse a Dios. De hecho, si una persona parece justa o no . . . si tienen *razón* o no . . . todos tenemos que estar a salvo por la sangre de Cristo. Es una de las verdades más fundamentales del Evangelio. Y nuestra hija había aprovechado esa gracia desde la hora en que ella primeramente creía. Tal como dice Juan 1.12: "A todos los que lo recibieron, a los que creyeron en su nombre, dio el derecho de ser hechos hijos de Dios".

Me estacioné en el costado de la calle y lloré mientras la realidad de la gracia de Dios fluyó en mí.

La verdad de este mensaje de Dios se basa en la Palabra escrita por Él, la Biblia, que es la prueba primaria de cualquier palabra profética. Y expresó el núcleo mismo del Evangelio. Pero recibirlo hizo más que aliviar mi ansiedad. Acepté la palabra de Dios con alegría, aunque no entendía sus implicaciones sobre cómo debería considerar a mi hija. Pero esas palabras me impulsaron a revisar los principios fundacionales del Evangelio—bien establecidos entre la mayoría de los evangélicos—y cómo esos principios, las buenas nuevas y el ejemplo de Jesús deben formar todos nuestros pensamientos, incluyendo cómo nos relacionamos con la gente homosexual.

Lentamente, nuestra oración que se había centrado primero en pedirle a Dios que cambiara a Leah, y luego, "Señor, haz tu propósito en la vida de Leah, sea lo que sea", cambió de nuevo. Pero esta vez, nuestra oración fue: "Señor, ¿qué estás tratando de enseñarnos?

PARTE I

EL CIMIENTO DEL EVANGELIO

Capítulo 4
La gracia y la verdad

Ni la vida ni la muerte jamás
Quitará del Señor sus hijos
A ellos él muestra su gracia
Y todas sus tristezas a él son conocidas

"Children of the Heavenly Father"
Karolina Sandel-Berg, 1858, estrofa 3

HACE POCO ESCUCHÉ AL PRESENTADOR DE RADIO Chris Fabry entrevistar a Glenn Stanton, autor de *Loving My (LGBT) Neighbor: Being Friends in Grace and Truth,*[14] [*Amando a mi Vecino (LGBT): Siendo amigos en gracia y verdad*]. Glenn era invitado en el programa de Chris en Moody Radio.[15] Tanto Chris como Glenn apoyan un punto de vista neo-tradicional sobre el tema de la homosexualidad. Es decir, no condenan a las personas con atracción hacia el mismo sexo, pero sí afirman que es un pecado actuar en consecuencia.[16] Durante la conversación, Glenn animó a los oyentes a no hacer proyectos pastorales de sus conocidos homosexuales, sino simplemente ser amigo de ellos. Buen consejo. Pero cuando un oyente le preguntó cuándo debería confrontar a alguien con su

---

14. Glenn Stanton, *Loving My (LGBT) Neighbor: Being Friends in Grace and Truth,* (Chicago: Moody Publishers, 2014).

15. *Chris Fabry Live* (Chicago, IL: Moody Radio, 8 de octubre de 2014).

16. Como se explica más detalladamente en la introducción, uso "tradicional" para referirme a la creencia de que la Biblia condena inequívocamente la homosexualidad, tanto el acto como la inclinación, y que la homosexualidad puede y debe ser superada. Los "neo-tradicionalistas" reconocen que el cambio genuino de la orientación es raro y por lo tanto no se debe promover como normativo, pero la atracción hacia el mismo-sexo no se debe poner en práctica. La gente "inclusiva" acepta que Dios hizo a algunas personas con orientación hacia el mismo sexo. Por lo tanto, tenemos que aceptar a los homosexuales sobre la misma base con que aceptamos personas heterosexuales, incluyendo la posibilidad de matrimonio, pero respetando y apoyando a cualquier persona homosexual que se sienta llamada a permanecer célibe.

pecado, Glenn respondió irónicamente: "¿Quieres decir, cuándo voy a decirles que están equivocados?" Entonces él explicó que es mejor dejar que la persona introduzca el tema y que sea *ella* quien pregunte porqué tú crees lo que crees sobre la homosexualidad.

Chris, sin embargo, intervino, "Pero ¿y si mañana se accidenta con el auto y va a la eternidad *equivocada*?"

Me sorprendió la insinuación. Chris es tan sensible y compasivo—le respetamos mucho y hemos sido entrevistados antes en su programa—pero su pregunta refleja tristemente dónde muchos de nosotros evangélicos cometemos un error sobre la cuestión de la homosexualidad, tratándola como no lo hacemos con ningún otro tema.[17] Varias veces durante el programa, los dos hombres, hablando desde su posición neo-tradicionalista, afirmaron que las relaciones homosexuales no eran peores que cualquier otro pecado y que todos nosotros *todavía* somos pecadores. Glenn citó a Pablo: "Cristo Jesús vino al mundo a salvar a los pecadores, de los cuales soy el primero" (1 Timoteo 1.15), señalando que Pablo no dijo que *había sido* un pecador (tiempo pasado), sino que él todavía se consideraba un pecador. La mayoría de los evangélicos viven en esta confianza de que la gracia de Dios mediante la fe en la muerte de Jesús nos perdona *todo* pecado—conocido y desconocido, pasado y presente—y por lo tanto, no tenemos que temer constantemente dónde pasaremos la eternidad si morimos mañana, incluso si estamos *equivocados* sobre algo. (Y nosotros, los evangélicos, hemos estado equivocados en muchas cosas a lo largo de los años—me viene a la mente especialmente el pecado del racismo)—.

¡Eso es gracia! Y, sin embargo, no podemos creer que un cristiano *gay* disfrute de esa misma gracia. Así que la pregunta de Chris queda dando vueltas en nuestras cabezas: "¿Y si entran en la eternidad equivocada?"

Eso, por supuesto, fue la misma pregunta que me hizo clamar a Dios en nombre de mi hija: "¿Ella está a salvo?" Mientras la respu-

17. Daría a ambos hombres el beneficio de la duda de que si se les desafiaba, habrían admitido que habían hablado incorrectamente al insinuar que cualquier persona que muriera con una "postura errónea" con respecto a la homosexualidad corría peligro de condenación. Aún así, ésa es la impresión que nuestros debates candentes sobre el tema a menudo engendran en la mente de los homosexuales y del público.

esta de Dios—*ella está a salvo por la sangre de Cristo*—me tranquilizó de inmediato porque la reconocí como la verdad del Evangelio tan evidente en las Escrituras, la experiencia me inició en una búsqueda para descubrir por qué y cómo nosotros como evangélicos nos habíamos confundido en este asunto cuando se trata de personas homosexuales. Incluso si admitimos a regañadientes que las personas homosexuales podrían ser salvas, "pero como quien pasa por el fuego" (1 Corintios 3.15), a menudo, no queremos aceptarlos como hermanos y hermanas, a pesar de que Romanos 15.7 nos dice que nos aceptemos unos a otros tal como Cristo nos aceptó. Pero ¿por qué, *por qué* sentimos que están al borde del infierno y están a punto de arrastrar al resto de nosotros con ellos?

El corazón coherente de Dios

En el prólogo del libro de Glenn Stanton, *Loving my (LGBT) Neighbor*, [*Amando a mi vecino (LGBT*], Jim Daly, el actual jefe de Focus on the Family (Enfoque a la familia), escribió: "El libro de Glenn (. . .) nos recuerda que hay algunas cosas sobre las cuales no podemos tener una posición intermedia, a saber, la enseñanza de la Escritura y *la posición histórica de la iglesia*" (énfasis añadido).[18] Sin embargo, no son autoridades iguales. Para muchos de nosotros que somos evangélicos, *la Biblia* es nuestra autoridad final y la regla infalible para la fe y la práctica. Aunque si bien es un asunto serio desafiar las enseñanzas de la iglesia, como una institución, la iglesia *es* falible. Después de mil quinientos años de doctrina erosionada, la Reforma estaba atrasada, y la "posición histórica de la iglesia" necesitaba un reto. Galileo arriesgó su vida desafiando el geocentrismo de la iglesia. Durante siglos, la iglesia apoyó la esclavitud, la segregación, el colonialismo, la subyugación de las mujeres—todas apoyadas por textos como prueba de la Biblia— . . . la lista podría seguir. La mayoría de estas correcciones ocurrieron cuando la gente reconoció que el fruto de la posición histórica era mal fruto, revelado por nueva información o por el daño evidente causado por la política anterior. Pero en cada coyuntura, hubo una enorme resistencia por parte de quienes sostenían que

18. Glenn Stanton, *Loving My (LGBT) Neighbor: Being Friends in Grace and Truth*, (Chicago: Moody Publishers, 2014), 12.

"no podemos tener una posición intermedia (. . .) en la posición histórica de la iglesia", que es lo que está sucediendo en este momento con respecto a las personas homosexuales.

Por lo tanto, aunque no lo hacemos sin seriedad, en ocasiones como ésta, es correcto y bueno para aquellos de nosotros que realmente consideramos a la Biblia nuestra autoridad, volver a ella y preguntar si la "posición histórica" de la iglesia es o no de Dios.

Como novelista, soy consciente de que la coherencia de carácter es crítica para una historia. Para que ella tenga coherencia, las acciones de cada personaje necesitan ser generadas por motivos, y esos motivos deben ser consistentes con el carácter del personaje. Así que la cohesión de la historia del Evangelio se pone inmediatamente en peligro si decimos que Dios ofrece la salvación solamente por fe en Jesucristo a toda la humanidad . . . pero Dios cambia las reglas cuando se trata de la gente homosexual. Primero deben cambiar algo sobre sí mismos antes de que puedan ser salvados. Si estuviéramos mirando una pintura o una fotografía, diríamos: "Oye, hay algo malo en ese cuadro". Pero Santiago nos dice que Dios "no se mueve como las sombras" (Santiago 1.17), y el escritor a los Hebreos nos recuerda: "Jesucristo es el mismo ayer y hoy y por los *siglos"* (Hebreos 13.8). De hecho, el libro a los Hebreos hace todo lo posible para demostrar que todos los santos del Antiguo Testamento fueron salvados por la fe tal como nosotros los creyentes del Nuevo Testamento. Este es el mismo punto que Pablo hace en Romanos 4.

Al escribir a la iglesia de Colosas, Pablo dice: "Porque a Dios le agradó habitar en él [Cristo] con toda su plenitud" (Colosenses 1.19) y "Toda la plenitud de la divinidad habita en forma corporal en Cristo" (2.9). Todo lo que queremos saber acerca de Dios, acerca de su carácter, acerca de cómo podemos acercarnos a él, lo podemos descubrir más claramente en Jesucristo, quién es Emmanuel, "Dios con nosotros". Y Juan nos presenta a Jesús diciendo que él vino "lleno de gracia y la verdad" (Juan 1.17).[19] Así que Dios también debe estar lleno de gracia y verdad. Ése es el corazón de Dios.

19. Puede haber una razón por la cual la Biblia siempre menciona primero la gracia. Véase también Colosenses 1. 6 y 2 Juan 1.3.

La gracia y la verdad

Cuando los evangélicos entran en una discusión sobre la homosexualidad, los términos "gracia y verdad" aparecen con frecuencia, a menudo se presume que la "verdad" es sinónimo de la *Ley*. "Sí, hay gracia, pero primero tenemos que asegurarnos de que las personas homosexuales vean la verdad y admitan que están equivocadas porque van en contra de la Ley", tal como se desarrollaba en el programa de radio de Chris Fabry.

Pero ésa no es la buena noticia que Juan anunció al comienzo de su Evangelio. Mira la frase en su contexto: "La *ley* fue dada por medio de Moisés, mientras que *la gracia y la verdad* nos han llegado por medio de Jesucristo" (Juan 1.17, énfasis añadido). El contraste era entre la Ley por un lado y la gracia-y-verdad-de-Jesús por el otro, no la gracia *versus* la verdad (Ley).

La palabra griega *alētheia,* traducida aquí como "verdad", es claramente distinta de la palabra griega utilizada para designar la "ley", *nomos,* por lo que no hay confusión semántica. La verdad asociada con Jesús definitivamente no es la Ley de Moisés. Más tarde, cuando Jesús dijo: "Yo soy el camino, la verdad y la vida" (Juan 14.6), él no quiso decir: "Yo soy el camino, la *Ley* y la vida". Pero demasiadas veces hemos pensado en la gracia y la verdad de Jesús como una especie de proposición: *Si* guardamos la Ley, entonces podemos obtener alguna gracia. En cambio, Juan presenta "la gracia y la verdad" como los atributos *unificados* de Jesús, que en sí mismos están en contraste con la Ley, ya que ésta había sido endurecida y distorsionada por los fariseos.

Así que si la "verdad", como se usa en Juan 1.17, no es sinónimo de la Ley, ¿cuál es la verdad que distingue tan radicalmente a Jesús? Jesús mismo lo explicó en Juan 8.31-59, donde estaba discutiendo con los judíos que no podían aceptar que él realmente vino de Dios y por lo tanto debían creerle. Al final—casi exasperado—Jesús reveló abiertamente el misterio: "Ciertamente les aseguro (. . .) antes de que Abraham naciera, ¡yo *soy!*" (v. 58, énfasis añadido). La multitud se volvió loca porque sabían lo que decía. El nombre, "Yo soy", es como Dios se identificó a Moisés en Éxodo 3.14, por lo que Jesús afirmaba ser Dios. "En esto, recogieron piedras para apedrearle, pero Jesús se escondió, escapando del templo" (v. 59).

Esa realidad es la verdad más profunda del Nuevo Testamento: ¡Jesús es Dios encarnado! Y eso le da la autoridad para dispensar la gracia. Es por eso que antes en esta disputa con los judíos, Jesús dijo: "Si se mantienen fieles a mis enseñanzas, serán realmente mis discípulos; y conocerán la verdad, y la verdad los hará libres (. . .) Así que, si el Hijo los libera, serán ustedes verdaderamente libres" (vv. 31, 32, 36). Pero no captamos la profundidad del anuncio de Juan al comienzo de su Evangelio—que "la gracia y la verdad vinieron por medio de Jesucristo"—cuando reducimos la gracia y la verdad a algún tipo de acto de equilibrio entre la gracia y la Ley. De hecho, si no creemos en esta asombrosa verdad—que Jesús es Dios—no podemos experimentar su gracia porque ambos definen quién es.

La introducción de Juan continúa: "A Dios nadie lo ha visto nunca; el Hijo unigénito, que es Dios, y que vive en unión íntima con el Padre, nos lo ha dado a conocer" (Juan 1.18). El teólogo N.T. Wright lo dice con tanta fuerza: "Este es el tema del Evangelio de Juan: Si quieres saber quién es el verdadero Dios, mira larga y fijamente a Jesús".[20]

¿Estaba Juan sugiriendo que la Ley dada por Moisés no representaba a Dios y necesitaba abolirla? ¡De ningún modo! La gracia manifestada en Jesús siempre estuvo presente en el Antiguo Testamento. De hecho, la misericordia de Dios, su bondad y su fidelidad son alabadas a lo largo de todas las Escrituras. Sin embargo, podemos ver a través de la vida y el ministerio de Jesús que él consideraba que la Ley había sido mal interpretada y mal aplicada *sin* la gracia por los fariseos, y por lo tanto, Jesús se enfocaba en arreglar las cosas mediante el cumplimiento de ella con su función apropiada.

Según el rabino Moshe ben Maimon (Rambam), uno de los más grandes eruditos judíos medievales, la Torá (nuestro Antiguo Testamento) contiene 613 mandamientos.[21] En Mateo 5.17-19, Jesús comentó sobre estos mandamientos:

20. N.T. Wright, *JOHN, N.T. Wright for Everyone Bible Study Guides*, (Downers Grove, IL: IVP Connect, 2009) 13.

21. http://www.jewfaq.org/613.htm.

> No piensen que he venido a anular la ley o los profetas; no he venido a anularlos, sino a darles cumplimiento. Les aseguro que mientras existan el cielo y la tierra, ni una letra ni una tilde de la ley desaparecerán hasta que todo se haya cumplido. Todo el que infrinja uno solo de estos mandamientos, por pequeño que sea, y enseñe a otros a hacer lo mismo, será considerado el más pequeño en el reino de los cielos; pero el que los practique y enseñe será considerado grande en el reino de los cielos.

¿Estaba Jesús reforzando la adherencia estricta tal como los fariseos le exigieron? Definitivamente no. Si tratamos de seguir la manera sin gracia de los fariseos, Jesús ofreció esta mordaz ironía: "Les digo que si su justicia no supera la de los fariseos y los maestros de la ley, ciertamente no entrarán en el reino de los cielos" (v. 20). Por el contrario, Jesús prometió "cumplir" con la Ley hasta que cada detalle se "cumpliera", señalando de esa manera *cómo se aplica la Ley* . . . con la gracia que él personificó. Cada uno de los mandamientos debe aplicarse con esa misma gracia. Como Pablo explica más adelante, "Quien ama a otros ha cumplido la ley (. . .) Por lo tanto, el amor es el cumplimiento de la ley" (Romanos 13.8, 10). De lo contrario—como los fariseos—somos culpables de no cumplir los mandamientos por distorsionar su propósito y enseñar a otros a hacer lo mismo.

Eruditos bíblicos entonces y ahora

Por lo general consideramos "fariseo" un término peyorativo por la severidad con que Jesús los reprendió, sin embargo, eran los eruditos bíblicos más respetados de su tiempo. Pablo apeló a su entrenamiento bajo el gran Gamaliel en Hechos 22.3 y su condición de fariseo en Hechos 23.6. Al descifrar lo que la ley decía sobre un tema, nadie (excepto Jesús) estaba mejor preparado para "hacer lo correcto". Desafortunadamente, Jesús tuvo varias quejas serias contra los fariseos, entre las cuales estaban las siguientes:

- Acerca de *hacer lo correcto*, Jesús dijo: "Estudian diligentemente las Escrituras porque piensan que por ellas poseen la vida eterna. Estas son las Escrituras que testifican de mí, pero ustedes se niegan a venir a mí para tener vida" (Juan 5.39-40).

- Jesús los criticó por el orgullo que sentían *en hacer lo correcto*. "El fariseo se puso a orar consigo mismo: «Oh Dios, te doy gracias porque no soy como otros hombres —ladrones, malhechores, adúlteros— ni mucho menos como ese recaudador de impuestos. Ayuno dos veces a la semana y doy la décima parte de todo lo que recibo»" (Lucas 18.11-12). Según Jesús, el fariseo *no* estaba justificado por muy bien que estuviera (v. 14). Buscar la justicia de Dios tiene su enfoque en los demás, mientras que los fariseos eran impulsados de forma individualista para asegurarse de que tenían razón, y "al diablo" con todos esos pecadores.
- Sus exigencias de *hacer lo correcto* carecían de compasión o de ayuda hacia aquellos que soportarían la carga más directamente. "¡Ay de ustedes también, expertos en la ley! Abruman a los demás con cargas que apenas se pueden soportar, pero ustedes mismos no levantan ni un dedo para ayudarlos" (Lucas 11.46).

La erudición bíblica tiene su lugar siempre y cuando (1) no sustituya *hacer lo correcto* por una relación con Jesús, (2) no se emplee para demostrar lo justos que son los eruditos y sus seguidores, y (3) ofrezca la verdadera gracia y la verdad— ¡buenas noticias!—a la gente que más afecta. Desafortunadamente, algunos de nuestros trabajos evangélicos más eruditos sobre el tema de la homosexualidad suenan como si fuera que los escritores nunca hubieran abandonado sus torres académicas para compartir la vida cotidiana con gente homosexual en la calle o en su vecindario o en sus hogares. Cuán diferente es esto de la manera en la que Jesús enseñó. Estaba constantemente *con* el pueblo. Cuando no estaba comentando una situación práctica frente a sus ojos, contaba parábolas para que todo lo que dijera tuviera una aplicación al mundo real. Tal como señaló Jesús, "La sabiduría queda demostrada por los que la siguen" (Lucas 7.35), no por argumentos cada vez más inatacables.

Pero el enfoque académico es seductor. Cuando surge un tema candente, *hacer lo correcto* según lo que dicen los estudiosos, también nos hace quedar bien. Un ejemplo se puede ver en el informe de postura de noventa páginas de argumentos académicos que una denominación/confesión evangélica reunió y tituló "Pastoring LGBT Persons"[22] ["Cuidado pastoral de personas LGBT"]. Menos del 10% del documento tiene algo que ver con la Pastoral, e incluso eso no es acerca de cómo amar a personas homosexuales. Se trata de los límites que se deben colocar en ellas dentro de la iglesia, lo que ellas pueden y no pueden hacer. Todo el resto de este documento muy respaldado (283 notas a pie de página, 137 fuentes bibliográficas) está dedicado a la erudición bíblica, histórica o clínica que "demuestra" que el sexo *gay* es siempre pecaminoso.

El columnista y comentarista David Brooks lo dio en el clavo: "La humildad es el conocimiento de que hay muchas cosas que no sabes y que muchas de las cosas que crees saber están distorsionadas o equivocadas".[23]

Exigir de los demás lo que ni siquiera entendemos

La hipocresía era otra de las principales quejas de Jesús hacia los fariseos. (Véase Mateo 23). La objeción al matrimonio igualitario no es necesariamente hipócrita, pero generalmente se entiende que la hipocresía exige un estándar de alguien que no se conoce a sí mismo. Así que es comprensible por qué muchas personas homosexuales *consideran* que es hipócrita para las personas heterosexuales, que son libres de casarse, decirles que no pueden casarse. Es por eso que respeto a Wesley Hill[24] y Christopher Yuan[25], dos cristianos homosexuales que son célibes y creen que la Biblia requiere que todos los cristianos homosexuales sean célibes. Pero

22. "Pastoring LGBT Persons", (Stafford, TX: Vineyard USA, 2014), http://vineyardusa.org/site/files/PositionPaper-VineyardUSA-Pastoring_LGBT_Persons.pdf.

23. David Brooks, *The Road to Character*, (New York: Random House, 2015), 8, 9.

24. Wesley Hill es el autor de *Washed and Waiting: Reflections on Christian Faithfulness and Homosexuality*, Grand Rapids, MI: Zondervan, 2010).

25. Christopher Yuan es el autor de *Out of a Far Country*, (Colorado Springs, CO: WaterBrook Press, 2014).

para que las personas heterosexuales transmitan el mismo mensaje, deberían por lo menos conocer personalmente a las personas a quienes se lo dan y empatizar sinceramente con la carga de toda una vida que les están poniendo. En este sentido, Glenn Stanton es un escritor neo-tradicional que parece hacer esto bien. A pesar de que él es heterosexual, al parecer tiene muchos amigos homosexuales y afirma respetarlos.[26]

Cuidado con la "levadura" de los fariseos

Mateo 16.5-12 registra un incidente de cuando los discípulos se olvidaron de traer pan en una de sus salidas. Sabiendo lo molesto que estaban por no hacer correctamente las cosas, Jesús advirtió: "Tengan cuidado; eviten la levadura de los fariseos y de los saduceos". Tal vez los discípulos pensaron que también los regañaba por olvidar el pan. Al contrario, les decía que se relajaran, recordándoles su generosa provisión de comida para las cinco mil y las cuatro mil personas. Luego dijo: "¿Cómo es que no entienden que no hablaba yo del pan, sino de tener cuidado de la levadura de fariseos y saduceos? Entonces comprendieron que no les decía que se cuidaran de la levadura del pan, sino de la enseñanza de los fariseos y de los saduceos".[27]

El enfoque farisaico es tan traicionero como la levadura, que crece y se extiende por todas partes. Una regla para esto, una regla para aquello. Parte de la naturaleza humana es ver nuestra aceptación ante Dios y ante los demás en términos de hacer lo correcto, incluso a pesar de un error tan pequeño como la falta de preparación de los discípulos para su viaje. Una vez que se mantiene la regla, se propaga. Como si fuera que aquellas 613 reglas del Antiguo Testamento no fueran suficientes, creamos más para cada época y cultura: No bebas, no bailes, no digas ciertas palabras, etc. ¿No es esto exactamente lo que Pablo advirtió?

---

26. Glenn Stanton, *Loving My (LGBT) Neighbor: Being Friends in Grace and Truth*, (Chicago: Moody Publishers, 2014).

27. Lucas 12.1 refiere al mismo incidente. Lucas agregue la cualidad adicional de "hipocresía".

> Si con Cristo ustedes ya han muerto a los principios de este mundo, ¿por qué, como si todavía pertenecieran al mundo, se someten a preceptos tales como: "No tomes en tus manos, no pruebes, no toques?" Estos preceptos, basados en reglas y enseñanzas humanas, se refieren a cosas que van a desaparecer con el uso. Tienen sin duda apariencia de sabiduría, con su afectada piedad, falsa humildad y severo trato del cuerpo, pero de nada sirven frente a los apetitos de la naturaleza pecaminosa (Colosenses 2.20-23).

Lo que preocupaba a los discípulos no importaba, es nuestra relación con Jesús lo que importa. Cuando llegaron a Cesárea de Filipo, Jesús redireccionó la conversación a una relación hacia sí mismo preguntando: "¿Quién dice la gente que soy?" Cuando Pedro dijo: "Tú eres el Cristo, el Hijo del Dios viviente" (Mateo 16.16).), Jesús lo elogió porque Pedro se dio cuenta de que a *quien* él se refería era mucho más importante que las especulaciones teológicas de otros.

Juan nos dice: "Dios no envió a su Hijo al mundo para condenar al mundo, sino para salvarlo por medio de él" (Juan 3.17). Jesús sabía que su misión para esta época—y nuestra misión también—no era el juicio sino la entrega de la gracia que siempre ha estado en el corazón de Dios. Philip Yancey resume toda la temática de la Biblia en: "Dios recupera a su familia".[28] Ciertamente, eso describe el objetivo de Jesús durante su ministerio.

Pero los fariseos no tenían simpatía hacia el enfoque de Jesús. Ellos estaban preocupados en mantener el poder por medio de la exclusión de los marginados, controlando al pueblo y—como dijo Jesús—cargando "a los demás con cargas que apenas se pueden soportar" (Lucas 11.46). Y así encontraron toda clase de maneras de acusar a Jesús de quebrantar las reglas . . . tal como ellos las interpretaban.[29] Los mandamientos que los fariseos trataban de

28. Philip Yancey, *Vanishing Grace: What Ever Happened to the Good News?* Grand Rapids, MI: Zondervan, 2014) 49-52.

29. Algunas de las "violaciones" que los fariseos acusaban a Jesús incluían: permitir a sus discípulos recoger y comer grano de un campo en el Sábado (Lucas 6.1), sanar en el día Sábado (Juan 5.1-18), contaminarse tocando a un leproso (Mateo 8.3), ser tocado por una mujer con una pérdida de sangre (Marcos 5.25-33), asociarse con los samaritanos que fueron

hacer cumplir eran tan radicalmente diferentes de las enseñanzas de Jesús que él pudo decir: "Este mandamiento nuevo les doy: que se amen los unos a los otros" (Juan 13.34). En realidad, el Antiguo Testamento nos llama a amarnos unos a otros,[30] pero los fariseos habían distorsionado tanto la Ley dada por Moisés que el mandamiento de Jesús se calificó como nuevo y se convirtió en un tema revolucionario importante en todo el Nuevo Testamento.

El resultado fue que bajo la dirección de los eruditos bíblicos del momento (los fariseos) y los predicadores (los maestros de la Ley), la gracia de Dios había sido puesta a un costado y Dios estaba perdiendo a su familia.

(Después de este y otros capítulos que tratan más de las ideas que de la narrativa personal, incluyo historias de "daños colaterales" para recordarnos que todas nuestras interpretaciones afectan a personas reales).

Daños colaterales

Justin Lee[31] creció en un amoroso hogar de bautistas del sur. Su apodo en la escuela secundaria fue "God Boy" (Muchacho de Dios) porque era el niño con una Biblia en su mochila, listo para dar testimonio a cualquiera que quisiera escuchar . . . y a algunos que no deseaban escucharlo. También estaba listo para comentar temas cristianos, incluyendo la homosexualidad. Él creía que se debía "amar al pecador y aborrecer u odiar el pecado".

En su segundo año de la secundaria, alguien colocó un póster en el pasillo del colegio que decía: "Nos hemos enterado que hay putos y tortilleras en este colegio", seguido de algunos actos violentos sugeridos para librar al colegio de tales indeseables. La ad-

despreciados por los judíos (Juan 4.1-26). Sin embargo, en Juan 15.10, Jesús afirmó que él había "obedecido las órdenes de mi Padre".

30. Levítico 19.18 dice, "Ama a tu prójimo como a ti mismo".

31. Su nombre verídico.

ministración quitó el poster, pero media docena de estudiantes crearon un folleto que distribuyeron al día siguiente diciendo que creían que no había nada de malo en ser *gay*. Fueron rápidamente suspendidos, lo que encendió una gran controversia en el colegio y la comunidad.

Algunos de los amigos de Justin le preguntaron a "God Boy" qué pensaba de todo esto. Denunció el discurso de odio del póster, pero afirmó su convicción que la homosexualidad era un pecado. Por lo que sabía, nunca había conocido a una persona *gay* . . . pero tenía un secreto que no podía contar a sus amigos.

Cuando llegó a la pubertad y todos sus amigos empezaron a "fijarse" en las chicas, Justin empezó a encontrar atractivos a los chicos, no solamente curiosidad acerca de quién se estaba desarrollando más rápido, sino "atractivos". Le aterrorizó, pero esperaba que fuera solamente una fase que pasaría, así que trató de ignorarla y centrarse en su trabajo escolar, su fe y todas las cosas que debía hacer como cristiano. A medida que crecía, esos sentimientos aumentaban. Mientras estaba despierto, se resistía pensar en absoluto en sexo, pero de noche, él tenía sueños sobre chicos, y no podía controlarlos. La vergüenza y el odio hacia sí mismo lo atormentaban. ¿Qué estaba mal? ¿Qué podría cambiarle?

Llegó al punto en que todas las noches lloraba hasta dormir, orando: "¡Por favor, Dios, ya no me dejes sentir esto!" Sin embargo, durante este tiempo, se consideró heterosexual e intentaba salir con chicas. Pero su angustia continuaba, y él no contaba a nadie su secreto profundo y oscuro. Simplemente esperaba y oraba para que pasara al madurar.

A los dieciocho años, comenzó a reconocer que tal vez era *gay*. "Me senté hasta tarde por la noche, después de que todos los demás se habían acostado", escribió luego, "tratando de entender lo que esta palabra significaba en mi vida. Con mi más suave murmullo, paranoico por si alguien me oyera, traté de reunir la valentía suficiente para decirme a mí mismo esas dos palabras: «Soy *gay*»".[32]

---

32. Lee, Justin. *TORN: Rescuing the Gospel from the Gays-vs.-Christians Debate* (New York: Jericho Books, 2012) 33.

Tomó un tiempo, pero aunque sonaba horrible, había un sentido de alivio al admitir lo que había sido una lucha muy dura. Ahora todo lo que tenía que hacer era remediarlo. Así que se involucró con organizaciones religiosas "ex *gay*" que ofrecían ayudar a las personas homosexuales a convertirse en heterosexuales.

Desafortunadamente, eso no funcionó para Justin . . . ni funcionaba para nadie que él conociera en esas organizaciones religiosas. Incluso conoció a muchos de los líderes nacionales del movimiento, gente cuyo testimonio público era que habían dejado la homosexualidad. Algunos se habían casado con el sexo opuesto y hasta tenían hijos. Pero cuando Justin les habló en privado, confesaron que seguían atraídos hacia el mismo sexo y que no sentían atraídos hacia las personas del sexo opuesto de la manera en que lo hacen las personas heterosexuales. Seguían luchando con sus sentimientos homosexuales al igual que Justin. Algunos de los matrimonios eran caóticos. Simplemente no lo admitían públicamente.

Cuando Justin preguntó por qué no eran abiertos sobre sus luchas, la respuesta fue: "La gente en la iglesia no entiende lo que pasamos. Si supieran la verdad, nunca nos aceptarían".

Frustrado, Justin determinó que si se trataba de una tentación que tendría que enfrentar todos los días por el resto de su vida, lo haría, pero no iba a mentir al respecto. No iba a pretender que lo había superado. Pero, ¿qué le estaba pidiendo Dios? ¿Le estaba pidiendo que luchara con esto todos los días como una tentación y viviera una vida célibe? Si fuera así, él obedecería. Pero, ¿era posible que hubiera malinterpretado la Biblia? ¿Había espacio para que algún día se enamorara de alguien del mismo sexo y se casara? ¿Qué le estaba pidiendo Dios que hiciera?

Hasta ahora, su lucha por reconocer su orientación sexual había estado entre él y Dios. Pero cuando se dirigió hacia sus amigos cristianos, su familia, pastores y gente que él respetaba en la iglesia, la respuesta que obtuvo fue, en gran medida, el ostracismo. Aquellos más cercanos a él a menudo le decían: "Bueno, simplemente no seas *gay*. ¡No seas *gay*!"

¿De *verdad?* ¿Simplemente *"no ser* gay?*"*

Cuando Justin empezó a escribir sobre su situación y sus preguntas en internet, empezó a escuchar a decenas y luego cientos y finalmente miles de cristianos homosexuales en la misma situación—hombres y mujeres que se habían comprometido a seguir a Jesús—, pero no encontraron una comunidad de apoyo de fe debido a su orientación sexual. Eso finalmente lo llevó a organizar la Gay Christian Network[33] [Red cristiana *gay*], que apoya a miles de cristianos homosexuales, tanto si son, como Justin los llama, "Lado A" que aceptan la posibilidad de un matrimonio entre personas del mismo sexo o "Lado B" que se sienten llamados al celibato. Aunque él cree que Dios permite a las personas homosexuales el mismo privilegio de matrimonio que a las personas heterosexuales, Justin todavía no ha encontrado "la persona adecuada" y vive una vida casta hasta el matrimonio, lo que me habla mucho sobre su integridad.

Un día, mi esposa, Neta, sintiendo la tensión entre oír a Dios llamándonos a amar y aceptar a nuestra familia "tal como es" versus el constante aluvión de prédicas contra la "agenda *gay*" y las actitudes negativas entre sus compañeros cristianos, acerca de los homosexuales, ella escribió en su diario de oración: "¡Me siento tan desgarrada! . . . Y entonces Dios me dio *TORN*". Ella había encontrado una crítica literaria del libro de Justin Lee, *TORN: Rescuing the Gospel from the Gays-vs-Christians Debate* [*DESGARRADO: Rescatando el evangelio del debate* gais-*vs.-cristianos*], que resultó ser uno de los libros más útiles en nuestro viaje debido a su naturaleza reconciliadora y su fe bíblica sólida en el Evangelio de Jesús.

---

33. *Nota del traductor*: Desde enero de 2018, se cambió el nombre a "Q Christian Fellowship" [Comunidad de cristianos Q].

Capítulo 5
Cómo Dios recupera a su familia

Ahora no temo ninguna condena;
Jesús, y todo en Él, es mío;
Vivo en Él, mi cabeza viviente,
Y vestido de justicia divina,
Valiente me acerco al trono eterno,
Y reclamo la corona, la mía, a través de Cristo,
¡Amor increíble! ¿Cómo puede ser,
Que tú, mi Dios, murieras por mí?

"And Can it Be?"
Charles Wesley, 1738, estrofa 6

¿CÓMO HUBIERA MI HIJA HABER EXPERIMENTADO a Jesús si ella lo hubiera conocido durante su ministerio terrenal? Incluso si no hubiera aprobado su matrimonio homosexual, ¿cómo podría haber respondido? ¿Se habría encontrado con su ira? ¿Le habría dicho que no era bienvenida a seguirlo a menos que cambiara? ¿O habría sido como la mujer atrapada en el adulterio (Juan 8.1-11)? Jesús la *defendió* enérgicamente de los que la condenaron. Además, le dijo que él no la condenaba. ¡Qué importante es eso!

En este punto, los tradicionalistas rápidamente señalan que añadió una advertencia: "Ve y no peques más". Pero no lo dijo públicamente. Ninguno de aquellos ansiosos de condenar a la mujer estaba cerca para escucharlo. Era un mensaje privado, entregado en lo que podría llamarse esa "voz apacible y delicada" en un momento y *de una manera* en que ella podría recibirlo. Si hay pecado en la vida de alguien, ¿no dijo Jesús que es el Espíritu Santo quien convencerá? (Juan 16.8) y guiará a la persona a toda la verdad (v. 13) ¿Qué nos hace pensar que es nuestra responsabilidad? ¿Qué tan diferente es el planteamiento de gritar la condena a los homosexuales desde el techo (o en la radio) como lo hacen muchos que parecen más dispuestos a demostrar por qué su posición es la correcta que ganar a la gente para Jesús?

Pero ¿qué pasa con el arrepentimiento?

¿No están los Evangelios repletos de llamados al arrepentimiento en Juan el Bautista, Jesús y en los escritos de los apóstoles? Sí, pero por lo general están redactados: "Arrepiéntanse, porque el reino de los cielos está cerca", o "Arrepiéntanse y crean en el evangelio", o "Arrepiéntanse y bautícense". Hay pocos casos dónde el llamado al arrepentimiento se vinculaba a un pecado *específico*, como el intento de Simón el Hechicero de comprar el poder del Espíritu Santo (Hechos 8.22). Sin embargo, normalmente la llamada implicaba un reconocimiento mucho más amplio de que "todos nuestros actos justos [todos nuestros esfuerzos para *hacer lo correcto*] son como trapos inmundos" (Isaías 64.6), y por lo tanto necesitamos un Salvador que "es Cristo el Señor" (Lucas 2.11).

¿Las personas homosexuales necesitan arrepentirse de esta manera? Sí. ¿Las personas heterosexuales necesitan arrepentirse? Sí, exactamente de la misma manera. Esta clase de arrepentimiento no es un proceso de identificar pecados específicos en mi vida por los cuales siento tristeza, sino el reconocimiento más profundo de que mi *justicia* no me comprará la entrada a la santa presencia de Dios. Ese es el cambio—el cambio de corazón y mente—involucrado en el verdadero arrepentimiento. Es la gracia y la verdad de Jesús lo que lo hace posible, y así es como Jesús cumplió la ley. Por el contrario, es una perversión del Evangelio señalar el comportamiento particular de una persona y decir: "Porque tú haces eso [y no lo hago yo] o eres eso [y yo no soy], te vas al infierno".

En su libro *Loving My (LGBT) Neighbor* [*Amando a mi vecino (LGBT)*], Glenn Stanton dice, "Es la desobediencia lo que nos envía al infierno (. . .) La diferencia entre los que van al cielo y los que no van es que algunos han reconocido su desobediencia, deseado cambiarla, y luego confiaron en lo único que puede quitar nuestro pecado, la gracia y la muerte sacrificial del Hijo de Dios, Jesucristo".[34] Stanton continuó explicando que aunque la homosexualidad en sí

34. Glenn Stanton, *Loving My (LGBT) Neighbor: Being Friends in Grace and Truth*, (Chicago: Moody Publishers, 2014), 65.

misma no es un pecado, cree que actuar en ella es desobediencia. Acaso esa "desobediencia", especialmente si la persona no se arrepiente porque no cree que está mal, ¿le enviaría al infierno?

Podemos preguntarlo de esta manera: ¿Está Martín Lutero, el gran reformador que recordó a la iglesia la centralidad de la justificación por la fe, ahora en el infierno, porque también argumentó que las sinagogas y las escuelas de los judíos debían ser incendiadas, los rabinos prohibidos para predicar, sus libros de oraciones destruidos, sus hogares quemados y confiscadas sus propiedades y dinero?[35] ¿Qué pasa si el estilo de vida de alguien es pecaminosamente codicioso, pero no ve nada malo en ello? ¿Irá al infierno si no se arrepiente? No tengo ni idea de si Glenn diría que las actitudes odiosas de Lutero lo enviarían al infierno o si los defensores de la codicia no pueden ser cristianos, pero en una entrevista más reciente, Stanton dejó en claro: "No creo que uno pueda ser *gay* y cristiano". Si la persona dice: "Yo apoyo el [matrimonio] de mismo sexo", es una posición que Glenn considera "[des]obediente a la ética sexual que Cristo nos dio".[36]

Después de reconocer que era *gay*, Justin Lee, el autor de *TORN* [*DESGARRADO*], dijo: "Si Dios me llamara al celibato, yo sería célibe, pero tenía que estar seguro. Para resolver el problema de una vez por todas en mi propia mente, tuve que ignorar las ideas a medias de ambos lados e ir directamente a la fuente—no solamente una lectura rápida de lo que la Biblia tenía que decir—, sino un estudio profundo honesto, en oración".[37] Después de leer toda

35. Martin Luther, *On the Jews and Their Lies*, 1543. El pastor Wilhelm Rehm de Reutlingen declaró públicamente que "Hitler no habría sido posible sin Martin Luther" (Heinonen, Anpassung und Identität 1933-1945 Göttingen 1978, 150). De hecho, Hitler mismo dijo: "Insisto en la certeza de que (...) Lutero, si pudiera estar con nosotros, nos daría su bendición" ("Hitler's Speeches") ["Discursos de Hitler"], editado por el Profesor N. H. Baynes (Oxford, 1942), 369).

36. Warren Cole Smith, "Glenn Stanton on loving your LGBT neighbor", World News Group, 17 de noviembre de 2015. http://www.worldmag.com/2015/11/glenn_stanton_on_loving_your_lgbt_neighbor/page1. Debo señalar que Glenn dejó en claro que no cree que nadie sea condenado por tener simplemente atracciones del mismo sexo, sólo si creen que está bien actuar sobre ellos incluso en un matrimonio homosexual.

37. Lee, Justin. *TORN: Rescuing the Gospel from the Gays-vs.-Christians Debate* (New York: Jericho Books, 2012), 169.

su historia y conocerlo personalmente, yo le creo. Si el Señor lo requería, él permanecería célibe para toda la vida, no importa cuán desafiante sea. Sin embargo, al final, Justin concluyó que Dios respalda los matrimonios monógamos de por vida y la pureza sexual antes del matrimonio, tanto para las personas heterosexuales como para las personas homosexuales. Al ser soltero, él no es sexualmente activo, pero si encontrara al compañero adecuado de por vida y se casara con él, ¿iría al infierno?

Recuerdo un incidente en mi iglesia de la infancia en el norte de California que da un excelente ejemplo de la diferencia entre los enfoques de Glenn Stanton y Justin Lee. Alguien dijo que el señor Harper—quien había sido nominado para ser diácono—no podía ser cristiano porque fumaba. Y fumar, como nuestro pastor enseñaba, era un pecado porque dañaba el cuerpo, y nuestros cuerpos eran el templo del Espíritu Santo, merecedor de reverencia y cuidado. Se presentaron versículos de la Biblia en apoyo de esta posición, y por supuesto, las décadas siguientes han demostrado la sabiduría médica de esa opinión. Pero en ese momento, era sobre todo una posición religiosa, que el Sr. Harper rechazó y "desobedeció" porque había crecido como un bautista del sur, en el sur (de los EE UU), donde muchos cristianos sinceros se ganaban la vida cultivando tabaco, por lo que no tenía convicción personal contra el tabaquismo. No puedo recordar si su "desobediencia" lo envió a una tumba temprana, pero dudo seriamente que lo enviara al infierno. Eso no es el Evangelio que Jesús enseñaba, pero esa es la manera en que muchos están enmarcando el tema del matrimonio igualitario hoy: si desobedeces la interpretación que ellos tienen de las Escrituras, estarás desobedeciendo a Dios (lo que es pecado), y si no te arrepientes, estarás separado permanentemente de Dios.

Considera el ejemplo que Jesús ofreció del fariseo y publicano (recaudador de impuestos) que fueron al templo a orar (Lucas 18.9-14). El fariseo enumeró los pecados *específicos* que evitaba, así como también los actos sagrados que realizaba. No pensaba que necesitaba la misericordia de Dios, por lo que Dios esencialmente lo despidió. El publicano, por su parte, se acercó a Dios en una *actitud* de arrepentimiento, no por el tiempo que engañó a alguien o porque no guardó el sábado o cualquier otro pecado específico, por más grande que haya haber sido. Simplemente se acercó a Dios con un profundo sentido de necesidad de la misericordia de Dios por ser pecador, por haber vivido su vida alejada de Dios. Debido a esa actitud de arrepentimiento—no sólo modificando un par de faltas—él "regresó a casa justificado ante Dios".

Los cristianos homosexuales afirmarían que son pecadores que necesitan la salvación, como tú y yo. Pero ellos no son pecadores por ser diferentes a ti y a mí.

La relación es primordial

En su libro, *A Praying Life* [*Un vida de oración*], Paul E. Miller nos recuerda a la mujer cananea que persiguió a Jesús para que sanara a su hija de una posesión demoníaca (Mateo 15.21-28). Al principio, Jesús pareció ignorarla, y luego la dejó con "Sólo fui enviado a las ovejas perdidas de Israel". Cuando la mujer se arrodilló ante él y persistió, Jesús respondió: "No está bien tomar el pan de los niños y tirarlo a sus perros". Pero ella no se dio por vencida. Ella dijo, "Sí Señor, pero hasta los perros comen las migas que caen de la mesa de sus amos". Entonces Jesús respondió: "¡Mujer, qué grande es tu fe! Que se cumpla lo que quieres".

La aparente indiferencia de Jesús en esta ocasión siempre me avergonzó. ¿Por qué la trataría así? Pero Miller ofrece una visión importante:

> Si Jesús fuera una máquina de oración mágica habría curado a la hija de esta mujer instantáneamente . . . [Pero] si el milagro llega demasiado rápido, no hay lugar para el descubrimiento, para la relación. Con esta mujer y nosotros, Jesús está envuelto en un romance divino, atrayéndonos hacia él mismo. La espera, que es la esencia de la fe, proporciona el contexto para la relación.[38]

Como mencioné anteriormente, yo también tuve que aprender esta lección en 2005 cuando me sometieron a cinco cirugías en un intento por salvar la visión de mi ojo izquierdo, mientras yo im-

38. Paul E. Miller, *A Praying Life*, (Colorado Springs, CO: NavPress, 2009), pp. 190-91.

ploraba a Dios por meses que me sanara. Dios se preocupaba por mi ojo y mi angustia, pero finalmente supe que estaba mucho más interesado en renovar y profundizar mi relación con él. Llegué a valorar su presencia mucho más que mi vista, y ahora, en retrospectiva, nunca habría pasado por esa dolorosa experiencia si me hubiera quedado con mi vieja y mucha más superficial relación con Dios.[39]

Desde el día en que creó a Adán y Eva, Dios se ha preocupado más por su relación con nosotros que cualquier otra cosa—y eso incluye nuestro estar en lo correcto—, que creo que a menudo está sorprendentemente abajo en su lista de prioridades ya que, al igual que el fariseo rezando en el templo, tener razón es un estímulo para el orgullo.

¿Qué pasa con el pecado deliberado?

Algunos evangélicos dicen que la gracia se anula si alguien peca deliberadamente y trata de justificarlo. Ciertamente el pecado deliberado y el intento de justificarlo es un asunto grave, pero la mayoría de los cristianos homosexuales que defienden el matrimonio igualitario no están viviendo deliberadamente o justificando el pecado del cual el Espíritu Santo *les* ha condenado. Simplemente creen que el pacto del matrimonio para las personas nacidas con la orientación hacia el mismo sexo es aceptado por Dios de la misma manera en que lo es para las personas nacidas con una orientación heterosexual. Pero supongamos que *estén* equivocados. Supongamos, como dice Pablo en 1 Timoteo 1.13, que estén actuando "por ignorancia". Tal vez por eso Pablo agregó en el versículo 16: "Dios fue misericordioso conmigo, a fin de que en mí, el peor de los pecadores, pudiera Cristo Jesús mostrar su infinita bondad (paciencia). Así llego a servir de ejemplo para los que, creyendo en él, recibirán la vida eterna.".

¡Paciencia! ¿No podemos ofrecer la paciencia de Jesús, confiando que el Espíritu Santo convencerá a una persona *gay sí* él así

39. Para la historia completa de esta experiencia, especialmente las lecciones espirituales que Dios me estaba enseñando, vaya a: "I was blind, but now I see... Reflection on losing my sight", Dave Jackson, agosto de 2005, http://www.daveneta.com/support-pages/dave-eye.html.

lo decide, y *cuando* él lo decida? Si mi hija hubiera hecho lo que yo pensaba que debía hacer ("solucionar este problema" a través de la terapia reparadora), ella habría estado respondiendo sólo a mi convicción, no al Señor, que tenía un plan diferente para ella. Las opiniones de otras personas sobre lo que está bien y lo que no—sean correctas o no—son muy diferentes de lo que tú mismo estés convencido. Santiago concluye un pasaje en el que suplica que nos sometamos *nosotros* mismos a Dios mientras nos advierte de no juzgar a otras personas cuando dice: "Así que comete pecado *todo* el que sabe hacer el bien y no lo hace" (Santiago 4.17, énfasis añadido).

Yo tengo años suficientes ("en el Señor" y de otra manera) para darme cuenta de que he tenido que cambiar mi mente y mi comportamiento en varios asuntos a lo largo de los años, cosas que una vez creía que eran correctas o incorrectas pero de las cuales tenía que arrepentirme más tarde. Habiendo sucedido esto en el pasado, indudablemente moriré con actitudes o acciones imperfectas y pecaminosas o mientras todavía defiendo mi propios "puntos de vista erróneos" favoritos, tal vez incluso sobre el tema de este libro. Pero sigo dependiendo de la gracia de Dios. Entonces, ¿por qué negaríamos esa misma gracia a los cristianos homosexuales? ¿Por qué deberíamos suponer que su salvación sería anulada si sus opiniones fueron erróneas?

El centro de nuestra fe

Es posible que hayas notado que he comenzado cada capítulo de este libro con versos de himnos clásicos[40], enfatizando sobre todo la "gracia maravillosa, infinita e inigualable de Dios, otorgada libremente a todos los que creen".[41] Estos himnos declaran, en la variación poética, que el requisito para la salvación no son buenas obras, ni evitar el pecado, ni siquiera las creencias correctas sobre los diversos comportamientos. El "derecho a ser hijos de Dios" es simplemente disponible—en palabras de Juan 1.12—"a

40. *Nota del traductor:* En algunos casos existen versiones en español de los himnos citados pero en este libro se traduce literalmente las letras de los mismos para que tengan el enfoque deseado por el autor.

41. *"Grace Greater Than Our Sin"*, Julia H. Johnston, 1911, estrofa 4.

cuantos lo recibieron, a los que creen en su nombre". Sabemos que esto es verdad. Basamos nuestras propias vidas en ello. Lo hemos enseñado de una manera extraordinariamente generosa porque representa correctamente el Evangelio de Jesucristo.

Sin embargo, después de haber escrito extensamente sobre personas de fe que vivieron a lo largo de la historia cristiana, puedo atestiguar la facilidad con que surgieron disputas en las que un grupo negó la hermandad de otros sobre diversos temas—metodistas, presbiterianos, bautistas, congregacionalistas, anabautistas, luteranos y católicos—. "¡No pueden ser verdaderos creyentes si creen *eso*!" Y ninguno de los temas ni siquiera tocó las creencias básicas que están representadas en el Credo de los Apóstoles.

Sin embargo, la salvación sola por la fe no es una enseñanza nueva o una interpretación moderna, diluida. No estoy proponiendo alguna doctrina aberrante. Por eso he seleccionado himnos, cada uno de más de cien años, para iniciar cada capítulo. Himnos amados y aceptados por siglos porque reflejan el consenso de la iglesia alrededor del tema: "Nuestra esperanza está construida sobre nada menos que la sangre y la justicia de Jesús".[42]

No quiero decir que los antiguos himnos no tengan nada que decir sobre el pecado, el discipulado y la sumisión total. Éstos y muchos otros temas son altamente predominantes, pero todo comienza con: "Tal como soy, sin ninguna fianza, / Más que tu sangre fue derramada para mí, / Y que me has invitado a venir a Ti, / Oh Cordero de Dios, heme aquí. Heme aquí".[43]

Y sin embargo, cuando se trata de personas homosexuales, armamos todo un mecanismo y nos cuesta afirmar que su esperanza y paz requiera de "nada más que la sangre de Jesús".[44] Queremos agregar un pequeño requisito adicional, pero algo que para ellas es enorme como esforzarse en convertirse en "ex homosexuales" o, por lo menos, comprometerse a una vida de celibato aceptando que el matrimonio igualitario es pecaminoso.

Vamos a proceder de manera estrictamente bíblica y ser claros, al considerar muchas de las otras preguntas difíciles en el resto de

42. *"The Solid Rock"*, Edward Mote, 1834, estrofa 1.
43. *"Just As I Am"*, Charlotte Elliot, 1835, estrofas 1 y 5.
44. *"Nothing But the Blood of Jesus"*, Robert Lowry, 1876, estrofa 4.

este libro y mientras que nos relacionemos con nuestra familia y amigos homosexuales: Nadie se salva por cambiar su orientación sexual, vivir en celibato, o por renunciar al matrimonio igualitario por ser errado. Del mismo modo, nadie se pierde por reconocer su atracción hacia el mismo sexo, elegir entrar en un matrimonio homosexual, o incluso defender su legitimidad. "Porque por gracia ustedes han sido salvados mediante la fe; esto no procede de ustedes, sino que es el regalo de Dios, no por obras, para que nadie se jacte" (Efesios 2.8-9).

Daños colaterales

Cuando aprendí que un compañero de mis años en la universidad de la Multnomah School of the Bible—hace cincuenta años—era *gay* y casi había perdido su fe, lo rastreé por correo electrónico sólo para hacerle saber que me importaba. Kenneth había sido un destacado erudito, prominente en el gobierno estudiantil, un magnífico músico que planeaba servir en el área de misiones después de sus estudios superiores. Antes, y a lo largo de la escuela bíblica, había ocultado durante años exitosamente su orientación sexual. Ahora, solo porque me acerqué a él sin condena, me respondió: "¡Qué maravillosa sorpresa! ¡Lloré de alegría! Estoy tan feliz de saber de ti, especialmente con esta postura", y compartió parte de su historia.

Cuando Kenneth se trasladó a Wheaton College, casi se suicidó por temor a ser "descubierto". Finalmente, habló con su profesor de psicología quien lo derivó a terapia pero fue lo suficientemente honesto para decirle: "El pronóstico del cambio no es bueno". Sin embargo, mi amigo estaba muy motivado para obtener un milagro si fuera necesario. Quería vivir una vida lo más normal posible—casarse, tener hijos y la compañía de una esposa—. Pero a medida que la terapia continuaba y no se producía ningún cambio, lentamente llegó a aceptar su orientación . . . sin abandonar sus sueños de una vida familiar. Existían informes de matrimonios entre homosexuales y heterosexuales que a veces funcionaban.

Después de confesar su orientación sexual a su mejor amiga de la universidad, decidieron casarse. Tenían una familia mientras él seguía un doctorado en la Yale Divinity School, pero finalmente el matrimonio fracasó, y aunque inicialmente temía perder el contacto con sus tres hijas, su esposa accedió al régimen de visitas. Con alivio, él se resignó a aceptar cualquier otra consecuencia que podría enfrentar y comenzó a salir del clóset, poniendo fin a las décadas de fingir en todos sus círculos de la iglesia y lugares de liderazgo. Por desgracia, su exesposa no cumplió con el régimen de visitas, y eso le produjo años de dolorosa amargura y batallas legales. Muchos de los argumentos utilizados por su exesposa y la familia de ella incluyeron las condenas evangélicas y el temor que él corrompiera a sus niñas.

Para entonces, mi amigo había encontrado una pareja que era, según él mismo, "perfecto para mí, muy cariñoso, contento de que yo tuviera hijos". Pero las peleas con su ex tuvieron consecuencias y, después de nueve años, esa relación también fracasó.

Él me escribió: "La forma en que Dios me salvó y me sacó del clóset, permitiéndome 'salir ante mí mismo', es decir, aceptarme a mí mismo como *gay* y buena gente—evitar el suicidio y la desesperación por el rechazo / abandono que experimenté de mis padres y mi 'hogar' evangélico—, ¡fue más que nada gracias a mi profundo conocimiento y lealtad a la Escritura!" Pero las heridas son profundas. "Soy un fundamentalista en recuperación, como tú puedes imaginar, apenas un teísta, ¡aunque debe haber un Dios que me mantuvo vivo hasta este punto!"

Capítulo 6
¿Qué puede separar a las personas homosexuales del amor de Dios?

El alma que en Jesús se ha reposado para descansar,
No lo abandonaré, no lo abandonaré, a sus enemigos;
Esa alma, aunque todo el infierno intentara sacudirla,
Nunca, nunca jamás, nunca jamás abandonaré.

"How Firm a Foundation"
John Rippon, 1787, Estrofa 4

VISITAMOS A LEAH Y JANE hace poco para celebrar el séptimo cumpleaños de Jacob. ¡En qué joven encantador se está convirtiendo! Pero sentí esa angustia conocida mientras nos preparábamos para volver a casa. No con respecto a su situación familiar, que no sólo la hemos aceptado sino apreciado por sus muchas fortalezas, ya que tanto Leah como Jane han madurado individualmente y como pareja en los últimos años. Pero, a pesar de que habíamos planeado asistir a la iglesia el domingo por la mañana, las cosas se complicaron y al final no fuimos. Por un lado, era completamente comprensible, ya que ellas acababan de llegar a casa de un viaje largo sólo unas pocas horas antes de que nosotros llegáramos, y además yo no soy alguien que siente que nunca se debe faltar a la iglesia. Sin embargo, Leah y Jane también me habían confiado que la iglesia "inclusiva" a la que se cambiaron no había demostrado ser la comunidad de fe que da vida que a ellas les gustaría. Entonces ellas van cuando pueden, pero . . .

Me entristece eso porque creo que el Cuerpo de Cristo es importante para nuestro crecimiento y salud espiritual. Podemos quejarnos de muchas cosas sobre nuestra experiencia en la iglesia, pero al final, debe ser el lugar donde estemos regularmente atraídos hacia la adoración, disfrutemos de apoyo a través de la confraternidad y recibamos instrucción y aliento para nuestra vida con Dios.

Miles de homosexuales, hombres y mujeres crecieron en la iglesia—nuestras iglesias evangélicas—donde entregaron sus corazones a Jesús, fueron bautizados y todavía quieren seguirle y servirle. Pero en nuestra determinación de "mantenernos firmes con respecto a la homosexualidad", hemos ocasionado que muchos se desanimen. La *vergüenza* es el mensaje predominante que reciben por ser quienes son y que no pueden cambiar, haciendo que "hogar", ya sea su hogar familiar o la iglesia, deje de ser un lugar donde se sientan bienvenidos o aceptados. Afortunadamente, muchos siguen comprometidos con Jesús, como lo demuestra la Gay Christian Network [Red cristiana *gay*] con más de 40.000 miembros.[45] Algunos encuentran un lugar de apoyo en una iglesia que les acepta o con un grupo informal de creyentes. Pero cuando eso no sucede, la fe misma puede desvanecerse.

Romanos 8.35-39 nos asegura que *nada* puede "separarnos del amor de Dios que está en Cristo Jesús nuestro Señor". Por medio de Jesús, Dios siempre extiende su gracia hacia nosotros, a través de todas nuestras pruebas, dificultades y las nubes de la vida. Nada detiene el amor de Dios. Pero podemos llegar a estar tan desalentados y tan heridos que perdemos el ánimo y nuestra fe vacila hasta hacernos caer lejos de esa conexión vital y cotidiana con Jesús y su cuerpo. En ese sentido, cualquiera de nosotros puede sufrir el *sentirse* separado del amor de Dios. Y ciertamente aquellos que nunca han establecido una relación con Cristo pueden ser alejados por las malas experiencias con los cristianos y la iglesia.

Un día, mientras Jesús enseñaba, remarcó cuán serio es esto:

> Si alguien hace pecar a uno de estos pequeños que creen en mí, más le valdría que le colgaran al cuello una gran piedra de molino y lo hundieran en lo profundo del mar. ¡Ay del mundo por las cosas que hacen pecar a la gente!

45. Si bien la membrecía está abierta a personas heterosexuales como nosotros, la gran mayoría son personas LGBT. La declaración de fe del GCN proclama: "Jesucristo es Dios encarnado, el Hijo de Dios sin pecado, que fue crucificado por nuestros pecados y resucitó al tercer día" y afirma que "la Biblia es la Sagrada Escritura, divinamente inspirada y autorizada, y no simplemente una obra humana".

Inevitable es que sucedan, pero ¡ay del que hace pecar a los demás! (Mateo 18.6-7)

Algunas traducciones dicen, "Si alguien es causa de que uno de estos pequeños peque", que evoca la idea de tentar a un niño a fumar el primer cigarrillo, pero esa no es la intención del mensaje de Jesús. Por supuesto, los cigarrillos pueden matarte, pero Jesús estaba hablando de algo mucho más grave. La palabra griega, *ptaió*, se traduce mejor como hacer tropezar o caer o, como dice la *Good News Bible* [*Biblia de las Buenas Nuevas*], "causar a (. . .) perder su fe en mí". Nada es peor que hacer que alguien pierda la fe en Jesús.

Y sin embargo, según el Pew Research Center, el 73% de las personas LGBT encuentran las iglesias evangélicas hostiles.[46] Por la gracia de Dios, algunas homosexuales todavía superan esas barreras y encuentran a Jesús, y algunas que ya están en la iglesia siguen allí a pesar del ambiente. Pero si siete de cada diez personas que entran a mi casa la encuentran hostil, me preocuparía. Algo tendría que cambiar. Sin embargo, cuando nuestras iglesias reciben ese tipo de crítica, tendemos a culpar al visitante: ellos simplemente no quieren oír el Evangelio ni seguir a Jesús ni conocer a Dios. Sin embargo... ¿por qué entraron por la puerta en primer lugar? Se supone que la iglesia no es un espectáculo o un lugar de entretenimiento. La gente va allí para encontrarse con Dios. Así que no podemos absolvernos a nosotros mismos diciendo: "Simplemente lo decimos tal como es, y si las personas homosexuales no aceptan la verdad, la culpa es de ellos". Al menos debemos preguntarnos si algo que estamos diciendo, o haciendo, está avergonzando a los homosexuales y así separándolos del amor de Dios.

Echemos un vistazo a qué tipo de cosas aleja a la gente de Jesús.

Liberarnos del "mal"

Victor y Maria son miembros de una iglesia conservadora donde Victor sirve como diácono. Su hija, Michelle, es lesbiana, y su relación con ella ha sido frágil, en el mejor de los casos, durante

46. "A Survey of LGBT Americans, Attitudes, Experiences and Values in Changing Times", Pew Research Center, June 13, 2013. http://www.pewsocialtrends.org/2013/06/13/a-survey-of-lgbt-americans/.

varios años. Michelle ya no mantiene ninguna creencia en Dios, pero recientemente ella se acercó a sus padres diciendo que le gustaría venir a visitarlos . . . y traer a su pareja para que la conozcan.

María estaba emocionada. Después de tanto tiempo, sólo quería ver a su hija. Pero Victor previó el problema: si las invitaban, Michelle y su pareja querrían dormir en el mismo dormitorio. Él no permitiría que ocurriera eso en su casa, no bajo su techo, no cuando él era un líder prominente en la iglesia.

Yo sabía cómo se sentían. Habíamos enfrentado la misma pregunta. La única diferencia era que no habíamos estado tan alejados de Leah, y ella y Jane habían sido más tolerantes con nosotros cuando dijimos, "Aquí está la ropa de cama para el sofá. Ustedes eligen quién duerme allí y a quién toca la habitación de huéspedes". Eso continuó por un tiempo aunque empezamos a darnos cuenta de que nuestra "posición "no cambiaba nada y no era necesario para que ellas o cualquier otra persona conociera nuestras convicciones en ese momento. Todo lo que lograba era hacer de nuestro hogar un lugar incómodo para que ellas visitaran.

Poco después de su boda, nos mudamos a una nueva casa y durante su primera visita, parecía el momento adecuado para aceptar la situación. No dijimos nada; simplemente ayudamos a las dos a llevar su equipaje hasta la habitación de huéspedes como lo hubiéramos hecho con cualquier otra pareja.

Es una pregunta difícil. Como muchos padres, nos habíamos dicho que teníamos el derecho de exigir el cumplimiento de nuestros valores personales en nuestra propia casa, y en ese momento yo no aprobaba su matrimonio más de lo que yo había aprobaba su cohabitación. Sin embargo, de hecho eran una pareja, habían tomado un compromiso público (que ahora se convirtió legal) y nada de lo que yo podría haber hecho habría cambiado eso.

Pero a medida en que me fijo mejor en las Escrituras, creo que Jesús ya nos dio una guía en este tipo de dilema. En primer lugar, no pienso en ninguna situación en la que Jesús haya dicho: "Tienes que cambiar tu comportamiento antes que yo me relacione contigo". En segundo lugar, no puedo recordar ningún momento en que él estuviera mínimamente preocupado en que su reputación, su influencia como un maestro, o su capacidad para dirigir a otros pudiera ser dañada por su asociación con los parias. De hecho, Jesús reconoció que: "Vino el Hijo del hombre, que come y bebe, y ustedes dicen: «Este es un glotón y un borracho, amigo de recaudadores de impuestos y de pecadores»" (Lucas 7.34). Lucas graba esas palabras y luego relata la historia de la mujer que derramó perfume en los pies de Jesús y los limpió con sus cabellos y lágrimas mientras Simón el fariseo observaba, asumiendo que Jesús no sabía que estaba siendo tocado por una pecadora (presumiblemente una prostituta) en un muy íntimo acto de devoción (versículos 36-50).

Durante generaciones, a muchos de nosotros se nos enseñó un código de conducta basado en la manera en que la Biblia King James de 1.611 (y la Biblia Católica Douay de 1582) tradujeron 1 Tesalonicenses 5.22: "Absténgase de toda *apariencia* de mal" (énfasis añadido). Esta es la única vez que la versión King James traduce la palabra griega *eidos* como "apariencia".[47] Las mejores y más recientes traducciones bíblicas traducen *eidos* en este versículo como "clase", "forma" o "variedad" de mal, enfatizando que el mal real debe ser evitado, no lo que alguien más piensa o percibe como mal. Dado el código de conducta construido alrededor de esa antigua traducción, muchos cristianos (incluso los pastores) evitarían ser vistos entrando en un bar por temor a que alguien pensara que iban allí para emborracharse. Y como niños, nos enseñaron a no usar las cartas porque alguien podría *pensar* que estábamos jugando por dinero (aunque Rook o Uno estaba permitido), junto con una miríada de otras prohibiciones que los espectadores podrían malinterpretar, incluso no juntarnos con la "gente equivocada". Lo grave de este enfoque es la rapidez con que se extendió, de modo a que terminamos viviendo en contra del ejemplo de Jesús. Incluso nos tentó a enorgullecernos de las abstenciones (de ninguna consecuencia moral) para complacer a las personas en vez de complacer a Dios.

47. En 2 Corintios 5.7, *eidos* es traducido por la mayoría de versiones como "vista" - "Vivimos por la fe, no por vista". Sin embargo, el contexto más amplio de 1 Tesalonicenses 5.22 deja claro que Pablo estaba advirtiendo contra el mal real, no los comportamientos benignos que alguna persona chismosa podría verlo haciendo y chismosear que está mal.

Pero no podemos "librarnos del mal", ya sea por preocuparnos por lo que la gente pensará de nosotros o por la posibilidad de que presumirán que aprobamos lo que están haciendo los que nos rodean.

Regañando a la gente con nuestras convicciones

La forma en que transmitimos nuestras convicciones sobre la homosexualidad puede relacionarse más con que la gente se sienta atraída o rechazada por Jesús y no solamente con transmitir *lo que* creemos realmente. Algunas personas homosexuales habrán llegado a sus propias convicciones sobre lo que Dios aprueba y pueden optar por tener comunión con hermanos y hermanas más afines. Pero si llegan a la típica iglesia evangélica, lo que nos hace parecer *antipáticos* tiene más que ver con nuestra compulsión de decirle a la gente que está equivocada . . . una y otra vez. Créenme, tú no serás ni el primero ni el último en señalar las Escrituras relevantes o la posición de la iglesia, y sin embargo, cada persona que se encuentra con ellos de alguna manera se siente obligada a repetirlas.

No hace mucho tiempo, yo estaba escuchando un mensaje sobre Colosenses 3 por un pastor de una iglesia que afirmara "dar la bienvenida radical" a personas homosexuales sin dejar de mantener una posición neo-tradicional sobre el tema de la homosexualidad. El versículo 5 de Colosenses 3 menciona "inmoralidad sexual" junto con otros pecados:

> Hagan morir pues todo lo que pertenezca a su naturaleza terrenal: inmoralidad sexual, impureza, lujuria, malos deseos y avaricia, que es la idolatría, pues por esos viene la ira de Dios.

Si el término "inmoralidad sexual" incluye las relaciones entre personas del mismo sexo es una cuestión en sí misma, pero eso no fue de ninguna manera el punto de su mensaje. Sin embargo, cuando el pastor explicó que Pablo estaba hablando de "lujuria sexual de todo tipo y su gratificación fuera del contexto dado por Dios dentro del matrimonio . . ." agregó el calificador descriptivo, "que es *entre un hombre y una mujer*". Al hacerlo, anunció en una especie de taquigrafía que el matrimonio homosexual es pecaminoso sin tomarse el tiempo de tratar esa afirmación de una manera seria y compasiva. No sé por qué pensó que era necesario hacerlo. Tal vez se había convertido en algo rutinario para él, una rápida prueba de reafirmación para probar su ortodoxia, o tal vez quería tener un "momento de enseñanza" para instruir a los oyentes inseguros. Pero las frases "de moda" raras veces persuaden a nadie.

Hace poco empecé oír la frase "el matrimonio es entre un hombre y una mujer", a través de mi hija y a darme cuenta de lo fácil que eso debe transmitir una constante vergüenza, un recordatorio de que "Dios no acepta tu matrimonio, y *nosotros tampoco lo aceptamos*". ¿Cómo podía ella entenderlo de una manera diferente?

Y esta pregunta no es tan hipotética como parece, incluso para la iglesia mencionada anteriormente. Una madre empezó a llevar a su hijo adolescente a esa iglesia gracias a un grupo juvenil muy dinámico—hasta el momento en que el niño comenzó a escuchar al líder juvenil caracterizar el matrimonio homosexual como pecaminoso—. La cuñada de la mamá (la tía del niño) estaba en un matrimonio homosexual, criando hijos que son primos del niño, y la madre decidió que no quería que su hijo oyera continuamente regaños sobre la estructura familiar de sus parientes más cercanos. Así que sacó a su hijo del grupo y abandonó la iglesia.

Emprendiendo una cruzada contra la homosexualidad

Algunas personas piensan que están dando testimonio contra el pecado cuando apuntan a la homosexualidad como un signo de la decadencia moral de nuestra cultura. Pero eso es un poco diferente de predicar contra la ira, la mentira, la lujuria, el engaño, el chisme, la gula, la infidelidad, la avaricia, etc. ¿Quién se identifica a sí mismo por esos comportamientos, aunque sean lo suficientemente honestos como para confesar hacerlo? Y sin embargo, la mayoría de las personas homosexuales han llegado al punto de reconocer que son, de hecho, gais, lo cual es mucho más que admitirlo como algo que hacen. Y saben que no importa cuánto quieran cambiar o buscar la ayuda del Señor, no pueden dejar de ser gais. Simplemente lo son, junto con el deseo natural de cumplir, en algún momento, ese aspecto de sí mismos . . . tal como la mayoría de las personas heterosexuales desean casarse algún día.

Así que cuando atacas la orientación sexual de alguien, estás haciendo mucho más que decirle a la persona que controle su enojo o que espere tener sexo hasta el matrimonio o no se dedique a acumular más cosas. Ya sea que estés o no en lo correcto en tus opiniones con respecto a la homosexualidad, al menos pregúntate si tus comentarios son propensos a alejar a alguien de Jesús o a invitarlo a él.

En la primavera de 2015, Indiana aprobó la Ley de Restauración de la Libertad Religiosa que permitió a las personas o corporaciones a invocar las creencias religiosas como defensa cuando son demandados en el fuero privado. El caso concreto fue para proteger a un dueño de una panadería de una demanda sobre si él o ella, por razones religiosas, se podía negar a atender una boda *gay*. Sin entrar en los pros y los contras del caso, basta con pensar en el impacto en las personas homosexuales. Los defensores de la ley estaban tan ansiosos como cualquiera valerse los medios de comunicación, alegando que la ley defendería la perspectiva cristiana y representaría los valores bíblicos. Nos definió al mundo y trazó una línea en la arena—"nosotros" contra "ellos"—. No puedo imaginar que tal cruzada animara ni siquiera un solo *gay* a querer venir a Jesús.

Si te cuesta ver cómo la cruzada política puede alejar a las personas homosexuales de Jesús, imagínate un escenario diferente. Imagínate que estás en el ejército, volviendo del combate después de perder una pierna en la batalla (una condición que te define para siempre). Tú terminas asistiendo a una tradicional "iglesia pacifista"[48] donde domingo tras domingo el pastor o alguien más hace referencias espontáneas a la inmoralidad de la guerra y las opiniones no bíblicas de los que participan. ¿Te quedarías?

48. Yo valoro la paz y aborrezco la guerra y tengo un gran respeto por las iglesias pacifistas. Pero quizás por temor a que sus convicciones se disuelvan, algunas iglesias pacifistas insisten hablar sobre el tema como si eso convencería a aquellos que no están de acuerdo más que cuando el tema es tan complejo y desafiante que nadie cambiará su forma de pensar, sin olvidar una cuidadosa consideración del tema desde todos los aspectos.

Suponiendo que las personas homosexuales "luchan contra su homosexualidad"

De la misma manera, sin duda has oído hablar de libros y organizaciones religiosas e iglesias dedicados a ayudar a las personas que "luchan contra su homosexualidad". Para nuestros oídos heterosexuales, eso suena como un esfuerzo compasivo, pero piensa en ello. En primer lugar, no todas las personas homosexuales luchan contra su orientación. Muchas la han aceptado como forma en que fueron creados y sólo luchan contra la forma en que otros los tratan. Pero más significativamente, ¿cuándo escuchaste hablar de ayudar a las personas que "luchan contra su *heterosexualidad*?" Ciertamente las personas heterosexuales son igualmente tentadas a fornicar, cometer adulterio y ver pornografía. Pero esas son acciones—pecados—de las cuales una persona puede arrepentirse y de las cuales la persona puede abstenerse, con la ayuda de Dios, especialmente porque Dios ha proveído una manera de lidiar con nuestros deseos sexuales—una relación comprometida en el matrimonio—.

Sin embargo, cuando los cristianos suponen que las personas homosexuales luchan contra su homosexualidad, los homosexuales oyen esto como una expectativa de que *deben* luchar contra o resistir *quienes son* porque no hay manera aceptable para que su sexualidad encuentre satisfacción. De hecho, no hay manera aceptable para que ni siquiera sueñen con tener el tipo de relación amorosa y comprometida ejemplificada por el matrimonio. Esta comprensión se ve reforzada por el hecho de que rara vez escuchas a un neo-tradicionalista animar a las personas homosexuales a abrazar su orientación sexual. Eso es porque no pueden concebir una forma aceptable de hacerlo.

Un ambiente puede llegar a ser tan hostil que aleje a las personas homosexuales cuando decimos o hacemos cosas que implican que algo es fundamentalmente incorrecto o inaceptable y ese algo es sobre quién es una persona, algo en que la persona no puede cambiar o, al menos, algo que la persona no ve ninguna esperanza de cambiar. Por un lado, los neo-tradicionalistas dirían: "Oh, no estamos exigiendo que una persona *gay* se vuelva heterosexual. Sencillamente estamos diciendo que es malo actuar a partir de su orientación sexual". Pero lo que se escucha es que tú les estás exigiendo que sean célibes para toda la vida—que es mucho más que "no al sexo"—, ninguna vida familiar, ni hijos, ninguna pareja con quien compartir la vida. El celibato es una vocación noble, pero a excepción de sectas aisladas ocasionales como los Shakers, la iglesia nunca ha permitido que sea una exigencia para los laicos, y el voto de celibato que hace la religión católica requiere un claro sentido de vocación y pruebas extensas. Todos somos llamados a permanecer castos *hasta* el matrimonio y fieles dentro del matrimonio, pero obligar a la gente al celibato es simplemente contrario a la forma en que Dios nos creó, salvo para aquellos que él específicamente ha llamado y dotado para esa disciplina. "Pero", dicen algunos cristianos, "¿no estamos todos llamados en «Venir a morir» en una entrega total?, o para responder a la pregunta del himno antiguo « ¿Ya está todo puesto sobre el altar del sacrificio?»"

Es cierto, hay cosas en nuestras vidas que pueden obstaculizar nuestra relación con Dios, pero eso no significa que *yo* tenga autoridad para decirte a *ti* qué cosa *específica* Dios quiere que pongas en el altar. Sólo Jesús podía mirar al corazón del joven rico y decir: "Todavía te falta una cosa: vende todo lo que tienes y repártelo entre los pobres, y tendrás tesoro en el cielo. Luego ven y sígueme" (Lucas 18.22). Algunos grupos cristianos han tratado de exigir incluso esto o pruebas similares de entrega total para todos, pero sólo Jesús ve el corazón.

No soy muy fanático del discurso políticamente correcto, pero tenemos que darnos cuenta de que algunas de las cosas que decimos terminan transmitiendo mensajes subyacentes que son tan hostiles que alejan a las personas homosexuales de una relación con Cristo. Desafortunadamente, podemos escuchar estos y otros comentarios desagradables cada día en la radio y la televisión cristiana, que son nuestras manifestaciones más públicas de Jesús al mundo.

Cómo las relaciones personales *invitan* a la gente a Jesús

Al igual que con las divisiones raciales, nada es más sanador que las relaciones personales. Puede que haya sido fácil para el pastor que mencioné anteriormente en este capítulo usar Colosenses 3 como una ocasión para recordar a todos que él piensa que el matrimonio es sólo "entre un hombre y una mujer". Sin embargo, no puedo imaginar qué pasaría si él tuviera una relación personal con una pareja homosexual y se sintiera obligado a recordarles que su relación era inválida cada vez que se sentaba a compartir una comida con ellos. Cuando más profundamente conocemos a la gente, más sensibles nos volvemos.

Después de involucrar a la mujer samaritana en una conversación en el pozo fuera del pueblo de Sicar, Jesús le ofreció "agua que da vida" (Juan 4.1-38). Ella lo tomó en serio de inmediato, pero Jesús le dijo: "Ve, llama a tu marido y vuelve". ¿Por qué sacó su estado civil cuando ya sabía que había pasado por cinco esposos y vivía con alguien a quien ella no estaba casada? Para la mujer, él le demostró que era un profeta, pero también la sacó del clóset sin establecer condiciones sobre su relación. Indudablemente ella estaba acostumbrada al rechazo. No pasas por cinco esposos en una pequeña ciudad sin que todo el mundo lo sepa . . . y te desprecie. Pero Jesús no la rechazó. Él no dijo: "Ven a la santidad con respecto a tu estado civil, y luego te daré agua viva". Su amor incondicional la llevó no sólo a ella a la salvación, sino a "muchos de los samaritanos de esa ciudad que creyeron en Jesús gracias al testimonio de la mujer. «Él me contó todo lo que alguna vez hice»". Curiosamente, no hay registro de que Jesús volviera al tema de su estado civil— ¿casarse con el hombre con quien estaba? ¿Volver al esposo número cinco, al cuarto . . . al número uno—? Su relación con Jesús era lo que importaba. Aparentemente, Jesús confió en que el Espíritu Santo trabajaría los detalles de la vida de la mujer en los tiempos de Dios.

Hace poco pasé tiempo con el pastor Bill Shereos de la First Free Church en el barrio de Andersonville en el lado norte de Chicago. Aunque su iglesia tiene una posición neo-tradicional, yo había oído que tenían un compromiso significativo para las muchas personas homosexuales de la zona. Quería saber cómo funcionaba y especialmente conocer sus respuestas a las parejas homosexuales. Bill no pretende tener todas las respuestas (¡lo que en sí era innovador!), pero él y su congregación están profundamente involucrados con hombres y mujeres homosexuales. Y las relaciones abiertas y regulares suelen dar lugar a transformaciones para ambas partes. En su congregación, hablan de las preguntas y han aprendido lo suficiente acerca de los puntos dolorosos de desacuerdo por lo que es altamente improbable que cualquier reunión de la iglesia First Free pueda deteriorarse a causa de comentarios crueles gritados a personas homosexuales presentes en el salón como sucedió en la iglesia de mi hija. De hecho, Bill está profundamente perturbado por cualquier cosa que requiera que alguien "se siente en la parte de atrás del autobús", como él lo dijo. Reconoció lo profundamente dolido—incluso equivocado—que se sentía cuando tenía que decirle a una mujer (en privado) que había acudido recientemente a la iglesia y que estaba ansiosamente deseando servir en la iglesia que ella no podía asumir cierto cargo ministerial porque ella tenía una pareja del mismo sexo.

En cuanto a otra situación, él describió cómo los miembros de la iglesia se acercaron a un hombre *gay* cuando su pareja murió, de la misma manera que lo habían hecho para las parejas heterosexuales separadas por la muerte—visitándolo, asistiendo al funeral, trayéndole comidas y tarjetas de condolencia, ofreciendo ayuda—.

A pesar de que Bill y su denominación/confesión no aceptan el matrimonio homosexual, él cree que es bonito preguntarle a una persona *gay* cómo está su pareja, mostrar interés por sus familias, sus trabajos o carreras. ¿Por qué? Porque para ese ser humano, a quien Dios ama, la relación con su pareja es una de las relaciones humanas más importantes en su vida, y amar a alguien es preocuparse genuinamente de qué o de quién esta persona se preocupa . . . sea que uno esté o no de acuerdo con sus opciones o decisiones.

Bill sería el primero en admitir que él y su congregación no han tratado todos los detalles de cómo responder a las parejas homosexuales casadas, pero con la legalización del matrimonio homosexual por la Corte Suprema, se dan cuenta de que este es un tema que no pueden ignorar.

En otra ocasión, durante su ministerio, Jesús volvió de nuevo al tema de las cosas que hacemos y que alejan a las personas del amor de Dios. Esta vez no se centró en los "niños" vulnerables de nuestra propia familia de la iglesia a los que podríamos causar la pérdida de fe en él. En lugar de ello, habló de aquellos fuera del reino que quisieran entrar, pero a quienes mantenemos a alejados. "¡Ay de ustedes, maestros de la ley y fariseos, hipócritas! Les cierran a los demás el reino de los cielos, y ni entran ustedes ni dejan entrar a los que intentan hacerlo" (Mateo 23.13).

Hermanos y hermanas, alejar a la gente de Jesús, ya sea familiares o personas que le buscan a Él, es una ofensa muy seria. ¿A cuántas personas homosexuales estamos alejando de Jesús y de la iglesia al tratarlos como pecadores peores que todos nosotros?

Daños colaterales

Como pastor de familia y de jóvenes en una iglesia de mil cuatrocientas personas, Esther Gilmore tenía muchas personas y familias que venían a ella en busca de sabiduría para saber cómo responder a la atracción hacia el mismo sexo. Pero cuando su hijo, Roger, reveló que era *gay*, el precio de la honestidad llevó a bancarrota al "banco relacional" de la iglesia para los Gilmore y muchos otros.

Conocí a Esther en la conferencia de la Gay Christian Network [Red cristiana *gay*] de 2016 en Houston, donde estuve sentado frente a ella en la cena de padres. Me había dado cuenta de quién era su hijo en el vestíbulo del Hilton, así como en el Convention Center. Por la manera en que la gente le respondía pude ver que él era un líder dinámico, y yo quería escuchar la historia de su familia.

Casi dieciocho años atrás, poco después de que Esther se uniera al personal pastoral de su iglesia, dos mujeres jóvenes acudieron a ella. Ambas eran músicos talentosas y del equipo de alabanza. Una incluso era la hija de uno de los otros pastores. Habían crecido en la iglesia. Era su hogar, incluso cuando habían estado juntas en la universidad. Pero sentían atracción hacia el mismo sexo . . . y entre sí. Ellas habían intentado de todo para superar su atracción, incluyendo el matrimonio con un hombre por parte de una de ellas, esperando que eso terminara todo, pero no resultó, y el matrimonio fue un desastre.

"En ese momento", recuerda Esther, "yo no sabía mucho acerca de la homosexualidad salvo lo que me habían dicho, que estaba mal. Pero ellas habían venido a mí, a buscar ayuda, y todo lo que pude pensar en hacer fue llevar el tema a los otros pastores y ancianos, con la esperanza de ir hacia a una solución redentora".

Sin embargo, los líderes tenían muy poca relación personal con las mujeres—a excepción de un pastor con su hija—y así que una vez que estuvieron involucrados, esto se convirtió en un asunto que tenía que ser tratado de manera independiente a las personas que pudiera afectar. Lamentablemente, el proceso fracasó, y las consecuencias sacaron a ambas mujeres de la iglesia. Esther perdió el contacto con una de las mujeres, pero logró permanecer cerca de la hija del pastor, lo que significó un desafío para su fe a lo largo de los años, así como también para su sabiduría. "Aunque el resultado fue triste, considero que fue un regalo para mí del Señor por haber tenido el privilegio de caminar junto a ella a través de ese proceso duro. Ver el fruto en su vida me ha enseñado cómo seguir a Cristo".

Desde entonces, ha habido varias otras personas que vinieron a Esther por consejos sobre la atracción hacia el mismo sexo. Pero con el dolor de lo que ocurrió la primera vez que ella trajo un asunto tan personal a los líderes, dudó en volver a involucrarlos.

Esther y su marido, Greg, habían reconocido desde el principio que había algo diferente en su hijo mayor. Roger era inusualmente elocuente, expresivo, apasionado y lleno de alegría, todas cualidades deseables. Se destacó en todas las artes y fue un estudiante con altas notas, nunca en problemas. ¿Qué podía no gustarles? Pero aún así, había algo diferente en él. Ella y Greg hablaban de eso de vez en cuando, pero no fue hasta que Roger estuvo en la escuela secundaria que notaron que entre sus muchos amigos—quienes solían reunirse en su casa—había más chicas que chicos. Y sin embargo él no parecía interesarse en ninguna de ellas como si quisiera una novia. Tal vez por eso ellas se sentían tan cómodas en su presencia.

"Había también una sensación que teníamos", dice Esther, "de que él estaba lidiando con algo que no compartía con nosotros. Por supuesto, los niños tienen sus estados de ánimo y sus luchas, por lo que no estábamos tan preocupados, pero se nos cruzó por la mente que podría ser la homosexualidad. Por supuesto, Greg y yo no queríamos forzar las cosas, así que sólo orábamos por ello".

Pero cuando Roger cumplió diecisiete años, la preocupación era suficiente para que Esther hablara con su amiga lesbiana que había dejado su iglesia tantos años atrás. "Tienes que preguntarle qué está pasando", dijo su amiga. "No te olvides, yo también soy hija de un pastor, y sé lo que es. Tienes que abrir esa puerta y darle permiso para caminar a través de ella si así lo desea".

Durante los dos meses siguientes, Esther y Greg consideraron su consejo y oraron por ello hasta que un día se sentaron con Roger y le dijeron: "No sabemos lo que te está pasando, pero si esto tiene algo que ver con atracción hacia el mismo sexo o cualquier cosa parecida, queremos que sepas que es seguro salir del clóset".

Esther recuerda que se mostró no sólo aliviado, sino que fue increíblemente amable, honesto y valiente en la forma en que respondió. "Mamá y papá, quiero que sepan que he estado de rodillas durante cuatro años a causa de esto. Y en un momento dado, Dios y yo hicimos un pacto de que mantendría mi orientación sexual oculta hasta que me hubiera ido a la universidad porque no quería poner en peligro su participación o incluso mi propio participación aquí en la iglesia".

Roger estaba muy involucrado en la iglesia como líder juvenil de adoración y de muchas otras maneras. Amaba profundamente a la iglesia, pero también era muy consciente de lo peligroso que era para él salir del clóset, a pesar de que Esther nunca le había contado lo que había sucedido con los pastores y la junta de presbíteros. Pero estaba contento de hablar con su familia sobre eso. Sabía que tenían varios amigos homosexuales, así que no temía cómo podrían reaccionar, pero sólo estaba tratando de evitar una gran crisis en la iglesia.

Esther y Greg no estaban seguros si mantenerlo en secreto por esas razones era bueno para Roger o incluso para ellos. Para nadie es deseable vivir con algo que pueda resultar una amenaza. Así que, como familia, oraron juntos por un par de meses hasta que todos llegaron al consenso de que era hora de ir a las autoridades de la iglesia. Esther quería eso porque eran todos *sus* colegas y porque Roger era tan destacado como líder juvenil en la iglesia que esas relaciones de seguro afectarían la conversación. Después de todo, tanto Roger y como el hijo menor habían nacido allí y habían crecido en la iglesia. Todo el mundo le quería. Ciertamente eso marcaría la diferencia. De hecho, Esther empezó a sentir que tal vez Dios había escogido a su familia para tener un hijo *gay* en un momento como éste, para ayudar a la iglesia a llegar a un nuevo entendimiento que le permitiera recibir a otras personas homosexuales en lugar de obligarlas a ocultarse o abandonar la iglesia.

Comenzaron compartiendo con el pastor principal y el pastor ejecutivo. Desde el principio, el pastor mayor tuvo una reacción muy negativa. Quería saber lo que Esther y Greg habían hecho mal como padres para producir esto. Preguntó sobre cuándo habían confrontado a Roger con la "verdad" acerca de su salvación. Estaba convencido de que la orientación de Roger era su propia elección pecaminosa de la cual necesitaba arrepentirse.

Durante el siguiente año, mientras las conversaciones continuaban, se ablandó algo en ese punto para admitir que podría ser algo con lo que una persona nació, pero nunca cambió su afirmación de que eso amenazaba la salvación.

El pastor ejecutivo parecía ser algo más comprensivo.

El siguiente paso fue llevar la situación a la junta de los presbíteros, donde surgieron más sorpresas. Un presbítero reaccionó de una manera tan rígida que ni siquiera soportaba escuchar su historia. Pero también salió a la luz que uno de los presbíteros tenía una hija lesbiana. Esther estuvo de acuerdo en que mientras los líderes estuvieron considerando el tema, ella no lo compartiría con su equipo de diez personas o la multitud de voluntarios que trabajaban con ella. Sin embargo, de pronto, más y más familias e individuos comenzaron a divulgar secretos, más de una docena en los próximos meses. Esther se dio cuenta de que si Dios le confiaba esta situación, ella necesitaría ayuda, comenzando con el estudio de las Escrituras con una mayor intensidad. Ya no podía abrazar ni lidiar con las respuestas tradicionales. Empezó a leer y pronto comenzó a entender algo de la teología y la historia sobre cómo la iglesia había aseverado tener claridad en este tema más de lo que ameritaba la honestidad bíblica. Sus estudios no respondieron a todas sus preguntas, pero la pieza más atractiva para ella fue cómo

Dios se reveló en la persona de Jesucristo. No se podía negar el contraste entre el ministerio de Jesús y cómo la iglesia tradicionalmente se había estado comportando hacia las personas marginadas, en particular las personas homosexuales.

Cuanto más avanzaba en sus estudios personales, más quería hablar con sus colegas. Pero era tan difícil involucrarlas, porque todo el mundo tenía tanto miedo de las implicaciones, todo lo que querían hacer era mantenerse en sus posturas. Así que, cuando se enteró de la Gay Christian Network [Red cristiana *gay*], decidió ir a su conferencia. Allí conocería más personas. De hecho, toda su familia asistió a la conferencia de 2015 . . . junto con el pastor ejecutivo de su iglesia y el presbítero cuya era hija lesbiana.

Tal vez este sería el avance.

Fue increíble para Esther ver a cientos de cristianos homosexuales de todas las edades reunidos en el nombre del Señor, adorando con las mismas canciones de alabanza tan familiares en su hogar, escuchando mensajes poderosos de Jesús que pedían perdón y amor hacia sus perseguidores. Roger, por supuesto, encajó rápidamente. Esther y Greg aprendieron mucho en los talleres sobre lo que decían los cristianos homosexuales y cómo estaban conduciendo su fe y orientación sexual. Para ellos fue una confirmación de que el Espíritu Santo estaba verdaderamente presente en cientos de estos cristianos homosexuales. Por supuesto, algunos obviamente estaban todavía buscando, dudando incluso, tal vez todavía tambaleando por las heridas que habían recibido en la iglesia. Pero el Espíritu Santo estaba presente en la conferencia. Para ella eso parecía innegable.

¡Pero no es algo innegable para todos!

De regreso en su iglesia, cuando ella se reunió con los pastores y ancianos, el pastor ejecutivo dio un informe muy diferente. Para él, era espantoso que todos estos homosexuales se declararan cristianos. Inconcebible. No tenía ni idea de lo que estaba ocurriendo en todo el país. Era algo que debía ser denunciado más que aceptado.

El pastor mayor tomó como signo el informe del ejecutivo. Simplemente hablar de este tema, era como invitar a la "Serpiente" a la habitación. Se sentía como si estuvieran involucrando a Satanás en la conversación, lo que quedaba demostrado por las preguntas que todas las familias habían empezado a hacer sobre la homosexualidad. ¡Era hora de traer algo de claridad!

La solución fue traer a un hombre de afuera que había sido un consejero de terapia reparativa dentro del movimiento ex *gay* Exodus (Éxodo). Su tarea era entrenar al personal sobre personas homosexuales.

"Para mí, el entrenamiento fue brutal", dice Esther. "La forma en que hablaba de los homosexuales y la manera en que se refería a sus familias era tan despectiva, que me dejó temblando. Y en cuanto a los cristianos homosexuales, no creía que ellos fueran auténticos y los pintó como alarmistas llenos de miedo, como en una conspiración con la intención de debilitar a la iglesia. Todo el evento polarizó a los empleados. La gente o se sentía o ahuyentaba o la animaba".

Al final, los líderes decidieron aclarar la doctrina de la iglesia relativa a las personas LGBT. Basados en 1 Corintios 6.9-10: "¿No saben que los malvados no heredarán el reino de Dios? No se dejen engañar: Ni los fornicarios (. . .) ni los pervertidos sexuales (. . .) heredarán el reino de Dios"—ellos declararon la homosexualidad como un tema de la salvación—.

"Creo que fue en ese momento que realmente decidieron despedirme", dice Esther. "Fue presentado a la congregación como una separación de mutuo acuerdo, pero tuve que aceptarlo si quería referencias para otro empleo. Pero en realidad, me despidieron porque era demasiado peligroso continuar la conversación". El dolor fue grande, y la pérdida de la familia de la iglesia costosa. Más trágico, sin embargo, es el hecho que las personas homosexuales y sus familias salieron, y otros de la zona, que nunca pisarán las puertas de esa gran iglesia porque saben que no hay seguridad.

Al final, sucedió lo que Roger más había temido. Pero, según Esther, lo sorprendente es que su fe nunca ha sido más fuerte. Y tampoco la fe que tiene su familia. Aún así, ella está insegura acerca del sentido para el cual Dios la había colocado en esta iglesia y a Roger en su familia durante un tiempo como éste. Pero porque el hecho no haya salido bien, no significa que Dios no le dio a esa iglesia la oportunidad de hacer algunos cambios, ni tampoco que Dios ya terminó su obra con ellos.

Capítulo 7
¿Dios creó a las personas homosexuales?

Confíen en él para siempre ustedes santos
Él es fiel, nunca cambia;
Ni la fuerza ni la astucia pueden separarle
De aquellos que él ama.

"Praise the Savior, Ye Who Know Him"
Thomas Kelly, 1806, estrofa 3

Como yo venía desde una perspectiva tradicionalista, nunca había planteado seriamente la cuestión de si Dios podía ser responsable de la atracción de cualquier persona hacia el mismo sexo. Al ayudar a Ed Hurst a escribir su libro, *Overcoming Homosexuality*, [*Superando la homosexualidad*], no sólo había absorbido sus teorías, sino que había leído a muchos de los teóricos y teólogos de la época en que basó sus ideas. En resumen, sostenían que la homosexualidad era el resultado de la crianza inadecuada de los hijos, el abuso sexual o la tentación de otros, y/o las propias decisiones pecaminosas de la persona *gay*.

Por lo tanto, invertir la atracción de una persona hacia el mismo sexo era una expectativa razonable si ella verdaderamente se arrepintiera, se entregara completamente a Dios, se sometiera a una terapia prolongada, orara por la sanidad divina y practicara fielmente las disciplinas diseñadas para cambiar los patrones de vida y resistiera la tentación. En varias formas, sigue siendo el objetivo de la así llamada "terapia reparativa". Las interpretaciones tradicionales y las aplicaciones de los "pasajes prohibitivos", que veremos en la Parte II de este libro, proporcionaron una gran motivación (a menudo en forma de culpa y vergüenza) para tratar de superar la homosexualidad. Y ciertamente, si la homosexualidad fuera un pecado tan abominable, Dios no podría haber tenido nada que ver con la creación de alguien *gay*, ya que Santiago 1.13 nos dice: "Dios no puede ser tentado por el mal, ni tampoco tienta él a nadie".

¿Hay alguien nacido *gay*?

En diciembre de 2014, un cartel publicitario sobre la carretera I-95 en el centro de Richmond, Virginia, decía: "Nadie nace *gay*". El cartel retrataba las fotos de dos gemelos, uno homosexual y uno heterosexual. El patrocinador, PFOX (Parents and Friends of Ex Gays and Gays) (Padres y amigos de los ex homosexuales y homosexuales), dijo que la investigación en gemelos demuestra que nadie nace *gay*. Por supuesto, el anuncio irritó a muchas personas homosexuales porque sentían que eso equivalía a una condena pública de su familia de origen, de sí mismos, o de ambos.

PFOX basa su afirmación de que nadie nace *gay* en las conclusiones del Dr. Neil Whitehead de ocho estudios en gemelos en Australia, los Estados Unidos y Escandinavia. Whitehead propuso que si la homosexualidad tenía un origen genético, y un gemelo era *gay*, entonces en 100 de los casos, ambos gemelos serían homosexuales. En cambio, él encontró: "Si un gemelo tiene atracción hacia el mismo sexo, las posibilidades de que el hermano gemelo tenga [era] sólo un 11% para los hombres y un 14% para las mujeres". Por lo tanto, concluyó que la atracción hacia el mismo sexo necesariamente provenía de "factores no compartidos".[49]

A pesar de haber mapeado el genoma humano, una causa genética específica para la homosexualidad no se ha establecido, y los tradicionalistas a menudo señalan esto como *fait accompli*[50], la discusión se acabó. Pero, lo contrario es igualmente cierto: la genética y otras influencias en el útero *tampoco* han sido descartadas.[51] Por ejemplo, uno podría pensar: si un gemelo es zurdo, el otro sería así también. Pero ese no es el caso en aproximadamente el 21% de los casos. Los investigadores sugieren que una combi-

49. Mark Ellis, "Identical twin studies prove homosexuality is not genetic", http://www.hollanddavis.com/?p=3647.

50. *Nota del traductor:* expresión francesa que significa algo que ya ha sucedido o se ha decidido antes de que los afectados lo escuchen, dejándolos sin otra opción que aceptarlo.

51. Investigaciones más recientes sugieren que la epigenética en lugar de los marcadores de ADN específicos pueden influir en la orientación sexual. Éstas serían epi-marcas o señales de andrógenos que activan y desactivan partes del genoma en momentos estratégicos durante el desarrollo del feto. Http://www.jstor.org/stable/10.1086/668167.

nación de factores genéticos y ambientales como el estrés durante el parto, los niveles hormonales durante el embarazo o la posición en el útero podría tener algún impacto en la preferencia de las manos.[52]

Mientras que los gemelos provienen del mismo óvulo fecundado y tienen un ADN muy similar, no son necesariamente idénticos en todos los aspectos. En el caso de gemelos, ambos bebés se desarrollan en el útero a partir de una sola célula, que a lo largo de la vida puede dividirse en más de 37 billones de células,[53] *copiando* el ADN para cada una. El proceso de copiar el ADN es increíblemente bueno pero no perfecto. La mayoría de las alteraciones no tienen ningún efecto obvio. Pero las variaciones genéticas pueden desarrollarse antes del nacimiento. De hecho, incluso, se sabe que graves anomalías basadas en la genética, como el síndrome de Down, se sabe que afligen a un gemelo y no al otro.[54] Además, el ambiente dentro del útero puede ser diferente para cada gemelo. Ellos pueden compartir una placenta o tener placentas separadas, compartir su saco amniótico o tener sacos separados,[55] haciendo posibles diferentes influencias hormonales. Estos factores no compartidos, que pueden ocurrir antes del nacimiento, pueden resultar en diferencias entre gemelos supuestamente "idénticos". De hecho, esas diferencias son lo suficientemente evidentes al nacer que la mayoría de las madres pueden distinguir a sus gemelos idénticos uno del otro dentro de un tiempo muy corto. Incluso tienen diferentes huellas dactilares.

Por lo tanto, puesto que es posible que los factores no compartidos ocurran en el útero, la afirmación de PFOX en su sitio web de que "debido a que los gemelos son siempre genéticamente idénti-

52. "Do identical twins always have the same hand preference?" Twin Registry, http://uwtwinregistry.org/do-identical-twins-always-have-the-same-hand-preference/.

53. Rose Eveleth, "There are 37.2 Trillion Cells in Your Body", Smithsonian.com, October 24, 2013, http://www.smithsonianmag.com/smart-news/there-are-372-trillion-cells-in-your-body-4941473/?no-ist.

54. Melissa Healy, "Identical twins, one case of Down syndrome: a genetic mystery", La *Times*, April 16, 2014. http://www.latimes.com/science/sciencenow/la-sci-sn-twins-down-syndrome-genetics-20140416-story.html.

55. World TTTS Awareness. http://www.worldtttsawarenessday.org/mono_placenta.php.

cos, la homosexualidad no puede ser dictada genéticamente. [Así] nadie nace *gay*"[56] es una falacia lógica.

Sin embargo, PFOX continúa afirmando que "«*Gay*» es una identidad auto-elegida", quizás porque es fundamental para su oferta de ayudar a personas homosexuales "a salir de la homosexualidad" y para animar a los padres que no tienen que "aceptar la autoproclamada identidad *gay* de su hijo para demostrar su amor".

Para reforzar su programa, PFOX pretende ofrecer los testimonios de "miles de personas que han tomado la decisión de abandonar la vida homosexual y dan testimonio del hecho de que el cambio es posible".[57] Podemos aceptar las historias de las personas si ello está respaldado por sus experiencias. Pero si los testimonios son creíbles, ¿por qué no aceptar también los testimonios de las personas homosexuales que están convencidas de que homosexual es la forma en que Dios las hizo? Muchos declaran sinceramente que no vinieron de un hogar disfuncional, nunca tomaron la decisión de ser homosexual, pero "descubrieron" que eran atraídos hacia el mismo sexo con una intensidad que los convenció de que nacieron de esa manera.

Como mencionamos anteriormente, cuando alentamos por primera vez a nuestra hija a buscar "ayuda" de una organización religiosa ex *gay* (que ofrece ayudar a las personas homosexuales a convertirse en heterosexuales) ella no se sentía identificada con los testimonios que encontró publicados en sus sitios web. Muchas de esas personas le sonaban como adictos sexuales que sufrían de relaciones severamente disfuncionales. ¡Por supuesto que necesitaban curación! Pero esas historias no representaban su experiencia ni la de muchas otras personas homosexuales.[58]

---

56. "PFOX Billboard Makes the News", http://www.pfox.org/pfox-billboard-makes-news/.

57. Ibid., PFOX.

58. Ruth Lipschultz, una trabajadora social clínica licenciada y amiga personal nuestra, señaló que no es sólo la historia de Leah que no encaja en ese perfil. Estos factores tampoco caracterizan a la mayoría de personas homosexuales. "De hecho", dice, "la disfunción, el trauma, los problemas familiares están igualmente presentes en las familias de origen tanto para las personas homosexuales como para las heterosexuales. Si esos factores hicieran que las personas se convirtieran en homosexuales, un porcentaje mucho mayor de la población sería homosexual".

Si PFOX ha ayudado a algunas personas o no, muchas personas homosexuales ven el motivo de la entidad como egoísta. Su programa es un negocio, y las vallas publicitarias ayudan a promover el negocio. De hecho, su cartel tiene un problema de integridad que aumenta el escepticismo hacía toda organización como la suya. Para crear la cartelera, PFOX utilizó las imágenes, *no de gemelos, tal como aparece*–uno vestido formalmente a la izquierda y el otro vestido casualmente en el lado derecho—pero dos fotos del *mismo* modelo profesional—. Dos fotos de un solo hombre posando para aparentar que son gemelos. Su nombre es Kyle Roux. Él es *gay*, pero *no* tiene un gemelo, y definitivamente no está feliz de que sus fotos de la antigua campaña publicitaria fueran utilizadas en esta manera engañosa.[59]

¿Es consecuencia del pecado original?

Un pastor amigo mío, cuya hija también se encuentra en un matrimonio homosexual, lo que le causó bastante consternación, me recordó que además del punto de vista tradicional que insiste que nadie nace *gay*, existe otra manera de ver la atracción hacia el mismo sexo que reconoce que una persona puede nacer con estas características, pero todavía se le atribuye al pecado. Los defensores de este punto de vista podrían admitir que la atracción hacia el mismo sexo no es necesariamente la culpa de los padres o el resultado de las elecciones del individuo. Incluso pueden aceptar que los factores genéticos, hormonales o ambientales—de los cuales nadie tiene la culpa—pueden desempeñar un papel en el desencadenamiento de la atracción hacia el mismo sexo. Sin embargo, ellos creen que es pecaminoso en el sentido en que es el resultado del *pecado original*—la naturaleza caída que todos heredamos de la desobediencia de Adán y Eva—y por lo tanto, nunca debe ser justificado o permitido—. Pueden pensar que tal explicación es menos personal y condena menos, ya que todos debemos vivir bajo las

59. David Ferguson, "«Twin» from «Nobody's born gay» billboard: I am gay and I'm not a twin," *Raw Story*, Dec. 12, 2014. http://www.rawstory.com/rs/2014/12/twin-from-nobodys-born-gay-billboard-i-am-gay-and-im-not-a-twin/.

consecuencias del pecado original, pero niega que Dios haya *hecho* que alguien sea *gay*.

Los defensores del punto de vista del pecado original insisten que si alguien tiene una propensión hacia la lujuria o lo que parece ser una predisposición biológica a las adicciones, no lo consolamos diciendo: "Está bien. Es sencillamente la forma en que Dios te hizo". No, todos sufrimos bajo varias debilidades que nos tocan debido a la caída, esperando con ansiosa expectativa ser "liberados de la esclavitud de corrupción a la libertad gloriosa de los hijos de Dios" (Romanos 8.21). Si parte de esa esclavitud es que algunas personas sufren de atracción hacia el mismo sexo, este punto de vista dice, entonces los pasajes "prohibitivos" todavía definen límites más allá de los cuales no hay salida legítima.

Dios no comete errores

Sin embargo, por razones propias, Dios ha creado personas con una amplia variedad de características. Algunas de ellas las consideramos como variaciones normales (características raciales, talla, forma del cuerpo, etc.) mientras que a las menos comunes las etiquetamos como "anomalías". Algunas variaciones hacen la vida difícil, incluso físicamente dolorosa. Algunas resultan en desafíos sociales o psicológicos u ostracismo. Pero nunca había pensado en el paralelismo entre las anomalías físicas relacionadas con el sexo, sobre las que yo sabía muy poco, y las variaciones psicológicas relacionadas con el sexo.

Las variaciones físicas sexuales más frecuentes (a menudo denominadas características sexuales secundarias) incluyen senos grandes o pequeños, caderas estrechas o anchas, más o menos grasa corporal, brazos y piernas lisos o peludos, labio superior limpio o los inicios de un bigote para mujer. Los hombres pueden tener una barba tupida o una cara lisa, hombros anchos o angostos, cuerpo peludo o piel lisa, cabeza calva o con cabellera, una voz resonante o delicada. Pero algunas anomalías, aunque raras, son mucho más significativas y no tan secundarias.

> "Intersex"[60] es un término general usado para una variedad de condiciones en las que una persona nace con una anatomía reproductiva o sexual que no parece ajustarse a las definiciones típicas de mujer o varón. Por ejemplo, una persona podría nacer pareciendo ser mujer en el exterior, pero con la mayoría de los rasgos típicos de la anatomía masculina en el interior. O una persona puede nacer con los genitales que parecen estar entre la distinción de lo masculino y lo femenino, por ejemplo, una niña puede nacer con un clítoris notablemente grande o carecer de una abertura vaginal, o un niño puede nacer con un pene notablemente pequeño o con un escroto que se divide de manera que se formen como labios. O una persona puede nacer con un mosaico de la genética y por eso que algunas de sus células tienen cromosomas XX y otras tienen XY.[61]

Si puede haber variaciones físicas—que varían desde lo común a lo raro—relacionadas con la sexualidad de una persona y a menudo afectadas por las hormonas prenatales, ¿por qué nos sorprende tanto encontrar variaciones psicológicas con respecto a cómo las personas se perciben a sí mismas (identidad de género) o responden en términos de atracción (orientación sexual)? ¿Y por qué nos apresurarnos en etiquetar esas variaciones como pecaminosas o el resultado del pecado o incluso un error de Dios?

Es problemático comenzar a declarar que cualquier característica innata de una persona es el resultado de la caída en lugar de cómo Dios creó a la persona. Dios es soberano, y no comete errores. Tú no eres un error, yo no soy un error, y tampoco lo son nuestra familia *gay* y amigos. Considere la historia del encuentro de Moisés con Dios en la zarza ardiente. Cuando Dios le ordenó que se enfrentara al Faraón, Moisés ofreció muchas objeciones, finalmente dijo: "Señor, yo nunca me he distinguido por mi facilidad de palabra . . . francamente, me cuesta mucho trabajo hablar" (Éxodo 4.10). Sorprendentemente, Dios no disputó esto. En su

60. *Nota del traductor:* En el español coloquial se domina "hermafrodita".

61. "What is intersex?" Intersex Society of North America, 2008. http://www.isna.org/faq/what_is_intersex.

lugar, respondió (con un poco de resentimiento), "¿Y quién le puso la boca al hombre? ¿Acaso no soy yo, el SEÑOR, quien lo hace sordo o mudo, quien le da la vista o se la quita?" Si Dios voluntariamente asumió la responsabilidad de esas características sin culparlas a la caída, ¿quiénes somos nosotros para sugerir que la orientación sexual de alguien es un error? E incluso si ser homosexual es de alguna manera entrelazado al efecto del pecado original, eso no lo hace pecaminoso en sí mismo. Mejor afirmemos: "El SEÑOR es justo en todos sus caminos y bondadoso en todas sus obras" (Salmo 145.17).

El problema del pecado es que todo lo bueno en nosotros puede ser mal utilizado. Ese *mal uso*, más que la calidad misma, es el legado más directo del pecado original. De hecho, es la definición misma de nuestra naturaleza pecaminosa. Las personas homosexuales, al igual que las personas heterosexuales, necesitan confesar que todos somos pecadores que necesitan un salvador. Todos necesitamos resistir la lujuria, resistir el abuso de nuestras atracciones sexuales, rehusarnos a maltratar a otras personas y permanecer absolutamente fieles en el matrimonio. Todos somos llamados a controlar, disciplinar, madurar y usar con sabiduría y amor cada aspecto de cómo Dios nos creó. La santificación es el proceso de hacer eso a medida que el Espíritu Santo nos guarda para ser adaptados a la imagen de Cristo expresada en los muchos y variados miembros de su cuerpo. Nuestra santificación ocurre a medida que nos volvemos cada vez más como el miembro único del cuerpo de Cristo que Dios quiso al hacernos, cuya apariencia y función no será como todos los demás miembros.

Espectros de las diferencias dadas por Dios

Al tratar de apreciar cuan complejos y diferentes nos hizo Dios a cada uno de nosotros, me parece útil reconocer que los aspectos de nuestra sexualidad caen en diversos espectros. Las siguientes observaciones no se presentan como estudios científicos, sino como variables relativamente evidentes que a veces pasamos por alto.

Pongamos nuestra sexualidad en un gráfico X-Y, donde la Y, o el eje vertical, indicaría el impulso sexual. Algunas personas aparecen débiles, apenas interesadas, mientras que otras demuestran mucho interés. Aunque la intensidad del interés sexual de una persona puede cambiar a lo largo de su vida, siendo mayor al final de la pubertad, la persona con un deseo sexual fuerte podría tener más problemas con la lujuria que la persona con un deseo sexual muy débil. ¿Pero eso significa que la persona con más deseos sexuales es el producto del pecado original? ¿Significa que la persona que rara vez piensa en sexo representa de manera más perfecta la "buena" creación de Dios? No, si la supervivencia de la especie es importante, ya sea fuerte o débil, el deseo sexual de una persona es una característica fundamental que Dios creó como bueno. Y aunque alguien con un deseo sexual relativamente débil podría ser capaz de vivir una vida célibe con relativa facilidad, se debe tener cuidado al presumir que alguien con un deseo sexual fuerte pueda manejar lo mismo.

La X, o el eje horizontal, denota si uno es atraído hacia el sexo opuesto (en el extremo izquierdo) o por el mismo sexo (en el extremo derecho).[62] Si se está en el extremo izquierdo del eje X (marcadamente heterosexual), puede ser casi imposible imaginar cómo alguien podría ser *gay*. Pero tal vez sea igualmente impensable que una persona marcadamente homosexual se imagine volviéndose heterosexual. "Simplemente no va a suceder" sin un milagro auténtico.

Hace años, Leah había tratado de explicarme esto, pero en ese momento no podía entenderlo cuando ella escribía. . .

> Entiendo que si una persona cree que la homosexualidad es un pecado, tratar de ser heterosexual sería parte de su meta. Pero qué frustrante y triste tarea. ¿Puedes imaginar cómo sería si creyeras que para honrar a Dios necesitarás vivir rechazando *tu* sexualidad, que es natural para ti? (La sexualidad, tuya, que hace posible estar completamente

62. Alguien que cae en medio de la escala sería bisexual o físicamente atraído hacia personas de ambos sexos. Alfred Kinsey, Wardell Pomeroy y otros publicaron *Sexual Behavior in the Human Male* (1948) y *Sexual Behavior in the Human Female* (1953) en el que utilizaron una escala similar. Kinsey explicó: "Los varones no representan dos poblaciones discretas, heterosexuales y homosexuales. El mundo no debe ser dividido en ovejas y cabras. . . . El mundo viviente es un continuo en todo y cada uno de sus aspectos". (*Male*, p. 639).

> enamorado de tu único VERDADERO compañero—Dave o Neta) —. Así que es ahí que veo frustración, auto desprecio y angustia en estas personas [personas que intentan la terapia "ex *gay*" que yo le había animado a probar].[63]

Finalmente fue el libro de Justin Lee, *TORN*[64], que me hizo entender lo que mi hija había dicho claramente años atrás. Él no se refirió a una escala, pero mientras contaba su historia de agonizar en oración noche tras noche para cambiar su orientación sexual, de repente me di cuenta de que él esperaba algo tan imposible para él como sería para mí desarrollar un interés sexual en hombres. ¿Por qué había esperado que mi hija intentara un cambio tan antinatural?

Habiendo imaginado la atracción sexual humana en un espectro de heterosexual a homosexual, de ninguna manera estoy sugiriendo que la mitad de la población cae en alguna parte hacia el lado heterosexual mientras que la otra mitad se dispersa a lo largo del extremo homosexual del espectro. Este espectro es sólo para ayudarnos a entender el rango de orientación. En realidad, más del 95% de la población cae hacia el extremo izquierdo o heterosexual de ese espectro.[65] Este hecho adquiere especial importancia en el próximo capítulo cuando discutimos sobre el matrimonio, y especialmente por qué Jesús parecía hablar sólo del matrimonio entre un hombre y una mujer.

Pero hay otra variable que debemos tener en cuenta: la necesidad de intimidad. Algunas personas son relativamente solitarias. Parecen llevarse bien sin amistades profundas, mientras que otras personas prosperan mejor en una relación que refleje el "con-

---

63. Carta particular, 24 de noviembre de 2002.

64. Lee, Justin. *TORN: Rescuing the Gospel from the Gays-vs.-Christians Debate* (New York: Jericho Books, 2012).

65. El Williams Institute de la Facultad de Derecho de la UCLA, un grupo de reflexión sobre la orientación sexual, publicó un estudio en abril de 2011 que dice: "Basándose en información de cuatro encuestas nacionales y dos estatales basadas en población, los análisis sugieren que hay más de 8 millones de adultos en los Estados Unidos que son lesbianas, homosexual o bisexuales, que comprenden el 3,5% de la población adulta". http://williamsinstitute.law.ucla.edu/research/census-lgbt-demographics-studies/how-many-people-are-lesbian-gay-bisexual-and-transgender/#sthash.clQ60FoJ.dpuf.

vertirse en uno" de un buen matrimonio. Pero esa necesidad no siempre es principalmente sexual. Incluso el joven que es atraída inicialmente hacia la "chica sexy" o al "chico sexy", con algo de suerte puede madurar y buscar una relación permanente basada en mucho más que la atracción física. Ya sea que venga con la madurez o sea algo intrínseco a la personalidad de alguien, algunos de nosotros—heterosexual u homosexual—somos atraídos hacia las relaciones más por la necesidad de la intimidad que por el sexo.

¿Puede Dios cambiar a alguien?

En 2013, después de 37 años funcionando como la organización compuesta de más de 250 servicios religiosos "ex *gay*" (que ofrecen ayudar a las personas homosexuales a convertirse en heterosexuales) en Estados Unidos y Canadá, el líder de Exodus International, Alan Chambers, hablando en nombre de la junta de siete miembros, disolvió a la organización, habiendo encontrado muy poca evidencia de cambios genuinos en la orientación sexual. Recientemente dijo: "Independientemente de las opiniones de una persona sobre la moral sexual, los esfuerzos por cambiar la orientación sexual primaria de alguien son peligrosos y siempre fracasan".[66]

Sin embargo, adoramos a un Dios que trabaja milagrosamente, que separó el Mar Rojo, alimentó a toda una nación durante cuarenta años en el desierto, levantó a la gente de entre los muertos y creo que levantará de los muertos a todos los creyentes en el último día. Así que no hay duda en mí de que Dios *podría* hacer un milagro para cambiar la orientación sexual de una persona. Sin embargo, sostener esa posibilidad como el *resultado esperado* de la entrega total de una persona o la fe suficiente es tan cruel como prometer a un padre desolado de que Dios resucitará a su hijo muerto . . . si sólo tuviera suficiente fe.

En primer lugar, es cruel pues muchos cristianos homosexuales sinceros han intentado valientemente durante años cambiar su orientación a través de la oración, la disciplina y la terapia sin éxito.

66. Alan Chambers, "President Obama is right to try to end ex gay therapy for minors", *The Washington Post*, April 9, 2015, http://www.washingtonpost.com/national/religion/alan-chambers-president-obama-is-right-to-try-to-end-ex-gay-therapy-for-minors-commentary/2015/04/09/3e5fd6f6-def7-11e4-b6d7-b9bc8acf16f7_story.html.

Sus historias son válidas y merecen ser respetadas. En segundo lugar, le dice a la persona homosexual—y a todos los demás que escuchan tus expectativas—que no aceptes al miembro de su familia o amigo *gay* tal como es, y tampoco cree que Dios lo acepte. Tercero, Dios no es una máquina expendedora desencadenada por la sinceridad o el tamaño de nuestra fe. Él tiene buenas razones para no hacer a veces lo que pedimos, y sus razones incluyen su deseo de bendecirnos.

Por ejemplo, en un principio le pedí a Dios que "arreglara" a mi hija, que cambiara su orientación sexual, para que el problema desapareciera. Pero si Dios hubiera respondido a esa oración, o si no me hubiera dado una hija que fuera lesbiana, es posible que no hubiera llegado a amar y apreciar a las personas homosexuales personalmente como los amo ahora, ni tuviera la rica ocasión de revisar la Palabra de Dios con respecto a su "maravillosa, infinita, incomparable gracia, libremente concedida a todos los que creen".[67]

El papel de la elección

Tal como señalé anteriormente, muchos tradicionalistas afirman que nuestra orientación sexual es una opción, y por lo tanto las personas homosexuales pueden elegir "arrepentirse y cambiar". Creo que hay una amplia evidencia para demostrar que esto no es cierto. Si fuera cierto que hay un momento en el tiempo en que elegimos nuestra orientación, ¿por qué no hay más personas heterosexuales que puedan señalar el momento en que "eligieron" ser heterosexual? Esa no es la forma en que crecemos.

Pero eso no significa que la elección nunca desempeñe algún papel en la compleja matriz de nuestra disposición sexual. Nuestra socialización—lo que nos sucedió a medida que crecimos, cómo elegimos responder a ello y otras opciones—nos afecta sexualmente y en todos los demás aspectos de nuestra personalidad. Ciertamente, el abuso sexual infantil puede tener un impacto horrendo en una persona. La pornografía puede deformar la respuesta humana normal. Y las adicciones sexuales son tan reales como

67. Julia H. Johnston, *"Grace Greater Than Our Sin"*, 1911, estrofa 4.

las adicciones a sustancias. Pero estos traumas afligen tanto a las personas homosexuales como heterosexuales.

Las influencias externas y la elección personal también pueden tener efectos positivos. Lo que se enseña a un niño y cómo él elige aplicarlo puede erigir barreras notablemente eficaces contra el incesto, incluso para un adolescente heterosexual que tiene una hermana tan atractiva que no sería capaz de mantener los ojos alejados de ella si ella fuera parte de otra familia. Él puede—a pesar de cualquier factor genético u hormonal o prenatal—aprender a ver y tratar a su hermana como . . . simplemente su hermana. Pero esto se parece más al tipo de opciones que una persona elije, esperar tener relaciones sexuales hasta el matrimonio y permanecer fiel en el matrimonio. Tales opciones pueden afectar y ayudar a controlar el comportamiento de un individuo, pero no intentan cambiar su orientación sexual.

El antiguo consejo para los adolescentes en conflicto sobre la atracción hacia el mismo sexo fue: "No te preocupes por eso. Va a pasar al madurar". Y la mayoría lo hizo, especialmente aquéllos que no podían discernir entre la atracción real y la mera curiosidad o incluso una breve fase de experimentación. La elección puede haber desempeñado algún papel para algunos adolescentes, pero no para todos. Para muchos, no había momentos conscientes de elección, ni historia de abuso, ni seducción por parte de otra persona, ni experimentación, ni fantasías deliberadas. Simplemente se sintieron atraídos inexplicablemente hacia personas de su mismo sexo y esto nunca desapareció al madurar, así como la mayoría se sintió inexplicablemente atraída hacia personas del sexo opuesto y nunca cambiaron al madurar.

¿Esto demuestra que Dios hizo que algunas personas fueran homosexuales? No necesariamente, pero ciertamente plantea algunas advertencias serias sobre declarar que cualquier característica fundamental de una persona *no* sea parte de la creación de Dios.

Al final, no estoy seguro de cuánta importancia tiene determinar con precisión si la atracción por el mismo sexo proviene de la naturaleza, la crianza, o la elección para cualquier persona en particular. El asesoramiento, incluso cuando haya ayudado a las personas a procesar su pasado y tomar decisiones positivas para su futuro, no ha demostrado ser eficaz en el cambio de orientación sexual, sin importar su origen. Nuestro verdadero objetivo sigue siendo el mismo: amar a nuestros familiares y amigos gais, como lo haría Jesús.

Daños colaterales La historia de una madre

Gary nació encantador. Amaba a la gente, y como niño era excepcionalmente expresivo, repartiendo felicitaciones dulces a los que lo rodeaban, como el día en que suspiró y me dijo: "Simplemente amo a Dios por hacerte a ti, mamá".

Pero me di cuenta de que como niño de edad preescolar, cuando los niños jugaban a vestirse, siempre se ponía ropa de niña. Cambié la ropa en el cajón del juego con ropa de los hombres, pero Gary nunca la encontró muy divertida.

En el segundo grado, empezó a mostrar algunos problemas de comportamiento, vacilando entre su dulce y encantador yo y el otro yo quisquilloso y enfadado que me desconcertaba. En el octavo grado estuvo en el consejo estudiantil y tenía enormes responsabilidades en la planificación del baile del octavo grado. No mucho tiempo antes del baile, fui a ver un musical de la escuela y pasé a sentarme detrás de un grupo de chicas que se quejaban de que no iba a haber suficientes chicos en el baile. Sin saber quién yo era, nombraron a unos pocos chicos; luego una añadió: "Y Gary. Pero es una niña". Todos se rieron, pero el comentario fue como una puñalada a mi corazón.

A decir verdad, las chicas realmente lo querían y lo consideraban uno de sus mejores amigos. Pero no fue un estímulo para mí cuando una de las madres me comentó con entusiasmo, "¡Me *encanta* Gary! Él es el único chico en que puedo confiar para pasar el rato con Darlene en nuestra casa, incluso en su dormitorio, y no tengo nada de qué preocuparme". Ella quería decir que era honorable y digno de confianza. Pero no tenía ni idea de que simplemente no se sentía atraído hacia Darlene como lo estaban los demás.

Durante la escuela secundaria Gary tuvo novias y citas, pero también amistades con varones que parecían inusualmente exclusivas, a menudo terminando en malentendidos dolorosos. Pero me consolaba con las bromas despectivas hacia personas homosexuales que solía contar—sin duda eso demostraba que no estaba interesado en chicos—. Además, estaba exageradamente ocupado, involucrado en todos los dramas, coros musicales, coros del condado, coro de distrito, natación, carreras de campo, consejo estudiantil y largos viajes misioneros en los veranos. Al final de su tercer año, encontró un nuevo grupo de amigos que estaban locos por Jesús, y pasó mucho tiempo con ellos en los servicios juveniles de adoración y conferencias de jóvenes. Ellos formaron un grupo musical de adoración que era realmente buena, así como un grupo pop. En su último año, eligió una facultad bíblica orientada al servicio pastoral como el siguiente paso en su educación.

Lo que yo no sabía era que había estado luchando una desesperada batalla contra la atracción hacia el mismo sexo, clamando al Señor todas las noches que Dios le librara de su "problema".

Durante las vacaciones de Pascua de su primer año en la universidad, finalmente nos confesó a mi marido y a mí la lucha que él estuvo teniendo. Pero él nos aseguró que creía que era pecado, que no estaba actuando en él, y estaba recibiendo ayuda. Más tarde explicó que siempre había esperado que los viajes de misión, las conferencias y la universidad bíblica lo "arreglarían". Y, de hecho, tan pronto como la administración se enteró de su orientación sexual, lo colocaron en su programa de terapia de tipo "Exodus" y lo mantuvieron allí durante todo el tiempo que estuvo en la universidad, a pesar de que durante el descanso de Pascua de su segundo año tuvo un completo colapso emocional.

Mientras estaba en casa, confesó a su querida novia de la escuela secundaria que la amaba, pero no de la manera que ella quería, y no estaba seguro que jamás pudiera hacerlo. Ella estaba completamente desconsolada. Él lloraba casi todo el tiempo. Nadie en nuestro vecindario, excepto nuestro pastor y nosotros, conocía la causa de su colapso nervioso y depresión. Él había sido elegido para una pasantía de pastor juvenil en Luisiana para ese verano, así que asumimos ciegamente que ésta era la manera en que Satanás intentaba destruirlo. Oramos, lloramos, rogamos a Dios, llamamos a las líneas de ayuda de TBN[68], a sugerencia de un amigo llamamos a una persona dedicada a la oración en Tennessee . . . quien preguntó si podíamos enviarle diez dólares, ya que rezar por la gente por teléfono era su único ingreso.

Despedirnos de él cuando salió para irse a Luisiana fue desgarrador. Estaba llorando cuando entró a su coche. Él dijo: "Mamá, ésta es la cosa más difícil que yo jamás he hecho". Le hice prometer que me llamaría varias veces en el viaje de cinco horas. Lo hizo, tratando de no preocuparme. Pero nos dijo más tarde que seguía pensando en todo el viaje lo fácil que sería simplemente chocar contra un árbol, y nadie tendría que saber cuál había sido su lucha.

Cuando llegó a Luisiana, estaba tan confundido que confesó al pastor el drama que estaba viviendo. Había un pastor que estaba de visita que oraba con Gary.

De alguna manera, Gary logró cumplir con esa tarea de verano e incluso su último año en la universidad. Sus dones eran fuertes a pesar de su lucha. Cada vez que él dirigía la adoración, la gente lloraba. También cantaba en el coro de música cristiana en la escuela. Recuerdo haber ido a uno de sus conciertos. Él tenía el solo principal en una canción muy poderosa del Brooklyn Tabernacle Choir. Después, un hombre detrás de mí me preguntó si él era mi hijo. Dije sí. Él dijo: "Algunas personas tienen talento, otras tienen unción. La mayoría de la gente no tiene ambos, pero su hijo sí".

Después de la graduación se mudó de nuevo a nuestra área de origen. Participaba en el servicio de música de la iglesia, tenía un empleo exitoso y una vida social muy activa, pero constantemente luchaba contra la desesperanza y depresión por su incapacidad para superar su atracción hacia el mismo sexo. Después de tres años, notaba cambios que me asustaron. Parecía menos transparente, más argumentativo, menos cuidadoso, y estaba haciendo planes para trasladarse a California para iniciar un negocio con un primo que estaba en la misma línea de trabajo.

68. *Nota del traductor*: Trinity Broadcasting Network, una red cristiana de difusión televisiva.

Una semana antes de que él se fuera, finalmente tuve la oportunidad de hablar con él a solas y preguntarle qué estaba pasando. Me miró y dijo: "No creo que quieras saberlo". Y luego me dijo que se despertó el día de su cumpleaños y tomó la decisión que ya no iba a pelear. No quería eventualmente casarse con alguien y tener una familia, sólo para luego admitir a mediana edad que todavía estaba atraído hacia los hombres y terminar rompiendo corazones. Así que, en realidad, ya había entablado una estrecha amistad con un hombre, pero mudarse a California estaba estropeando eso. Él estaba hecho un desastre emocional, y yo también.

La semana en que yo lo ayudé a empacar, tuvimos conversaciones profundas y desgarradoras. Lloré baldes de lágrimas, y él también. Prácticamente tuvimos este pequeño círculo de tres que realmente sabían lo que estaba pasando, mi marido, Gary y yo. No pude encontrar la valentía para decirlo a nuestros otros hijos, ni siquiera a la hija en Florida con quien iba a encontrarse.

Y luego se fue. Al principio, lejos de los ojos atentos de la universidad bíblica, la iglesia y los parientes, él hacía locuras. Mi marido y yo nos sentimos como prisioneros de un horrible secreto. No teníamos idea de qué hacer. Me sentí furiosa ante Dios por no responder a los gritos de nuestros corazones, del corazón de Gary.

Finalmente, personas de la iglesia escucharon noticias de los amigos de Gary y vinieron a nosotros. En ningún modo eran acusadoras. Pero una pareja dijo que ellos sentían que la homosexualidad era un demonio que salta sobre la gente y podía ir de persona a persona. Dijeron que mi esposo y yo debíamos orar juntos cada mañana para que Gary fuera liberado de ese demonio. Así que lo hicimos—todas las mañanas durante dos años—. También dijeron que no deberíamos hablar con Gary sobre la atracción hacia el mismo sexo porque el oír sus luchas podría derribar nuestra fe. Así que nos mantuvimos en contacto con él, pero actuamos casi como si la homosexualidad no existiera.

Me encontré con un libro de la organización religiosa de James Dobson que decía que una vez que una persona entra en el "estilo de vida *gay*", rara vez regresa. Ciertamente, no quería oír eso, pero el libro también decía que para aquellos que regresan, el amor de su familia es el mayor factor contribuyente. Realmente estoy contenta de haber leído eso, porque decidí que seguiría amando a Gary, sin importar lo que pasara.

Alrededor de dos años más tarde, él regresó a casa para una boda, y cuando lo llevé al aeropuerto después, me dijo que había estado yendo a una iglesia *gay* friendly o inclusiva. Mencionó su participación en misiones para los que padecen VIH / SIDA en países africanos. Había una persona en la iglesia que era misionera allí, y su historia realmente conmovió el corazón compasivo de Gary. Dijo que esperaba poder hacer algo así algún día. Luego miró al otro lado del asiento delantero y con lágrimas en los ojos dijo: "Me alegro, mamá, de que todavía tenga corazón para servir en la iglesia".

Algo me pasó en ese momento. Mi pesada carga sobre su homosexualidad parecía caer de mi espalda. Esa noche le conté a mi marido, y aunque no tomamos una decisión consciente de dejar de orar por la liberación de Gary, de hecho nunca volvimos a hacerlo. Fue nuestra aceptación de la soberanía de Dios.

A partir de ese momento discutimos su situación más abiertamente con él y descubrimos que su amigo Bob era en realidad su novio. Llegamos a conocerlo y, finalmente, amamos a Bob.

Con el paso de los años, las cosas cambiaron gradualmente. He compartido nuestra situación con una persona a la vez, a medida que surgía la oportunidad. Al final, me volví menos reservada en los medios públicos. Sin embargo, todavía hay amigos y parientes con quienes el tema de la orientación sexual y "estilo de vida" de Gary es demasiado difícil para dialogar.

Gary y Bob están ahora comprometidos y planifican casarse. Ellos forman una buena colaboración y la carrera de Gary es floreciente. Ha encontrado cierto saneamiento verdadero en la iglesia a la que ahora asisten, pero su servicio de música y su pasión por Dios parecen haber sido víctimas de "la lucha".

Así que seguimos orando por él, así como lo hacemos por todos nuestros hijos, para que la voluntad de Dios sea hecha y su reino venga a sus vidas.

Capítulo 8
El matrimonio: un hombre y una mujer

Hay amplitud en la misericordia de Dios,
Como la anchura del mar;
Hay bondad en Su justicia,
Que es más que la libertad . . .

Pero hacemos que Su amor sea demasiado angosto
Por falsos límites propios nuestros;
Y magnificamos su severidad
Con un celo que él no reconocerá.

"There's a Wideness in God's Mercy"
Frederick W. Faber, 1854, estrofas 1 y 11

MI ESPOSA TIENE UNA INSIGNIA QUE REZA, "¡Me encanta estar casada!" Bueno, ¡a mí también! Cuando la vi por primera vez en la universidad, quise casarme con *esa* chica. Algunas personas, incluso las personas con buenos matrimonios, hablan de "la luna de miel acabada", ya que caen en las rutinas y a veces el estancamiento de la vida matrimonial. (Nuestra luna de miel afortunadamente se acabó cuando salimos de las montañas donde habíamos pasado unos días en una cabaña muy rústica con una letrina y dos camas individuales que tuvimos que juntar). Sí, nos tomó unos años aprender cómo comunicar nuestras expectativas con eficacia, no dejar que cada grano de arena se convierta en una montaña, aprender la importancia del perdón y ganar sentido del humor. Pero nuestra alegría y compañerismo se han profundizado y aumentado a medida que pasan los años. Y todavía nos encanta estar casados.

A finales de la década de los '80, cuando yo ayudé a Ed Hurst a escribir su libro, *Overcoming Homosexuality* [*Superando la homosexualidad*], "sólo entre un hombre y una mujer" no era una frase que se usaba para describir el matrimonio. Eso no quiere decir que no fuera la presunción general de la sociedad; simplemente no era necesario decirlo de esa manera. No creo que la frase apareciera en nuestro libro, y hojeando algunas de las investigaciones que realizamos en ese momento, no parece haber aparecido allí tampoco. Algunas personas homosexuales en relaciones comprometidas habían intentado lograr que su relación fuera legalmente reconocida como un matrimonio, pero la oposición principal que enfrentaron no se centró tanto en el matrimonio como en su propia homosexualidad. Pero todo eso comenzó a cambiar en la década de los '90, ya que los defensores de los derechos de los homosexuales consideraban que el matrimonio era clave para establecer derechos y protecciones para sí mismos en la sociedad.

En sentido opuesto, la Ley de la Defensa del Matrimonio (DOMA), aprobada por ambas cámaras del Congreso estadounidense y aprobada por el Presidente Clinton en 1996, definió el matrimonio en la Sección 3 como "sólo una unión legal entre un hombre y una mujer". La ley DOMA no prohibió a estados individuales a reconocer a las parejas del mismo sexo, y en 2013 la Sección 3 fue finalmente declarada inconstitucional por la Corte Suprema de los EE.UU., porque prohibió a las parejas del mismo sexo, casadas en los estados que lo permitían, recibir reconocimiento federal y beneficios. Básicamente, la decisión de la Corte mantuvo al gobierno federal fuera de la cuestión. Los estados no se verían obligados a reconocer el matrimonio homosexual (Sección 2), pero no serían penalizados bajo la Sección 3 (por retener los beneficios federales) si lo hicieran.

Sin embargo, desde la promulgación de DOMA, la frase "el matrimonio entre un hombre y una mujer" se ha convertido no sólo en un lema político, sino en un lema religioso. Los cristianos tradicionales y neo-tradicionales lo han afirmado como "*la* posición cristiana", aunque el 66% de los protestantes de iglesias tradicionales, el 70% de los católicos e incluso el 36% de los evangélicos dicen que la homosexualidad debe ser aceptada. De hecho, "aproximadamente la mitad (51%) de los protestantes evangélicos de la generación del milenio (nacidos entre 1981 y 1996) dicen que la homosexualidad debe ser aceptada".[69] Obviamente, no es la única posición cristiana o incluso la posición cristiana más dominante.

69. Caryle Murphy, "Most U.S. Christian groups grow more accepting of homosexuality", Pew Research Center, 18 de diciembre de 2015. http://

"Pero", algunos protestan, "el reino de Dios no es una democracia. No determinamos la verdad según las encuestas". Por supuesto que no. Pero tampoco es una oligarquía. Después de todo, es el reino de *Dios*.

¿Cuál es la posición bíblica?

Eso depende de cómo se haga universalmente la afirmación concerniente a un hombre y a una mujer. Creo que el diseño básico de Dios para el matrimonio es una relación monogámica de igualdad y amor entre un hombre y una mujer. (Explicaré la base de mi creencia más adelante en este capítulo). Pero el hecho de que un hombre y una mujer parezcan ser el diseño básico de Dios no elimina la evidencia clara de que Dios en varias ocasiones permitió, bendijo e incluso respaldó las variaciones. Por lo tanto, no es la única configuración reconocida bíblicamente. Ciertamente no lo es si tú piensas que Dios desea que el matrimonio sea una relación de igualdad y amor. Hay varios ejemplos bíblicos donde faltan esas cualidades.

Yendo al grano, las prácticas de la poligamia y el concubinato eran anomalías frecuentes para muchos patriarcas del Antiguo Testamento sin ninguna evidencia del disgusto de Dios—Abraham, Jacob, Gedeón, etc. —. Pero la falta de cualquier oposición de Dios no significa que él durmiera en el trabajo. Cuando estaba en juego un problema moral, no vacilaba, por ejemplo, al disciplinar a David por su adulterio con Betsabé y el posterior asesinato de su marido. Pero Dios nunca castigó a David por tener siete esposas nombradas además de concubinas. De hecho, en 2 Samuel 12.8, donde Dios reprendió a David por su adulterio con Betsabé, le recordó: "Te di el palacio de tu amo, y puse sus mujeres en tus brazos. También te permití gobernar a Israel y a Judá. Y por si esto hubiera sido poco, te habría dado mucho más". Algunos dicen que si bien Dios pudo haber permitido de mala gana la poligamia en el Antiguo Testamento, nunca lo aprobó. Pero este versículo vuelve esa teoría falsa, ya que Dios realmente dio las esposas de Saúl a

---

www.pewresearch.org/fact-tank/2015/12/18/most-u-s-christian-groups-grow-more-accepting-of-homosexuality/.

David, y él no le habría dado a nadie un regalo que él consideraba inmoral.

Deuteronomio 17.17 dice que "El rey no tomará para sí *muchas* mujeres, no sea que se extravíe su corazón" (énfasis añadido). Sin embargo, no parece referirse a la poligamia limitada sino a la clase de exceso representado por el hijo de David, Salomón, con sus setecientas esposas y trescientas concubinas (muchas de ellas paganas), que "le pervirtieron el corazón de modo que él siguió a otros dioses, y no siempre fue fiel al Señor su Dios como lo había sido su padre David" (1 Reyes 11.4). La fuente del problema de Salomón no era que él se apartara del "matrimonio entre un hombre y una mujer", ya que David hizo lo mismo en una escala mucho menor, pero fue, sin embargo, identificado como "totalmente consagrado al SEÑOR su Dios". Más bien, fue el exceso de Salomón y las esposas paganas que tomó lo que causaron su problema. Después de todo, hace falta sólo una Jezabel que incite a un rey a abandonar la adoración del Dios verdadero.[70]

Además, al establecer el levirato en Deuteronomio 25.5-6, Dios prácticamente mandaba relaciones polígamas en tal vez la mayoría de los casos en que el levirato podría haber sido invocado. Esta ley decía que cada vez que un hombre casado muriera sin un hijo, su hermano estaba *obligado* a casarse con la viuda y criar a un hijo en el lugar del primer hermano. En una cultura agraria y devastada por la guerra, en la que la mayoría de los hombres se casaban a una edad temprana pero corrían peligro de enfermedad, hambre, accidente y muerte en la batalla, las ocasiones para promulgar esta ley habrían surgido con frecuencia. Esta fue, de hecho, la razón por la que Booz se casó con Ruth. Rico, bondadoso y devoto, Booz estaba en línea para casarse con la viuda Ruth y darle un hijo, cosa que hizo. Una leyenda rabínica dice que Booz fue el padre de sesenta hijos. No hay pruebas de eso en las Escrituras, pero dadas las expectativas culturales, es poco probable que este terrateniente más viejo y prominente hubiera sido soltero.

La ley del levirato fue bastante recordada en tiempos de Jesús cuando los fariseos lo usaron para tratar de engañar a Jesús pre-

70. 1 Reyes 20.7 indica que Acab pudo haber tenido otras esposas, pero fue Jezabel quien lo animó a adorar a Baal y a Aserá.

guntando de quién una mujer sería la esposa en el cielo si se hubiese casado y sobrevivido a siete hermanos en sucesión (Mateo 22.23-33). Si el levirato era o no comúnmente invocado, era una ley dada por Dios que tenía una alta probabilidad de crear poligamia ya que, en muchos casos, el hermano sobreviviente ya estaría casado, condición que no constituía una exención de cumplir con su deber.

¡De ninguna manera defiendo la poligamia![71] Pero en estos ejemplos vemos que la amplitud en la misericordia de Dios transciende su "diseño básico" para acomodar las necesidades particulares de las personas individuales y de las diversas culturas. Más importante aún, estas variaciones contradicen cualquier afirmación de que el único modelo bíblico para el matrimonio que Dios toleró y bendijo fue entre "un hombre y una mujer". Ten esto en cuenta la próxima vez que escuches a alguien hacer tal afirmación. Es simplemente una exageración.

El caso del diseño básico de Dios

Dije antes que creo que el *diseño básico* de Dios para el matrimonio es una relación monogámica de igualdad y amor entre un hombre y una mujer. Mi declaración incluye mucho más que el elemento masculino / femenino, pero vamos a empezar allí.

Fisiología. Nadie puede negar que nuestra anatomía humana esté diseñada para la procreación y requiere de un hombre y una mujer. Fue a un hombre y a una mujer que Dios dijo: "Sean fructíferos y multiplíquense; llenen la tierra y sométanla" (Génesis 1.28). Algunos defensores de personas homosexuales señalan que la asignación de la procreación se ha realizado adecuadamente con siete mil millones de personas en la tierra, la gran mayoría de los cuales seguirán procreando. Aunque sea cierto esto, no anula el significado de este aspecto del matrimonio. Sin embargo, al relatar nuevamente la historia de la creación, Génesis 2.18 revela el mo-

71. Ya en la era del Nuevo Testamento, 1 Timoteo 3.2, 12 y Tito 1.6 exigían que los líderes de la iglesia fueran "el esposo de una sola mujer". Mientras esta estipulación reconoce que la poligamia era todavía suficientemente prevalente para ser abordada, Dios estaba enseñando a su pueblo un mejor camino. En el capítulo 17 veremos cómo el "segundo mandamiento" de Jesús mejora nuestro discernimiento del bien del mal y nuestra desaprobación de la poligamia.

tivo *mucho más fundamental* de Dios para crear el matrimonio: "No es bueno que el hombre esté solo. Voy a hacerle una ayuda adecuada".

Cuando la procreación no es posible para algunas parejas, no es elegida por otras, y con el tiempo deja de ser posible para cualquier pareja, el compañerismo y la colaboración son el propósito fundamental de Dios para el matrimonio, y el compañerismo dura toda la vida. A casi cincuenta años de matrimonio, mi esposa y yo definitivamente podemos afirmar esta verdad. Y cuando una pareja demasiada vieja o incapaz de tener hijos quiere casarse, todos nos deleitamos todavía en celebrar tal matrimonio. De hecho, la mayoría de los cristianos (incluso la mayoría de los católicos) creen que eludir voluntariamente la opción de procreación es totalmente aceptable.

Así, mientras que nuestra genitalidad dice algo significativo sobre el diseño básico de Dios, no representa el aspecto más importante de un matrimonio, y no hay nada en la Biblia que nos instruye sobre cómo la genitalidad debería ser disfrutada por parejas casadas o que la actividad sexual solamente es legítima cuando se intenta procrear.

Un padre y una madre para cada niño. Los argumentos de 2015 ante la Corte Suprema de los Estados Unidos que se oponían al matrimonio homosexual se resumieron en las palabras de John Bursch, el Adjunto Especial Fiscal General de Michigan: "Todo el interés del Estado brota del hecho de que queremos vincular a los niños con su mamá y papá biológico cuando eso es posible".[72] Y esa es una preocupación convincente para los cristianos también. Hay un gran beneficio que todos los niños tengan un padre y una madre, no sólo por la ventaja de asumir juntos la carga de ganarse la vida junto y la crianza de los hijos, sino también por proporcionar el modelado tanto de un hombre y una mujer—un padre y una madre—mientras los niños crezcan.

Los opositores al matrimonio igualitario afirman que la legalización del matrimonio homosexual socava la expectativa de la sociedad para tales hogares (con padre y madre). Pero es como

72. La audiencia ante la Corte Suprema de Estados Unidos en 2015 sobre el matrimonio homosexual, Washington, D.C., 28 de abril de 2015.

un argumento circular cuando las mismas personas que al mismo tiempo se oponen al matrimonio homosexual sobre la base de que las parejas homosexuales no pueden tener hijos naturalmente mientras que los hijos que muchos de ellos están criando son a menudo el producto de matrimonios heterosexuales fallidos o relaciones sexuales casuales. En este sentido, las parejas homosexuales ofrecen un gran servicio social—incluso podría decirse *servicio cristiano*—para los niños que de otra manera podrían estar en el sistema de crianza temporal o, por lo menos, viviendo en una familia mono parental abrumada. Además, tener un ambiente familiar emocionalmente sano y *seguro* es el requisito más importante para el bienestar del niño.

Sin embargo, tomo en serio la necesidad de que mi nieto tenga modelos masculinos a medida que crece. Ojalá pudiera contribuir cotidianamente y no renuncio a mi responsabilidad con los otros varones adultos de su vida—su otro abuelo, sus tíos, maestros de escuela dominical, maestros de escuela primaria, entrenadores, vecinos y amigos de la familia—importantes como son. Sí, "se necesita de un pueblo", pero estoy en primera línea . . . y demasiado lejos para hacer bien el trabajo. He tenido las mismas preocupaciones para mi nieta de edad universitaria. Afortunadamente, su padre sigue involucrado en su vida. ¿Pero todo esto significa que yo deseo que Leah y Jane no hubieran tenido a Jacob? ¡Nunca podría decir eso! Están haciendo un gran trabajo como madres, y él es mi *nieto*—un niño precioso a los ojos de Dios—.

Nosotros los evangélicos no queremos alentar el aborto, y afirmamos que simpatizamos con la carga que los padres solteros deben asumir. Entonces, ¿por qué estamos tan furiosos cuando las parejas homosexuales—algunas madres solteras como Leah lo fue—quieren aprovechar algo mejor? Y ¿por qué, cuando sus familias necesitan apoyo para criar a *sus* hijos, rehusamos reconocer la validez de su unidad familiar? ¿Te imaginas cómo criar a tu adolescente en una iglesia que cuestiona tu autoridad parental? Bien puedo oír los ecos de los adolescentes malhumorados: "¡No puedes decirme qué hacer! Mi líder de los jóvenes dijo que ¡ni siquiera debes ser una madre!"

Complementariedad. Muchos pensadores tradicionales dicen que es la "complementariedad" y la "diferenciación" entre hombres y mujeres lo que es crucial en el matrimonio. Aprecio lo que Neta trae a nuestro matrimonio como mujer, y sé que ella aprecia lo que le traigo. Pero muchos de nuestros dones no están basados en el género y las habilidades que, en su mayoría, se han aprendido culturalmente. Además, la mayoría de las parejas homosexuales que conocemos terminan practicando una complementariedad funcional en términos de su vida doméstica, basada en sus dones y fortalezas individuales. Sin embargo, John Piper y Wayne Grudem, entre otros, creen que esos papeles en el matrimonio deben ser basados en el género con una estricta complementariedad y diferenciación, lo que requiere un hombre y una mujer. Pero también llevan sus teorías a cómo la iglesia debe funcionar afirmando que ciertos papeles de ser líder, ser pastor y enseñar solo están abiertos a los hombres y no a las mujeres (perspectivas que muchas iglesias ya no defienden). Algunos "complementarios" incluso extienden esta subordinación de las mujeres al ámbito secular, sugiriendo que las mujeres no deben estar en puestos ejecutivos sobre los hombres.

A lo largo de un pensar ligeramente diferente, Robert Gagnon da una teoría sobre lo que implica el que Dios creara dos sexos, en primer lugar, y por qué él piensa que el matrimonio entre un hombre y una mujer es la única resolución significativa. El escribe:

> En Génesis 2.18-24, un humano binario o indiferenciado sexualmente (el *adán*) es dividido en dos seres sexualmente diferenciados. El matrimonio es tratado por el Yahvista como una reunión de dos otros sexuales complementarios, una reconstitución de la unidad sexual del *adán* original.[73]

En términos más sencillos, él afirma que Adán era una especie de ser andrógino que fue partido por la mitad para crear a Eva, dejando a cada uno incompleto. Solamente cuando el hombre y la mujer vuelven a estar juntos, experimentamos la imagen de

73. Dan O. Via and Robert A. J. Gagon, *Homosexuality and the Bible: Two Views* (Minneapolis, MN: Fortress Press, 2009), 61.

Dios entera. Pero como James Brownson señala en su libro *Bible Gender Sexuality* [*Sexualidad de género de la Biblia*], si la reunión del hombre y la mujer es requerida para alcanzar la plenitud o imagen de Dios, entonces Adán "lo tenía todo" antes de que Eva fuera creada, nada faltaba. Entonces, ¿por qué Dios declararía que no era bueno para él estar solo y necesitado de un ayudante?[74] Brownson también señala:

> Si tanto el hombre como la mujer tienen que estar presentes juntos para constituir plenamente la imagen de Dios, entonces aquellos que son solteros no reflejan plenamente la imagen de Dios (...) Pero aún más importante, el Nuevo Testamento claramente proclama que Jesús es, por excelencia, la imagen de Dios (. . .) A menos que debamos postular un salvador andrógino, algo que el Nuevo Testamento ni siquiera contempla, no podemos decir que la imagen de Dios requiere la presencia de tanto el hombre como la mujer.[75]

Un pensamiento adicional sobre la complementariedad. A menos que quisiéramos volver a los estereotipos que colocaban techos de cristal sobre las mujeres y alentaban la insensibilidad en los hombres, exaltando la importancia de la complementariedad de género podría terminar centrándonos en nuestras diferencias más obvias, que son físicas. Es cierto que, como un hombre heterosexual, lo primero que noté acerca de mi esposa hace más de cincuenta años era cómo se veía, y todavía creo que se ve bien. Pero incluso entonces, sabía que necesitaba mirar más profundamente para ver a la *persona* que era. Y no me decepcionó. Afortunadamente, me habían enseñado que la belleza está en el interior. Y todavía trato de pasar rápidamente en esas primeras impresiones físicas al relacionarme con alguien porque las cualidades de carácter más profundas y más importantes y los dones no son necesariamente específicos del género. Entonces, ¿de qué exacta-

74. James V. Brownson, *Bible Gender Sexuality* (Grand Rapids, MI: Wm. B. Eerdmans Publishing Company, 2013), 28.

75. Ibid., 32.

mente estamos hablando cuando decimos que la complementariedad y la diferenciación de género son fundamentales para el matrimonio? ¿Y en qué animamos a la gente a centrarse cuando lo hacemos, pechos prominentes y abdominales musculosos? Espero que no.

Además, no es el modelo de complementariedad de género que mi nieto necesita ver. De hecho, a diferencia de la cultura popular, él necesita ver cómo, como hombre, no soy definido simplemente por estereotipos distintivos o transitorios. Claro, he aprendido muchas habilidades mecánicas de mi padre, así como la alegría de la caza y la pesca, y espero pasar algo de eso a Jacob y a mis otros nietos. Pero su madre biológica es mucho más atlética que yo, ¡qué sorpresa, pues! Lo que más espero que mi nieto pueda ver en mí persona es que él también—como un niño madurando en un joven—puede mirar a Jesús para las cualidades de carácter que realmente importan. Esos rasgos son honorablemente masculinos pero no exclusivos de género—es decir, tanto hombres como mujeres—pueden expresar y modelar igual cualidades tales como "amor, alegría, paz, paciencia, amabilidad, bondad, fidelidad, humildad y dominio propio" (Gálatas 5.22-23).

Representación común. No hay duda de que siempre que se discute realmente el matrimonio *como institución* en la Biblia, se lo representa entre un hombre y una mujer. Desde el principio, leemos: "Por eso el hombre deja a su padre y a su madre, y se une a su mujer, y los dos se funden en un solo ser" (Génesis 2.24). A pesar de su extenso harén, la descripción de Salomón del amor casado en el Cantar de los Cantares es entre él y una mujer. Al defender la permanencia del matrimonio, Jesús cita la descripción del Génesis (Mateo 19.5 y Marcos 10.7). Al hablar de cómo los hombres deberían amar a sus esposas, Pablo también cita el pasaje de Génesis (Efesios 5.31). Y cuando aconseja sobre cómo lidiar con la tentación sexual, él dice, "cada hombre debe tener su propia esposa, y cada mujer su propio esposo" (1 Corintios 7.2).

Aunque ya hemos demostrado que un hombre y una mujer no son el único modelo que Dios ha reconocido y bendecido, estas referencias establecen claramente que este es el diseño más común y básico de Dios que debe ser celebrado y apreciado por la mayoría de los heterosexuales. Pero eso no aborda el dilema de aquellos con atracción hacia el mismo sexo.

Simbolismo profético. En su presentación a la Humanum Conference de 2014,[76] el teólogo N.T. Wright compartió su comprensión del cumplimiento de los buenos propósitos de Dios para toda la creación, reuniendo todas las cosas en el cielo y la tierra en Cristo. Él ve esta unidad del cielo y de la tierra como sujetalibros para la creación, cómo eran las cosas en el principio y cómo Dios las restaurará al final. Wright dice que el matrimonio es el símbolo profético de esta unidad tan anhelada. "Sabemos", como dice Pablo, "que toda la creación todavía gime a una, como si tuviera dolores de parto. Y no solo ella, sino también nosotros mismos, que tenemos las primicias del Espíritu, gemimos interiormente, mientras aguardamos nuestra adopción como hijos, es decir, la redención de nuestro cuerpo" (Romanos 8.23). El cumplimiento de este anhelo se describe al final del libro del Apocalipsis como "las bodas del Cordero".

A lo largo de las Escrituras, Dios retrata a menudo su relación con su pueblo—ya sea los hijos de Israel o la Iglesia—como la de un marido amoroso con su esposa, y esto, dice Wright, es un signo para ese cumplimiento final cuando toda la creación será reunida en completa unidad. Hasta aquí, todo bien. Pero lo que no es tan concluyente es su insistencia en que el simbolismo profético del matrimonio requiere géneros opuestos para tener un significado escatológico. Comienza señalando varios contrastes en la creación: "el mar y la tierra seca, las plantas y los animals (. . .) Dentro del reino animal", dice, "tenemos, por supuesto, macho y hembra. La historia llega a su clímax en la creación de seres humanos a imagen de Dios, hombres y mujeres juntos". Pero creo que Wright lleva sus imágenes demasiado lejos. Si bien es cierto que todas estas entidades están yuxtapuestas, no es su diferenciación lo que hace que el matrimonio sea un poderoso símbolo. Es el amor de Dios por Israel, de hecho

76. Del 17 al 19 de noviembre de 2014, el Vaticano organizó un coloquio internacional dedicado a "la complementariedad del hombre y la mujer" y la importancia del matrimonio. N. T. Wright, junto con varios otros no católicos, fue invitado a presentar una presentación. Https://www.youtube.com/watch?v=AsB-JDsOTwE.

por el mundo entero, y el amor de Cristo por la iglesia que es tan convincente y predice la unión final de todas las cosas en Cristo. Además, el matrimonio no es la única imagen del amor de Dios por nosotros. Padre es el más común, pero también hay madre, pastor, rey. Jesús dijo: "Cuántas veces quise reunir a tus hijos, como reúne la gallina a sus pollitos debajo de sus alas" (Mateo 23.37).

Ni siquiera los papeles de marido y mujer dependen del género en esta visión profética del matrimonio. La unión no se caracteriza por la procreación, que es el único aspecto del matrimonio que exige compañeros de género opuesto. De hecho, realmente no hay elementos sexuales evidentes en el simbolismo bíblico. Dios e Israel, Cristo y la iglesia no son sexualizados como ocurre con las deidades de algunas religiones paganas. Todo el énfasis está en el compromiso, el pacto, la fidelidad, el sacrificio, el perdón, la redención y la relación—cualidades que las parejas del mismo sexo pueden y de hecho disfrutan igual que las parejas de sexo opuesto—.

Pero, ¿no define Jesús el matrimonio como "un hombre y una mujer?"

Hay quienes creen que la declaración de Jesús en Mateo 19.4-6 (ver también Marcos 10.2-12), demuestra que él condenó el matrimonio entre personas del mismo sexo.

> "¿No han leído (. . .) que en el principio el Creador «los hizo hombre y mujer», y dijo: «Por eso dejará el hombre a su padre y a su madre, y se unirá a su esposa, y los dos llegarán a ser un solo cuerpo»? Así que ya no son dos, sino uno solo. Por tanto, lo que Dios ha unido, que no lo separe el hombre" (Mateo 19. 4-6).

Michael Brown, autor de *Can You Be Gay and Christian*? [*¿Puedes ser gay y cristiano?*] dice: "A la luz de esto, es inconcebible imaginar que Jesús permitiría las uniones hombre-hombre o mujer-mujer, ya que, entre otras cosas, violan el diseño y la intención de Dios «en el principio»".[77]

77. Michael L. Brown, *Can You Be Gay and Christian?* (Lake Mary, FL: Frontline, a Division of Charisma House, 2014), 133.

De hecho, la respuesta de Jesús afirma el diseño básico de Dios, pero ya hemos visto que en algunas circunstancias, Dios no limitó su bendición sólo a "*un* hombre y *una* mujer". Pero Jesús no estaba comentando si Dios permite o no variaciones de su diseño básico. Él estaba respondiendo a una pregunta específica planteada por los fariseos: "¿Está permitido que un hombre se divorcie de su esposa por cualquier motivo?" (Mateo 19.3). Después de revisar el origen y el diseño básico para el matrimonio, Jesús respondió a su pregunta: "Por tanto, lo que Dios ha unido, que no lo separe el hombre" (v. 6).

Es solamente en nuestra cultura mediática políticamente correcta que tendemos a sacar algo de lo que Jesús *no* dijo, que no añadió una nota de pie de página para describir o denunciar variaciones en el diseño básico de Dios para el matrimonio. No es eso de lo que estaba hablando. Él estaba hablando sobre el divorcio y señalando que la intención de Dios para el matrimonio incluía la permanencia: "Lo que Dios ha unido, que nadie lo separe". Afirmar que la respuesta de Jesús condena el matrimonio entre personas del mismo sexo es en el mejor de los casos un argumento del silencio.

Sin embargo, aparentemente los discípulos estaban abrumados por la fuerza con que Jesús apoyaba la permanencia en el matrimonio. Más tarde, cuando estuvieron a solas con él (según Marcos 10.10), dijeron: "Si tal es la condición del hombre con su mujer, no conviene casarse".

> No todos pueden comprender este asunto—respondió Jesús—, sino solo aquellos a quienes se les ha concedido entenderlo. Pues algunos son eunucos porque nacieron así; a otros los hicieron así los hombres; y otros se han hecho así por causa del reino de los cielos. El que pueda aceptar esto, que lo acepte (Mateo 19.10-12).

¿A qué se refería Jesús cuando mencionó "eunucos que nacieron de esa manera"? En la antigüedad, los eunucos eran universalmente despreciados y ridiculizados, sobre todo en el judaísmo, porque no podían cumplir el mandamiento de Dios en Génesis 1.28: "Sean fructíferos y multiplíquense". Aproximadamente el

1% de todos los hombres nacen con testículos no descendidos, que si no descender espontáneamente dentro de unos meses, usualmente los dejan infértiles. Hoy en día, en lugar de esperar a ver si los testículos migran hacia abajo naturalmente, el problema se corrige con un procedimiento quirúrgico simple poco después del nacimiento. Pero en tiempos antiguos, ese remedio no estaba disponible, y aquellos que demostraron ser completamente estériles por esta o alguna otra causa, hubieran sido designados eunucos.

Los discípulos probablemente habían oído hablar de alguien con tal defecto de nacimiento, pero la única clase de eunucos mencionados en el Antiguo Testamento (*saris* en hebreo) eran aquellos "que habían sido hechos eunucos por otros", la segunda categoría de Jesús. Así que cuando Jesús mencionó "eunucos que nacieron de esa manera", los discípulos pudieron haber pensado en los solteros confirmados que sabían que inexplicablemente no estaban interesados en el matrimonio heterosexual "normal", a pesar de que la procreación era una gran expectativa en su cultura. Después de todo, aquellos que no estaban interesados en el matrimonio heterosexual habrían superado tres o cuatro veces en número a los que tenían defectos físicos. Entonces, ¿podría Jesús haber incluido intencionalmente a las personas homosexuales como "eunucos" naturales?

Si lo hizo, eso prácticamente termina el debate sobre si Dios creó a las personas homosexuales, porque fue el mismo Jesús quien nos dijo que nacieron de esa manera.

Hace un par de años, mi buen amigo, Tim Nafziger, predicó un mensaje del Domingo de Ramos en que señaló que cuando Jesús expulsó a los cambistas del templo, y declaró: "«Mi casa será llamada casa de oración»; pero ustedes la están convirtiendo en «cueva de ladrones»" (Mateo 21.13), él estaba citando Isaías 56, que también incluye una promesa para los eunucos. Los eunucos habían sido previamente excluidos de la asamblea del pueblo de Dios (Deuteronomio 23.1),[78] pero con el Mesías venidero, su fidelidad al pacto de Dios sería honrada. "Les concederé ver grabado su nombre dentro de mi templo y de mi ciudad; ¡eso les será mejor

78. Específicamente, esta prohibición era para los eunucos que habían sido "emasculados por magulladura o cortado" (es decir, castrados), y no se menciona en el Deuteronomio de "eunucos que nacieron de esa manera".

que tener hijos e hijas! También les daré un nombre eterno que jamás será borrado" (Isaías 56.5). Si esa promesa incluye "eunucos que nacieron de esa manera", ¿les hemos dado lugares de honor en nuestras iglesias?

Además, al incluir a las tres categorías de eunucos, Jesús se identificó con el desafío y la humillación acumulada en todos los eunucos. Jesús decidió no casarse, aunque a los treinta y tantos años se esperaba que tomara una esposa y tuviera hijos. Al no hacerlo, se alineó con "aquellos que eligieron vivir como eunucos por el reino de los cielos".

Volvamos al tema de Jesús sobre el divorcio. Las tres categorías de eunucos que él menciona en Mateo 19.11-12 son presentadas como ejemplos del *por qué* no se casan. Por lo tanto, incluso si Jesús está reconociendo naturalmente a las personas homosexuales, este pasaje no es en sí una afirmación del matrimonio homosexual. Sin embargo, Jesús no está emitiendo una nueva ley, ni siquiera acerca del divorcio. Él no dijo, si tú no puedes permanecer casado para la vida, entonces tú *tienes que* permanecer solo. De ningún modo. Comenzó su pequeño discurso asegurando a sus oyentes: "No todo el mundo puede aceptar esta palabra", y lo concluyó de manera similar: "El que puede aceptar esto debe aceptarlo". Él no evoca ninguna condena para aquellos que no pueden aceptar esta alternativa desafiante.

Por un asunto tan cercano al corazón de Jesús como la permanencia del matrimonio, me parece suficientemente informativo del carácter de Jesús que él *no tomó* esta ocasión para establecer una ley universal. ¿No dice esto algo muy convincente acerca de lo amplio en la misericordia de Dios hacia las personas homosexual también? ¿Será que esa sea su palabra para ellos: "El que puede aceptar libremente el celibato—pero no por temor o vergüenza—debe hacerlo, pero si no puedes, yo no te condeno?" En base a este ejemplo sobre el divorcio, si los discípulos le hubieran preguntado explícitamente si todas las personas homosexuales tenían que permanecer célibes, dudo que hubiera emitido tal ley.

Una DOMA (Ley de Defensa del Matrimonio) más efectiva

Obviamente, no escribí este capítulo (o este libro) para abogar por el matrimonio homosexual *más que* el matrimonio heterosexual. Creo inequívocamente que el diseño básico de Dios para el matrimonio es la relación monogámica de igualdad y amor entre un hombre y una mujer, que se aplica a más del 95% de la población. Nuestra fisiología, la alegría de la procreación con unos padres masculino y femenino para cada niño, la complementariedad (siempre y cuando no se use para subyugar a las mujeres o negar que las personas solteras son plenamente la imagen de Dios), el retrato común del matrimonio en la Biblia y como uno de los símbolos proféticos del amor de Dios por nosotros—todos estos motivos apoyan el matrimonio entre un hombre y una mujer. Y los abrazo. Sólo cuestiono *el grado* con que ahora se los está usando para decir que Dios no toleraba ni podía tolerar ninguna variación de ese diseño básico.

El matrimonio heterosexual no se ve amenazado por una pequeña minoría de personas homosexuales que no pueden (y en la mayoría de los casos no deberían) intentar un matrimonio heterosexual, y que ya se han casado legalmente o que desean casarse. Todos los incentivos para el matrimonio, todos los beneficios del matrimonio no se ven amenazados por el matrimonio igualitario. Las personas genuinamente heterosexuales no se van a agotar y empezar a casarse con personas del mismo sexo sólo porque está permitido.

Lo que realmente amenaza los matrimonios, *incluso dentro de la iglesia,* es nuestro fracaso por no poner nuestro énfasis en los tipos de cosas que Jesús considera "los asuntos más importantes (. . .) la justicia, la misericordia y la fidelidad" (Mateo 23.23) para crear hogares de amor y paz y ánimo de los que todos quieran ser parte y aprender cómo hacerles prosperar. Ahora las personas que han crecido en campos de batalla domésticos y abuso y dominación o que han intentado matrimonios pero terminaron fracasando—dejándolos con el trastorno de estrés postraumático (PTSD) —no es probable que se arriesguen al matrimonio. Y así esperan, no están seguros de que alguna vez quieran casarse y simplemente juguetean—"son amigos con beneficios"—. Algunos conviven para ver si logran hacerlo funcionar antes de comprometerse. Otros se casan antes de tratar con sus historias y reproducir los mismos traumas para otra generación.

Si realmente queremos defender el matrimonio, pondremos mucho más esfuerzo en enseñar la abstinencia antes del matrimonio (heterosexual u homosexual), en preparar a la gente para el matrimonio y en fortalecer nuestros matrimonios y familias existentes para que podamos ofrecer a la gente la esperanza real de que un matrimonio con todas las cualidades y privilegios y derechos que abrazamos es realmente alcanzable, y que las responsabilidades y los obstáculos y los retos son manejables y dignos de persistencia. Eso sería una DOMA (una Ley de Defensa del Matrimonio) verdaderamente eficaz. Algo que los cristianos homosexuales que Neta y yo conocemos lo quieren también.

Daños colaterales

Una de las primeras cosas que Dawn dijo mientras ella y Carrie se sentaron para almorzar un domingo en nuestra mesa era: "Gracias por invitarnos. No creo que nadie se haya preocupado lo suficiente por preguntarnos sobre nuestra historia". La historia que les invitamos a contar era cómo cada una se había dado cuenta de que era lesbiana, cómo se conocieron y cómo se les recibía en su iglesia ya que estaban casadas.

Neta sirvió a todos platos humeantes de su famoso pollo y arroz mientras conversábamos. Pero una vez que pasamos al brócoli y nos aseguramos de que todos tuvieran limón para su agua helada, Dawn comenzó con una voz suave y melódica.

"Cuando éramos niñas mi abuela y mi abuelo siempre nos llevaban a la iglesia todos los domingos por la mañana y por la noche, el martes y el miércoles. Cuando estaba en el jardín de infantes, otra muchacha me coqueteaba a mí, y me gustó. Pero me habían enseñado que el juego sexual estaba mal, así que me sentía culpable y me culpaba a mí misma. Tenía ocho años cuando mi abuela murió de cáncer, y no podía entender por qué Dios la alejaría de mí. En reacción, elegí vivir fuera de su cobertura, por así decirlo.

Cuando llegué a la adolescencia, traté de fijarme en los muchachos mientras empezaba a darme cuenta de que estaba más atraída hacia las chicas. Sin embargo, seguí tratando de adaptarme hasta que, alrededor de los diecisiete años, fue cuando llegó el día en que supe que no podía seguir viviendo una mentira. Yo sabía cuáles podrían ser las repercusiones sociales de salir del clóset, pero lo que más me devastó fue la idea de que Dios no me amara si me creó así.

Cuando mi padre se enteró, me repudió, me dijo que ya no era su hija. Afortunadamente, mi madre era más amable. Ella dijo: «No lo entiendo, pero te amo. Dios te dio a mí, y voy a amarte de la manera que él quiere que te ame. Ésta es quién eres. Así de sencillo.» Pero cuando empecé a traer a mis amigas a casa, eso era demasiado para ella". Dawn se quedó sin hablar y centró su atención en comer.

Carrie se limpió la boca. "Bueno, yo también crecí en la iglesia y en una familia muy unida". Carrie es un poco mayor y posee un exitoso salón de belleza, con las puntas de su afro corto espolvoreadas como si fuera una escarcha colorada. "Yo era una chica normal, pero siempre supe que había algo diferente en mí. Y cuando llegué a mi adolescencia, me di cuenta de que no estaba interesada en los chicos. Eso no era problema en la primaria, pero en la escuela secundaria, se hizo más evidente. En la iglesia, nunca se habló sobre la homosexualidad hasta que comencé a preguntar a la hija de mi pastor por qué Dios me había hecho de esta manera. Dijo que yo estaba equivocada, así que decidí mantenerlo en secreto y no decir nada a nadie más. Finalmente, sin embargo, mi mamá lo descubrió, y se culpó, preguntándose qué había hecho mal. «Bueno, ésta no eres tú», dijo, «Soy yo. Debería haber estado más presente. Debería haberte prestado más atención. Es culpa mía».

Tal vez por la forma que devastaba a mi madre, me decidí ser *normal* y comencé a salir con chicos. De hecho, incluso concedí privilegios sexuales a un chico para demostrar que estaba bien y por eso me quedé embarazada, justo después de la escuela secundaria. Amo a mi hijo hasta la eternidad, pero sucedió sólo porque quería ser aceptada por todos y quería ser normal y no considerada anormal".

Carrie se detuvo y jugueteó con su pollo y arroz. "Pero eso no funcionó tan bien, así que decidí que no iba a estar con nadie. Todo lo que me importaba era ser exitosa y criar a mi hijo. Evité las relaciones durante los siguientes diez años. No quería establecerme y estar con alguien. Sólo quería vivir la vida de Carrie. Amar a Carrie, y eso es todo. Sólo querer a Carrie. Pero tratando de ser una heterosexual, aunque no estaba saliendo, estaba escondiendo quién yo era realmente. Estaba viviendo una mentira.

En algún momento, te miras al espejo y dices, « ¿Quién soy yo, y a quién estoy tratando de agradar?»"

Ya para eso, Dawn se había compuesto lo suficiente como para continuar su historia. "En realidad, este no es mi primer matrimonio. Estuve en una unión civil cuando vivía hacia el este. Duró cerca de cinco años hasta que descubrí que mi pareja me engañaba. Pero, antes de casarme con ella, sabía que no debería—no con ella y no en ese momento de mi vida—. Así que durante la separación, yo formé parte de este grupo online, y ahí fue dónde conocí a Carrie. Sólo éramos amigas, pero ella me apoyaba mucho".

"Cuando hablábamos", añadió Carrie, "terminábamos hablando durante horas, aunque no se tratara de nada. Simplemente nos caíamos bien, eso es todo. Pero un día, Dawn dijo: «Creo que he hecho algo malo.» Le dije que no podía ser *tan* malo. Pero ella dijo: «No, realmente creo que he hecho algo terrible.» Y sin conocer su historia ni haberla encontrado cara a cara, le dije: « ¿Te has cortada a ti misma?»"

"Yo no podía creer que me hubiera preguntado eso", dijo Dawn, casi indignada, "pues no le había dicho a nadie que me había estado cortando a diario".

"Creo que Dios me dio la idea de hacer esa pregunta". Carrie le sonrió a sabiendas. "Ese era su secreto, pero aceptarlo, era la primera parte de su curación".

"Y esa era la verdad. Me había convertido en una suicida seria, intentando varias formas de deshacerme de mi misma. Un día mezclé fluido de encendedor de carbón en una jarra de refresco y empecé a beberla, pero sólo me hizo enfermar. En otra ocasión tomé una botella entera de píldoras. Ahora por primera vez, alguien realmente me entendía y me ayudaba a salir de mi depresión. Y por eso, le diré a cualquiera que Dios usó a Carrie para salvarme la vida".

"Pero no fue sólo para ella", agregó Carrie. "Creo que Dios nos reunió para salvarme a mí también. Yo no estaba en una relación destructiva. Simplemente no pensaba en el amor de esa manera. Online, nos convertimos en amigas estrechas, pero con el tiempo, se convirtió en amor".

"Y muchas de nuestras conversaciones eran acerca de Dios", añadió Dawn.

"Eso es correcto, porque mi relación con Dios es muy importante. Finalmente planificamos una visita, pero iba a ser una visita de grupo. Llevé a uno de mis amigos, y alguien que Dawn conocía iba a unirse a nosotras mientras recorríamos su ciudad".

Dawn se echó a reír. "Sí, pero cada vez que íbamos a hacer algo, estos otros amigos renegaron, por lo que nos dejaron a nosotras dos solas. Y ahí es cuando nuestra relación se afirmó. Eso fue hace casi cuatro años".

No pasó mucho tiempo antes que Dawn se trasladara a la ciudad de Carrie y su relación se profundizó. El punto principal de su vida social fue la iglesia de Carrie, pero eso fue difícil, porque el pastor a menudo predicaba contra la homosexualidad. "Se dedica a este tema todo el tiempo", explicó Carrie, "y de la manera más despectiva. Dice que incluso recibió cartas odiosas—no de nosotras, por supuesto—. Pero puedo entender por qué. Desde el púlpito ha dicho cosas como, «No me importa si alguien piensa que esto es discurso de odio—ésta es mi opinión—. No vas a heredar nada en el reino, y tus hijos tampoco serán nada»".

"Sabíamos que ninguna de las dos sería capaz de tener una relación con un hombre", continuó, "pero no queríamos vivir en «pecado», así que la cosa bíblica parecía obvia—casarnos"—. Sonrió ampliamente y le dio a Dawn una mirada. "Recuerdo el día que le pregunté. «¿Qué opinas de ser esposa de un clérigo?» Eso era porque yo ya estaba involucrada en los programas de la iglesia—el coro, los niños, la alabanza y la adoración, la escuela bíblica de vacaciones y cualquier otra cosa que se me pidiera que hiciera—que ser formalmente reconocida como un «clérigo» en nuestra iglesia negra—que era dónde pensaba que Dios me estaba guiando"—.

Dawn dijo que se sentía bien con la idea. De hecho, ella ya había terminado la clase de "Nuevas Direcciones" en la iglesia y se había ofrecido como voluntaria para unirse al servicio de hospitalidad.

El problema era que, a medida que pasaban las semanas, nadie le hizo saber algo, aunque ella preguntó más de una vez. La gente estaba entendiendo la realidad de su relación. "Aunque no nos besamos en público, ni siquiera nos tomamos las manos", insistió Dawn. "No hacemos alarde de nuestra relación. No estamos tan preocupadas por lo que otras personas puedan pensar, pero tratamos de ser conscientes de cómo se pueden *sentir*. Así que limitamos nuestra DPA—nuestra demostración pública de afecto"—.

La conversación se detuvo mientras se ofrecían segundas porciones, y todos reabastecíamos nuestros platos. Entonces Carrie continuó.

"A veces, el Señor me habla muy claramente. Y un domingo, cuando subí al sitio del coro, oí a Dios llamar mi nombre. No sabía lo que quería, pero estaba lista para hacer cualquier cosa, así que le pregunté qué quería. No me respondió en ese momento, pero un par de semanas más tarde, cuando la escuela bíblica de vacaciones estaba llegando a su fin, varios de nosotros nos habíamos juntado para una reunión de evaluación, y justo en medio de ella, Dios me dijo: «Esta va a ser tu última tarea por un tiempo». En ese momento, no tenía idea de por qué yo había estado tan involucrada. Cuando le dije al coordinador de la escuela dominical que estaba retirándome, él no estaba dispuesto a aceptarlo y me dijo que necesitábamos tener una reunión al respecto.

Tuve una reunión, pero fue para decirle al pastor que estaba retirándome. Él directamente me preguntó si yo era lesbiana, y le dije que sí y que había sido así toda mi vida. Él dijo: «Tú sabes que la Biblia dice que está mal. ¿Por qué no lo dejas?» Pero eso sería como decir que el cielo está rojo cuando sé que es azul. Él dijo: «Sabes que puedes elegir cambiar. Es una elección que hiciste igual como yo elegí ser heterosexual». Lo miré, preguntándome si él alguna vez tomó una decisión tan consciente, y también porque creo que su propio hijo es *gay*. En ese momento, decidí no divulgar más información al pastor. Fue como si lo único que le importaba era guardarlo en el clóset".

Poco después, Dawn y Carrie se casaron. No fue en la iglesia, y no lo anunciaron porque casi todos sus amigos eran de la iglesia, y estaban seguras de que ninguno vendría. Pero no pasó mucho tiempo antes de que la gente notara sus alianzas, y todo el mundo lo sabía.

Carrie pasó su tiempo "fuera del servicio pastoral" estudiando la Palabra, y cuando se sintió liberada por el Señor, ofreció ayudar en el trabajo con la juventud. "Quería ayudar con los adolescentes", explicó. "Y así por un par de semanas, me ofrecí voluntariamente de manera informal para ver cómo sería, pero cuando la directora del trabajo pastoral de la juventud habló con el pastor para formalizar mi asignación, él dijo que yo no era elegible para estar en ninguna clase de posición de liderazgo. A mí no *me* lo dijo. Solamente lo dijo a la directora. Ella estaba muy molesta cuando habló conmigo porque su propio hijo es *gay*. Lloraba más que yo. Su hijo ya había dejado la iglesia, diciendo: «Vine a la iglesia, y me rechazaron. Así que ahora tendrán que venir a buscarme a mí. No volveré por mi cuenta»".

"Y *hay* otras personas en nuestra iglesia que son homosexuales también", dijo Dawn. "Sé que algunos hombres son homosexuales. Ellos pueden servir, cantar en el coro, enseñar, ser un portador de la armadura para el pastor—cualquier cosa—, pero tienen que mantener su orientación sexual en el clóset. Dos de ellos están comprometidos con mujeres, pero están viviendo con secretos. Nuestro pastor acepta eso. Lo que él no tolera es que alguien esté realmente fuera del clóset, que es lo que hicimos con nuestro matrimonio".

Carrie suspiró. "Nos gustaría irnos, pero Dios no nos ha liberado todavía. Así que por el momento, seguimos asistiendo. Sólo comemos la carne y dejamos los huesos".

Contemplando todo lo que habían dicho, miré hacia abajo, hacia a mi plato de almuerzo y luego a los de más. Una sonrisa se extendió en mi cara. Cada plato estaba limpio excepto por un par huesos de pollo bien pulcros. De repente, la tensión sombría se rompió cuando todos nos echamos a reír.

Capítulo 9
La justicia de Dios y su "maravilloso plan para tu vida"

El Señor me ha prometido el bien.
Su palabra mi esperanza asegura.
Él será mi escudo y herencia,
Mientras dure la vida.

"Amazing Grace"
John Newton, 1779, estrofa 4

ESTA CANCIÓN NUNCA DEJA DE CONMOVERME. A pesar de una vida como desvergonzado comerciante de esclavos, John Newton se arrepintió y creyó que Dios le prometió el bien, asegurado por la santa Palabra de Dios, basado en algunos de los mismos versos que han alentado a la mayoría de nosotros cuando la vida parece difícil.

- "¡Su gran amor perdura para siempre!" (1 Crónicas 16.34).
- "Deléitate en el SEÑOR, y él te concederá los deseos de tu corazón" (Salmo 37.4).
- "Él . . . acrecienta las fuerzas del débil" (Isaías 40.29).
- "Porque yo sé muy bien los planes que tengo para ustedes . . . planes de bienestar y no de calamidad" (Jeremías 29.11).
- "Vengan a mí . . . y yo les daré descanso" (Mateo 11.28).
- "Yo he venido para que tengan vida, y la tengan en abundancia" (Juan 10.10).
- "No se angustien ni se acobarden" (Juan 14.27).
- "En todo esto somos más que vencedores" (Romanos 8.37).
- "Él que comenzó tan buena obra en ustedes la irá perfeccionando" (Filipenses 1.6).
- "Todo lo puedo en Cristo que me fortalece" (Filipenses 4.13).
- "Y mi Dios les proveerá de todo lo que necesiten" (Filipenses 4.19).

- "Depositen en él toda ansiedad, porque él cuida de ustedes" (1 Pedro 5.7).

La lista podría seguir. Por supuesto, algunas personas han distorsionado de manera egoísta las promesas de Dios en estafas de prosperidad, de salud y riqueza, a menudo diseñadas para despojar a seguidores de su dinero. Sin embargo, las promesas de Dios encarnan el bien que él quiere para nosotros, lo bueno es que la mayoría de nosotros podemos dar testimonio a pesar de las pruebas y los problemas, las angustias y los fracasos que enfrentamos regularmente. Sé que he descubierto que eso es cierto. Dios es bueno todo el tiempo. Y todo el tiempo, ¡Dios es bueno!

La mayoría de los creyentes están tan de acuerdo con este hecho que hemos destilado las promesas de esperanza de la Biblia en un simple principio, una declaración que a menudo se cita al presentar el Evangelio: "Dios te ama y tiene un plan maravilloso para tu vida".[79]

Estamos tan convencidos de que Dios realmente tiene un plan maravilloso para la vida de todo el mundo que tenemos la audacia suficiente para ofrecerlo a cualquiera que escuche, ya sea un cuadripléjico, o sufre de cáncer o que acaba de perder un hijo. No importa cuán profundo sea el sufrimiento de la persona, creemos que Dios ofrece una manera de hacerlo más soportable. Y no sólo nos referimos "más allá en el cielo". En realidad queremos decir que esta vida *con* Dios puede ser maravillosa en comparación con una vida *sin* Dios. Incluso ofrecemos el "maravilloso plan" de Dios a las personas en países donde su conversión al cristianismo con mucha certeza les traerá mayores dificultades, sufrimiento, persecución e incluso la muerte.

Pero, ¿ofrecemos a las personas homosexuales un plan diferente?

El maravilloso plan de Dios para las personas heterosexuales incluye el *potencial* de una de las más asombrosas relaciones

79. Esta es la primera de las "Cuatro Leyes Espirituales", escrita por Bill Bright en 1952. Se ha distribuido 100 millones de veces en todo el mundo en numerosos idiomas por Campus Crusade for Christ, ahora conocida como CRU.

humanas imaginable: el matrimonio. Es el correctivo del único aspecto de la creación de Dios que él declaró "no bueno", la perspectiva de pasar por la vida solo sin una pareja adecuada (Génesis 2.18). Por supuesto, no todo el mundo encuentra un cónyuge, e incluso aquellos que lo hacen a veces pierden al suyo prematuramente, y no todos los matrimonios son tan satisfactorios como se podría esperar.

Pero cada una de esas decepciones, que a menudo constituyen un dolor profundo y prolongado, es el resultado del *sufrimiento al azar*, algo que no se aplica a toda una categoría de personas heterosexuales.

Sin embargo, cuando tomamos una categoría de personas—en este caso gente homosexual—y decimos, "Dios tiene un plan maravilloso para tu vida . . . pero porque eres *gay* y atraído sólo hacia alguien del mismo sexo, la posibilidad de matrimonio ha sido cancelada en tu plan", acabamos de invocar una *injusticia por categoría.*

A ningún individuo se le promete un matrimonio bueno y duradero. Pero Dios creó el potencial del matrimonio como una bendición para toda persona y una realidad para la mayoría. Estamos consternados cuando oímos hablar de gente homosexual que promiscuamente se acuesta con quien sea. Pero las personas heterosexuales hacen lo mismo, y lo hacen con casi la misma frecuencia.[80] En cambio, la Biblia ofrece la solución de Dios: "Es preferible casarse que quemarse de pasión" (1 Corintios 7.9). De hecho, a las personas casadas se les dice que "no se nieguen el uno al otro [de intimidad matrimonial], a no ser de común acuerdo, y solo por un tiempo, para dedicarse a la oración. No tarden en volver a unirse nuevamente; *de lo contrario, pueden caer en tentación de Satanás, por falta de dominio propio*" (1 Corintios 7.5, énfasis añadido). Me hace pensar . . . ¿Por qué Dios negaría a todas las personas homosexuales, la mayoría de los cuales están convencidas de que fueron creadas de esa manera, la posibilidad de una pareja para toda la vida y por lo

80. Laumann, Edward O., John H. Gagnon, Robert Michael, y Stuart Michaels, *The Social Organization of Sexuality: Sexual Practices in the United States.* (Chicago, University of Chicago Press, 1994), 314, 316.

tanto sujeta a lo que la Biblia reconoce como frustración indebida y mayor tentación?

Todos sufrimos *sufrimientos al azar*

El plan de Dios no promete a nadie un "lecho de rosas", como dice el refrán. John Newton lo sabía hace más de dos y un cuarto de siglos cuando escribió: "A través de muchos peligros, trabajos y trampas, ya he pasado . . ." y "Cuando esta carne y corazón fallasen, y la vida mortal cesare". Incluso anticipó el desastre cósmico: "La tierra pronto se disolverá como la nieve, el sol dejará de brillar". Pero la relación de John Newton con Dios hizo que todo valiese la pena. "Pero Dios, que me llamó aquí en la tierra, para siempre será mío".

Estos tipos de pruebas y problemas (a menos que sean provocados por nuestra propia conducta tonta) ocurren al azar a todas las personas, en todo momento, en todo el mundo. Jesús observó en Mateo 5.45 que tales problemas (así como muchas bendiciones) caen sobre justos e injustos por igual. Es cómo Dios creó el universo para que funcione. La lluvia que cae indiscriminadamente sobre toda la humanidad puede, lamentablemente, causar inundaciones en algunos lugares mientras produce cultivos abundantes en otros lugares. El mismo virus que mata a algunas personas provoca la inmunidad en aquellos que sobreviven a su primera exposición.[81] Eso no hace que tales eventos sean menos dolorosos. Y Dios es plenamente consciente y compasivo hacia nosotros a medida que pasamos por ellos. El Salmo 56.8 nos dice que él registra nuestros lamentos y recoge nuestras lágrimas en una botella. Anticipan-

81. Karl W. Giberson& Francis S. Collins, *The Language of Faith and Science* (Downers Grove, IL, IVP Books, 2011), 104, proporcionan una visión útil para comprender el dolor y el sufrimiento en el mundo, señalando que "las mismas fuerzas que producen un planeta que sustenta la vida, incluidas las leyes de la física, la química, el clima y el tectónico, también pueden producir desastres naturales. Al igual que con el libre albedrío de los seres humanos, Dios no puede intervenir constantemente en estas áreas sin interrumpir la libertad inherente de la creación e interrumpir su sostenimiento consistente de toda la materia y energía en el universo. Sin esta consistencia, la ciencia sería imposible, las elecciones morales serían subvertidas y el mundo no sería tan rico en significado y oportunidad".

do al Mesías venidero, Isaías escribió: "Ciertamente él cargó con nuestras enfermedades y soportó nuestros dolores" (Isaías 53.4).

A veces Dios interviene en nuestras vidas a través de un suave murmullo del Espíritu Santo que nos guía a algo mejor. Ocasionalmente, él alivia milagrosamente nuestro sufrimiento. Pero usualmente nos limitamos a aceptarlo y seguir adelante, llamándolo "nuestro destino en la vida" o llamando a los desastres naturales "actos de la naturaleza". Recurrimos a estas figuras de lenguaje, por inexactas que sean, como una forma de hacer frente a las cosas que nos resultan difíciles de entender.

Sufriendo de nuestras decisiones pecaminosas

También hay momentos en que Dios usa las tragedias como una llamada de atención para que cambiemos. La condición desamparada del hijo pródigo lo puso de rodillas donde se arrepintió y regresó a su padre para confesar: "He pecado contra el cielo y contra ti" (Lucas 15.18). Sin embargo, en Lucas 13.1-5, Jesús nos advirtió que no interpretáramos tragedias al azar que observamos en *la vida de otra persona* como un resultado de su pecaminosidad, porque todos estamos en terreno llano cuando se trata de pecado (ver Romanos 3.23).

En el Antiguo Testamento, también leemos de raras ocasiones en que el pecado de un pueblo entero fue tan doloroso que Dios decidió que toda la cultura tenía que ser eliminada—por ejemplo, la generación de Noé, los residentes de Sodoma y Gomorra y los amalecitas—. Esos juicios no fueron aleatorios. Eran los justos veredictos de Dios sobre una situación irredimible. Pero nosotros nunca estamos autorizados a declarar a alguien irredimible. Hacerlo es jugar a ser Dios.

Dios se opone a la *injusticia por categoría*

El sufrimiento humano que resulta de la injusticia, particularmente la injusticia que ataca a categorías enteras de personas—extranjeros, grupos lingüísticos diferentes, religiones diferentes, personas con un color de piel o etnicidad diferente, los pobres o, en este caso, las personas homosexuales son injusticias por categoría—. Pero sucede. Nunca es al azar, y las víctimas siempre saben que están siendo atacadas porque son negras o marrones[82] o pobres o una minoría—o en algunos lugares del mundo—porque son cristianos.

Cada vez que una categoría de personas es discriminada, nuestro sentido de la injusticia se enciende con justa razón y nosotros insistimos en la reparación. ¿Por qué? ¿De dónde sacamos tal ética? ¡Viene de Dios! Nunca aprueba que tratemos a las personas de manera diferente a como queremos ser tratados nosotros mismos. De hecho, nuestra propia capacidad de reconocer cuando ocurre una injusticia coincide con las palabras de Jesús: "En todo traten ustedes a los demás tal y como quieren que ellos los traten a ustedes. De hecho, esto es la ley y los profetas" (Mateo 7.12). Confiamos en Dios para tratar a cada grupo de manera justa y juzgar a todos de manera justa. Es Dios quien "tanto amó al mundo . . ." (Juan 3.16). Y es Dios quien "no quiere que nadie perezca, sino que todos se arrepientan" (2 Pedro 3.9).

Incluso lo que al principio pareció como favoritismo cuando Dios escogió a los judíos, era para que "*todas las naciones* del mundo [serían] bendecidas por medio de (su) descendencia" (Génesis 22.18, énfasis añadido). Cuando ellos pensaron que su condición de su pueblo especial les exonere del estándar universal de justicia de Dios, les recordó en Amós 9.7 cómo había librado a las naciones paganas vecinas debido a su pasión por la justicia para todas las personas. Jesús dijo: "¿Acaso Dios no hará justicia a sus escogidos, que claman a él día y noche? ¿Se tardará mucho en responderles? Les digo que sí les hará justicia, y sin demora" (Lucas 18.7-8).

Por esta razón, Dios se vuelve particularmente disgustado cuando su pueblo comete injusticia por categoría. A los poderosos religiosos de Israel que habían estado oprimiendo a los pobres e indefensos, dijo: "Detesto y aborrezco sus fiestas religiosas; no me agradan sus cultos solemnes. Aunque me traigan holocaustos y ofrendas de cereal, no los aceptaré, ni prestaré atención a los sacrificios de comunión de novillos cebados. Aleja de mí el bullicio de tus canciones; no quiero oír la música de tus cítaras. ¡Pero que fluya el derecho como las aguas, y la justicia como arroyo inagotable!" (Amós 5.21-24).

82. *Nota del traductor:* En inglés se usa el color marrón para identificar informalmente a varias razas.

Cuando enmendamos el "maravilloso plan" de Dios para la vida de las personas diciendo que él no quiere que un cierto grupo de personas tenga lo que él claramente ha dicho que era beneficioso para todos los demás, le hemos atribuido una posición que es claramente atípica de su carácter como se revela en la extensión de la Escritura y en la vida de Jesús. Para aquellos de nosotros que creemos que "toda la Escritura es inspirada por Dios" (2 Timoteo 3.16), tenemos que mirar más allá de versículos aislados que pueden ser malinterpretados como textos de prueba para nuestras propias opiniones para ver cómo se caracteriza a Dios en toda la Biblia.

¿Por qué seguimos regresando al matrimonio igualitario?

Volvemos a la cuestión de la igualdad de matrimonio porque el matrimonio es la más profunda y valiosa de las relaciones humanas . . . pero es un regalo que muchos cristianos niegan a la gente homosexual.

Mis devociones esta mañana me llevaron a 1 Timoteo 4, donde leí lo siguiente:

> El Espíritu dice claramente que, en los últimos tiempos, algunos abandonarán la fe para seguir a inspiraciones engañosas y doctrinas diabólicas. Tales enseñanzas provienen de embusteros hipócritas, que tienen la conciencia encallecida. Prohíben el matrimonio y no permiten comer ciertos alimentos que Dios ha creado para que los creyentes, conocedores de la verdad, los coman con acción de gracias. Todo lo que Dios ha creado es bueno, y nada es despreciable si se recibe con acción de gracias, porque la palabra de Dios y la oración lo santifican . . . Rechaza las leyendas profanas y otros mitos semejantes. Más bien, ejercítate en la piedad (versículos 1-5,7).

Confieso que después de la primera frase, respiré hondo porque sé que muchos tradicionalistas y neo-tradicionalistas creen que cualquier apoyo a la igualdad de matrimonio—y en algunos casos, incluso la aceptación cálida de personas homosexuales—proviene del diablo. Entonces, ¿he estado siguiendo espíritus engañosos, cosas enseñadas por demonios?

Releí el pasaje y me aseguré que aunque he cuestionado algunas viejas *tradiciones,* ciertamente no he abandonado mi fe en Jesucristo como mi Señor y Salvador. Además, el primer ejemplo de Pablo de estos engañadores involucró a maestros que prohibían que la gente se casara. Me había topado con esa herejía antes. Cuando yo estaba creciendo, los segregacionistas resistieron al movimiento de derechos civiles con todo tipo de tácticas, una de las cuales afirmaba que si permitiéramos que las razas se mezclaran, los "horrores de la mestizaje" se volverían desenfrenados.[83] Recuerdo preguntarme qué dirían mis padres si me casara con una chica negra. Señalaron que los matrimonios interraciales a menudo se enfrentan a graves presiones sociales de ambos lados de la familia, así como el resto de la sociedad. Pero ellos también admitieron que Dios apoyó a la negra esposa de Moisés hasta el punto que él castigó a su hermana Miriam con lepra por sus comentarios racistas cuando ella resistió a Moisés (Números 12.1-15).

Los segregacionistas, sin embargo, ofrecieron versos aislados alegando la división de las "razas" en la Torre de Babel y versos como Deuteronomio 7.3 ("Tampoco te unirás en matrimonio con ninguna de esas naciones") y 2 Corintios 6.14 ("No formen yunta con los incrédulos. ¿Qué tienen en común . . . la luz con la oscuridad?"), entre otros pasajes "demostraban" que el matrimonio interracial era pecaminoso. Fue una época fea . . . que no ha pasado por completo.

Y ahora estamos tratando con otro caso cuando algunos líderes de la iglesia están diciendo a personas homosexuales que *ellas* no pueden casarse. ¿Podría la oposición a la igualdad matrimonial ser otro cumplimiento de la advertencia de Pablo para estos "tiempos posteriores?" Al mirar más profundamente el pasaje, Pablo llamó a estos engañadores "hipócritas". ¿Qué es la hipocresía de alguien que prohíbe que la gente se case? Por definición, Pablo casi segu-

83. Por ejemplo, la universidad fundamentalista Bob Jones adoptó una prohibición de salidas interraciales en la década de 1950 y no la rescindió hasta 2000. Ver http://www.christianitytoday.com/ct/2000/marchweb-only/53.0.html.

ramente estaba hablando de líderes que estaban casados mientras encontraban una excusa para prohibir que otros lo hicieran, lo cual es lo que muchos líderes heterosexuales (generalmente casados) están diciendo a la gente homosexual. Y estos líderes de los últimos tiempos "tienen la conciencia encallecida" hasta el punto de que *simplemente no les importa* cuánta miseria carga sus enseñanzas sobre las personas.

Pero también podemos aprender algo del otro ejemplo de Pablo—los engañadores que prohibieron ciertos alimentos—. Pablo refuta esta falsedad mostrándonos algo sobre "la amplitud en la misericordia de Dios", como lo describe el antiguo himno. Dios está principalmente preocupado por donde está nuestro corazón. Así que Pablo dijo: "Nada es despreciable si se recibe con acción de gracias [la actitud del corazón], porque la palabra de Dios y la oración lo santifican". Y finalmente, una forma de restringir la gracia de Dios es acatando "leyendas profanas y otros mitos semejantes", que por definición son falsedades que la gente ha creído durante mucho tiempo, tal vez incluyendo algunas tradiciones milenarias de la iglesia con respecto a las personas homosexuales que merecen una revisión.

Es dentro de la iglesia que hemos declarado al matrimonio homosexual como el Rubicán, la línea que nunca se debe cruzar. Y así, en este punto de la historia, casi todas las discusiones acerca de cómo debemos relacionarnos con las personas homosexuales se reducen a esa pregunta: ¿Pueden casarse? O cuando tú quieres saber dónde está otra persona, dónde está una iglesia, dónde se encuentra una confesión o denominación, universidad o servicio religioso, *esta* es la pregunta que define.

Por supuesto, no todos las personas homosexuales quieren casarse. Algunos están convencidos de que deben permanecer célibes, algunos intentarán un matrimonio contra su orientación, otros no encontrarán una pareja adecuada y, lamentablemente, algunas seguirán rechazando la importancia del matrimonio permanente en primer lugar, *al igual que muchas personas heterosexuales.* Sin embargo, todos los homosexuales estaban profundamente emancipados cuando el matrimonio homosexual se hizo legal en los Estados Unidos, ya sea que lo aprovechen o no. Pero para la mayoría de los cristianos homosexuales, la igualdad de matrimonio no es primordialmente para tener sexo. Si ese fuera su objetivo, lo harían de la misma manera que muchos heterosexuales lo hacen si los cristianos lo aprueban o no. No. Lo que buscan es la *familia,* la clase de asociación que Dios imaginó cuando dijo que no era bueno para los seres humanos estar solos. Y todos sabemos que este tipo de asociación—un verdadero matrimonio, una verdadera familia—requiere el apoyo de familiares, amigos, la comunidad y especialmente la iglesia. Cuando se niega ese tipo de apoyo, el potencial de supervivencia de la relación disminuye. Es por eso que muchos cristianos homosexuales buscan la bendición de su familia, amigos e iglesia.

Donde se da eso, aquellos que practican un matrimonio fiel y comprometido ganan un lugar respetable en la iglesia sin sospecha de practicar un "estilo de vida inmoral". Aquellos con hijos deben recibir la misma protección y respeto a sus familias que tú y yo. Y para los que somos heterosexuales, una vez que reconocemos las aspiraciones normales de las familias homosexuales, comenzamos a verlos cada vez más como *personas como nosotros,* con esperanzas y sueños, temores y fracasos, que aman y luchan y se sacrifican por sus hijos y necesitan nuestro apoyo y amistad como nosotros necesitamos el suyo.

Entonces, ¿de quién es el "maravilloso plan de vida" que estamos ofreciendo a las personas homosexuales? ¿Estamos seguros de que es el plan de Dios, o podría ser un plan que hemos enmendado con una nota al pie de página (a menudo tan grande como un cartel) que se ajusta a nuestras inclinaciones naturales y las interpretaciones bíblicas con las que crecimos, sin evaluar seriamente a la luz de la vida y el ministerio de Jesús?

El Salmo 33.5 dice: "El Señor ama la justicia y el derecho; llena está la tierra de su amor". ¿No deberíamos promover también la justicia y el derecho del Señor, admitiendo que lo que generalmente es bueno para nosotros es bueno para los demás también? Para nuestros amigos y familiares homosexuales, esto es lo que significa el "matrimonio igualitario", nada más, nada menos.

Daños colaterales

Susan y Robert Cottrell son anfitriones para grupos privados de apoyo online para madres y padres de menores homosexuales. Puedes solicitar tu participación a través de www.freedhearts.com. Neta conoció a Gail a través del grupo privado de madres, y Gail accedió a permitirme compartir su historia aquí.

* * * *

El hijo de 18 años de Gail, Scott, salió del clóset como *gay* hace casi dos años, a sus dieciséis. Ella y su esposo siempre habían sospechado que él podría ser *gay* desde que tenía sólo cuatro años, principalmente basados en sus gustos y disgustos y varias cosas que él diría. Abrumados ante la perspectiva, comenzaron a ser aconsejados con el Dr. Joseph Nicolosi, fundador de la National Association for Research and Therapy of Homosexuality (La Asociación Nacional para la Investigación y Terapia de la Homosexualidad) (NARTH), que practica la terapia reparativa y es autor del libro, *A Parent's Guide to Preventing Homosexuality* [*Guía de los Padres para Prevenir la Homosexualidad*].

Ellos oraban diariamente para que Scott no fuera *gay* porque creían que juntos, ellos y Dios, podían prevenirlo. Pero pensándolo ahora, Gail dice: "No puedo creer que hayamos hecho pasar a nuestro hijo por todas esas estupideces— ¡totalmente absurdo!—"

Lo que empeoró las cosas fue el ambiente de la iglesia evangélica en la que estuvieron profundamente involucrados y la escuela cristiana privada a la que enviaron a todos sus hijos. Resumiendo, dice ella, "Scott terminó sintiéndose no amado y no aceptado por nosotros, y por nuestros amigos cercanos, y por Dios. No puedo creer que no veíamos todo lo que le estaba pasando".

El resultado es que ahora, a los dieciocho años, Scott está tan enojado—más que nada con su padre por tratar de cambiarlo—que según Gail, se ha convertido en un ateo con la Biblia como el foco principal de todo su odio.

Gail admite que toda su familia ha dejado de asistir a la iglesia principalmente por los acontecimientos hirientes y los juicios hablados y tácitos que la gente sigue haciendo y diciendo. "Creo que la mitad de nuestra iglesia sabe que nuestro hijo salió del clóset. Pero a pesar de que los demás no lo saben, realmente no me importa más quién sabe en este momento. No hay vuelta atrás para mí. Estoy orgullosa de nuestro hijo y de quién es.

Ahora estamos tratando de reparar el daño que causamos por cualquier medio posible. Ni siquiera estoy segura de cómo hacer eso, aparte de que los dos nos disculpamos con nuestro hijo, lo amamos y lo aceptamos incondicionalmente". Pero todo esto ha abierto las puertas a preguntas sobre el cristianismo para Gail, sus creencias y las creencias de los demás, y no le gusta lo que ve.

Más allá de eso, Gail dice que su mayor desafío es seguir amando a esos amigos "cristianos" que son tan anti-*gay* y que "inesperadamente fanfarronean sobre el tema", como dice ella. "Esta es una gran lucha para mí. Evidentemente me estoy alejando de ellos por el momento, pero sé que tengo resentimiento en mi corazón hacia ellos y hacia la mayoría de las iglesias evangélicas".

PARTE II

LOS TEXTOS "PROHIBITIVOS"

Capítulo 10
¿Se incendió Sodoma por ser gay? Génesis 19, Jueces 19-20

En el fondo del corazón humano, aplastado por el tentador,
Hay sentimientos enterrados que la gracia pueda restaurar;
Tocado por un corazón amoroso, despertado por la bondad,
Los acordes rotos vibrarán nuevamente.

Rescatar a los que perecen, cuidar a los moribundos,
Jesús es misericordioso, Jesús salvará.

"Rescue the Perishing"
Fanny J. Crosby, 1869, estrofa 3, estribillo

En 2012, hubo un incidente en un rito de iniciación en la escuela secundaria Maine West High School, no muy lejos de nosotros en la ciudad de Des Plaines, en el estado de Illinois, en el que varios futbolistas supuestamente "bautizaron" a nuevos jugadores derribándoles, haciéndoles calzones chinos (o sea, estirando la ropa interior hacia arriba) y sodomizándoles con dedos o palos. No hubo testimonio en el juicio del entrenador Michael Divincenzo que sugiriera que los perpetradores o las víctimas fueran homosexuales, a pesar de que esos actos violentos tenían un componente sexual y fueron perpetrados en víctimas del mismo sexo.[84]

Es un hecho que, a lo largo de la historia, las personas heterosexuales han usado el asalto sexual para someter, degradar y hu-

84. Un acontecimiento similar fue divulgado el 1 de octubre de 2014 que implicaba el equipo de fútbol de la Sayreville War Memorial High School en Sayreville, New Jersey. Según el estudio nacional *Hazing in View: Students at Risk* conducido por Elizabeth Allan, Ph.D. y Mary Madden, Ph.D. de la Universidad de Maine, 1,5 millones de estudiantes de secundaria son víctimas de ritos de iniciación cada año, y los actos sexuales son formas comunes de esos.

millar a quienes quisieran dominar—ya sea en la batalla, la cárcel, el lugar de trabajo o los deportes—. También es cierto que la presencia de un extraño en las ciudades y pueblos antiguos después del anochecer se consideraba una amenaza. Los vestigios de esta sospecha todavía se pueden encontrar en algunas ciudades donde registrarse en un hotel requiere información (dirección de casa, número de chapa del auto, y otra información) que no tiene nada que ver con el pago de la factura.

La destrucción de Dios de las ciudades de Sodoma y Gomorra a menudo se ofrece como un ejemplo de cuánto Dios odia la homosexualidad, pero . . . ¿era la homosexualidad el centro de la ira de Dios? Muchos estudiosos de la Biblia están de acuerdo que el pecado de Sodoma involucró la inhospitalidad del pueblo, una ofensa que puede parecer insignificante hoy en día, aunque Dios ciertamente considera la hospitalidad una obligación principal.[85] Cuando Jesús instruyó a los discípulos antes de enviarlos en una misión, dijo: "Si alguno no los recibe bien ni escucha sus palabras, al salir de esa casa o de ese pueblo, sacúdanse el polvo de los pies. Les aseguro que en el día del juicio el castigo para Sodoma y Gomorra será más tolerable que para ese pueblo" (Mateo 10.14-15). Aquí claramente asoció la falta de hospitalidad con el pecado de Sodoma. Y más tarde, cuando un pueblo samaritano negó a Jesús y a los discípulos la hospitalidad a su paso, Jacobo y Juan dijeron: "Señor, ¿quieres que hagamos caer fuego del cielo para que los destruya?" (Lucas 9.54).[86] Jesús los reprendió y llevó a los discípulos a otra aldea, pero el incidente nos da a los lectores modernos una visión de la seriedad de la inhospitalidad. Era mucho más que descortesía. No había hoteles ni restaurantes en cada rampa de salida de la autopista como los hay hoy en día. Sin refugio ni comida, los viajeros podían estar sujetos a los elementos, a la sed y convertirse en presa de los bandidos.

Sin embargo, el veredicto de Dios contra Sodoma había sido impuesto antes de que los ángeles mensajeros fueran enviados. (Ver Génesis 18). Por lo tanto, la conducta de la ciudad debe haber

85. Ver Éxodo 22.21, 23. 9; Levítico 19. 33, 34; Job 31.32; Mateo 25.40; Hebreos 13. 2 y muchos otros

86. Algunos manuscritos incluyen, *"como hizo Elías"*.

sido habitualmente contra las personas vulnerables—los pobres y necesitados y en particular los forasteros y extranjeros—que no tendrían defensa ni nadie para protegerlos. El incidente con los mensajeros simplemente reveló lo que había estado sucediendo todo el tiempo.

Pero, ¿qué había estado sucediendo?

Génesis 19.4 dice: "Los hombres de la ciudad de Sodoma rodearon la casa [de Lot]. Todo el pueblo sin excepción, tanto jóvenes como ancianos, estaba allí presente". No es de extrañar que todos participasen si se trataba de una acción de la muchedumbre porque así se comporta una turba. Y ya sabemos del capítulo 18 que Dios no podía encontrar ni siquiera diez hombres justos en toda la ciudad que hicieran lo correcto. Pero ¿era eso porque "todos los hombres"—cada uno de ellos—eran homosexuales? No es probable. Esa sería una población muy inusual, y según la Escritura, la multitud incluía "jóvenes" asaltantes, de modo que los habitantes habían estado procreando. Además, los únicos dos nativos de Sodoma que la Biblia menciona específicamente—los "yernos" de Lot—estaban *atraídos hacia el sexo opuesto* lo suficiente como para comprometerse a casarse con las hijas de Lot. Es decir, pueden haber sido violadores, pero no eran personas homosexuales. Hay que añadir a esto el hecho de que si todos los hombres fueran homosexuales, Lot habría sabido que su oferta desesperada y despreciable de sus hijas a la turba era totalmente inútil (versículo 8). Por lo tanto, es improbable que el crimen que implicaba a "todo el pueblo sin excepción" fuera la homosexualidad en sí mismo, a pesar de que su crimen tenía un componente sexual y apuntaba a víctimas del mismo sexo.

Las Escrituras dicen que los habitantes de la ciudad exigieron que los invitados fueran traídos para *"yada"* a ellos. Una forma del término hebreo yada aparece 944 veces en el AT, generalmente significando saber, percibir, entender, etc. Por ejemplo, Dios nos conoce (*yada*) a nosotros (Salmo 139), pero ocasionalmente el término incluye una connotación sexual como cuando Adán conoció (*yada*) a Eva (Génesis 4.1). Ciertamente, en el contexto de Sodoma, no se puede negar el elemento sexual. Sin embargo, podemos entenderlo de varias maneras. Si se traduce como "queremos acostarnos con ellos", como lo hace la Nueva Versión Internacional (NVI), evoca la imagen de una orgía sexual. Entonces pensamos, "Ah, hombres que tienen sexo con hombres. Debe estar describiendo la homosexualidad". Pero la narración demuestra una intención mucho más malvada. En realidad, la llamada de la multitud a *"yada"* los visitantes, se burla del sentido bíblico del término, que nunca es malicioso. Piensa en una muchedumbre blanca que pide la liberación de un prisionero negro. "Vamos, Sheriff. Tráelo fuera. Sólo queremos divertirnos un poco con él. Ya sabes, llegar a *conocerlo*. Darle una lección", cuando su verdadera intención es linchar al hombre. La multitud en Sodoma no tenía nada de bueno en mente cuando gritó: *"yada"*. Ellos tenían la intención de violar en grupo a los visitantes, degradarlos, subyugarlos, dominarlos, hacerles daño físico fatal—lo mismo que los guerreros victoriosos podrían hacer a un espía o un soldado o prisionero para aterrorizar y advertir a otros—. Es la misma táctica utilizada por ISIS en decapitaciones públicas, crucifixiones, inmolaciones y violaciones para ganar poder al infundir terror absoluto.

Un incidente muy similar se registra en Jueces 19-20. Sin embargo, esta vez no involucró una ciudad pagana, sino la ciudad israelita de Guibeá, que no era conocida por desviaciones sexuales. Los extranjeros que viajaban no eran ángeles, sino un levita, su concubina y un siervo. La multitud exigió que el jefe de familia sacara a su invitado "¡Queremos tener relaciones sexuales con él!". Una vez más, el término es *yada,* pero más tarde (Jueces 20.5) se aclara su intención y descubrimos que *desde el principio* "tenían la intención de matar[le]". De hecho, cuando envió afuera a su concubina, eso es exactamente lo que hicieron. ¡La violaron en grupo hasta la muerte!

La cuestión es que estas turbas violentas no representan a nuestros amigos y familiares homosexuales que desean un matrimonio monógamo de toda la vida como tampoco los violadores en serie representan a aquellos de nosotros que somos heterosexuales. Y sin embargo, nuestros seres queridos homosexuales siguen siendo estigmatizados por el sello "sodomitas".[87] Más importante aún, la

87. Aunque algunas traducciones más antiguas de la Biblia usan el término *"sodomita"* para describir la inmoralidad sexual, esa definición no se deriva del hebreo o griego original. Era simplemente un término de conve-

homosexualidad no es la característica principal que la Biblia usa para recordar los graves pecados de Sodoma. Después de su destrucción, la Biblia se refiere a la ciudad y su mal casi treinta veces, pero sólo en 2 Pedro 2.7 y Judas 7 hay alguna mención de la perversión sexual. Ciertamente la violación con el propósito de humillar e incluso matar a alguien es perversa. Los cristianos homosexuales no niegan que lo que sucedió en Sodoma y Gomorra fue "sexualmente perverso". Simplemente argumentan que lo que pasó en Sodoma no debería caracterizarlos más que al resto de nosotros.

Varios pasajes bíblicos que mencionan a Sodoma dicen que el pueblo escogido de Dios era *peor* que la gente de Sodoma. Peor, pero ¿cómo? No hay evidencia de que fueran en gran parte homosexuales, si eso los empeorara, pero sí *se entregaron* al sacrificio de menores y a la prostitución idolátrica, que discutiremos en el capítulo 11. En cuanto a Sodoma, Ezequiel 16.49, 50 describe explícitamente en detalle la naturaleza del pecado de Sodoma: "Tu hermana Sodoma y sus aldeas pecaron de soberbia, gula, apatía, e indiferencia hacia el pobre y el indigente. Se creían superiores a otras, y en mi presencia se entregaron a prácticas repugnantes". *Arrogantes, despreocupados, altivos, detestables, que se niegan a ayudar al forastero*—por seguro, similar a los bravucones en todas partes que son abusadores, depredadores y manipuladores que engañan, golpean, roban, humillaron, seducen, e incluso violan para mantener y aumentar su poder—.

No son los escritores bíblicos quienes fueron homofóbicos, poniendo todo el énfasis en los aspectos homosexuales de lo que sucedió en Génesis 19. Son nuestras *interpretaciones* que se extraviaron cuando elegimos ignorar la descripción específica en Ezequiel y añadir nuestra propia interpretación. Por lo tanto, los que tomamos en serio la Biblia debemos ser lo suficientemente honestos como para admitir que no hay evidencia de que la homosexu-

---

niencia, que las mejores traducciones ya no emplean. De hecho, "sodomita" no se usó para describir el pecado sexual hasta cerca de 394 D.C. en cartas entre San Jerónimo y un sacerdote, Amandus, pero incluso entonces, la naturaleza del pecado no se describe como un acto del mismo sexo. http://www.newadvent.org/fathers/3001055.htm

alidad del fiel para toda la vida y monógama sea cómo la Biblia describe el pecado de Sodoma.

Pero si la interpretación tradicional del pasaje es no es correcta, ¿por qué se adoptó, en primer lugar, una opinión tan errónea? Tal vez sea porque más del 95% de nosotros somos heterosexuales. La historia de Sodoma es chocante. La ira de Dios es aterradora. No nos gustaría que ninguna parte caiga en nosotros. Una forma de evitarlo es redirigirlo hacia otra persona. Subconscientemente, necesitábamos un chivo expiatorio. ¿Por qué no culpar a los homosexuales por la ira de Dios, cuyas inclinaciones son tan incomprensibles, y tan antinaturales (para nosotros)? ¡Voilà! Podemos suspirar de alivio. Las advertencias de Dios no nos amenazan mientras "huyamos de Sodoma" y todo el mundo y todo lo relacionado con ella—es decir—desde nuestro punto de vista prejuicioso, personas homosexuales y cualquier arreglo especial para ellas.

Pero el precio de tal "bloqueo" (como en la esgrima cuando desvías la espada lo suficiente para evitarla) ha sido muy alto.

Esta historia es una de las más fuertes condenas en la Biblia al poder predador y abusivo y cuánto Dios lo odia. Pero, ¿cuándo fue la última vez que escuchaste un sermón sobre el tema del poder depredador? ¿Cuándo hubo una lección de la escuela dominical contada a los niños de lo que Dios piensa de los bravucones (*bullies*) basado en la historia de Sodoma? Cuando se menciona esa ciudad, ¿examinamos nuestras vidas por prácticas empresariales arrogantes, altaneras y predadoras? ¿Nos levantamos contra todas las formas de abuso sexual? Durante demasiado tiempo se han tolerado a los abusadores arrogantes y altaneros y, a veces, hasta alabados en los deportes, en el ámbito militar, en los negocios, en el lugar de trabajo, en las escuelas y en los planteles escolares, e incluso en las familias y en las iglesias. ¡Son los tipos duros, los ganadores (por cualquier medio)!

¡Pero ahora nos pasan la cuenta! La mitad de nuestros niños experimenta abuso físico por bravucones antes de cumplir doce años.[88] *Estos* "sodomitas" en su mayoría heterosexuales abusan sexualmente de una de cada cuatro niñas y de uno de cada seis

88. Finkelhor, D., Ormrod, R.K., Turner, H.A., & Hamby, S.L. (2005). "The victimization of children and youth: A comprehensive, national survey.

niños antes de cumplir diez y ocho años.[89] Ellos seducen, violan, manejan el tráfico sexual y se benefician de la pornografía. Son los supervisores, los sacerdotes, los consejeros, los profesores, los pastores, los militares, los entrenadores, los maridos y las esposas que utilizan el poder de su posición para degradar, humillar o atrapar a los que están a su cargo, no necesariamente por la vulgar lujuria sexual, sino por su apetito de poder y control. Simplemente manifiestan el mismo poder depredador ejercido por los futbolistas de Maine West High School en Des Plaines, Illinois, sobre sus nuevos compañeros de equipo. Después de todo, fue "sólo un rito de iniciación". Y el año que viene, los beneficiarios tendrán la oportunidad de hacer lo mismo a alguien más.

Cuando tenía seis años, mis padres eran misioneros "nacionales" que no estaban en el extranjero sino en pequeñas ciudades rurales del noroeste. Los pueblos pequeños no reciben fácilmente a los recién llegados, especialmente al hijo de un pastor. Cuando el maestro de la escuela de una sola aula me preguntó por qué siempre llegaba tarde, mis padres me hicieron la misma pregunta a mí pues generalmente me despedían de la casa con tiempo suficiente. Pero al esconderme en el patio de la escuela hasta que sonara la campana, había estado evitando que me golpeara el bravucón (*bully*) de la escuela.

Mi padre me apartó y me enseñó cómo golpear su mano abierta tan fuerte como pude. Luego dijo: "Apunta solo a la nariz. ¡Pero no quiero *nunca* oír de ti golpeando a alguien más joven o más pequeño que ti!"A la mañana siguiente fui a la escuela a tiempo y fui asaltado como de costumbre, pero esta vez hice exactamente lo que papá dijo y le di un golpe sólido que ensangrentó la nariz del bravucón. Se cayó llorando, se levantó y me dio una patada en las espinillas (que dolió más que cualquiera de sus ataques anteriores), pero lo soporté con valentía y nunca más fui atacado.

Child Maltreatment", 10(1), 5-25. http://www.unh.edu/ccrc/statistics/index.html.

89. "National Statistics about Sexual Assault", Cleveland Rape Crisis Center. http://www.clevelandrapecrisis.org/resources/statistics/national-statistics-about-sexual-assault.

Mucho más memorable para mí que la lección de papá sobre defensa personal, sin embargo, fue su advertencia de que nunca intimidar (*bully*) a otras personas. ¡Se me quedó!

Si leemos la historia de Sodoma correctamente, ¿podría ser como la advertencia que mi padre me hizo? ¿Podríamos entender la historia como una lección para nosotros en lugar de una justificación para temer, odiar y excluir a personas homosexuales?

Esto no quiere decir que Génesis 19 acepta la homosexualidad. No lo acepta ni la condena porque no se trata de personas homosexuales. El enfoque de la Biblia al reportar este incidente no condena ni la atracción hacia el mismo sexo ni a las personas homosexuales que desean o están involucradas en un matrimonio monógamo de por vida. Así que seamos más—no menos—bíblicos cuando hablamos de Sodoma, y en especial, dejemos de llamar a los homosexuales, sodomitas.

Daños colaterales

Seis semanas después de que el presidente de Uganda firmó la ley anti-homosexual de 2014,[90] nos visitó una pareja de Uganda que había sido invitada a nuestra casa en dos ocasiones anteriores. Los amamos y apoyamos por su notable trabajo con más de seiscientos huérfanos, organizando eventos para que presentaran su ministerio a personas en iglesias cercanas a nosotros que podrían contribuir. Durante la cena del cuarto día con nosotros, compartieron una revista trimestral que producen representando su comunidad de iglesias. Yo sabía que el hombre era pastor, además de su trabajo en un orfanato. Pero son personas humildes y sin pretensiones, yo no tenía ni idea de que él también era el obispo de más de trescientas iglesias.

Sin embargo, nos sorprendió ver que el artículo principal de la revista elogió al presidente de su país por promulgar el proyecto

90. http://en.wikipedia.org/wiki/Uganda_Anti-Homosexuality_Act,_2014.

de ley contra los homosexuales. El título decía: "¡Bravo, Sr. Y. K. Museveni!". Otros títulos decían: "Nuestros Héroes: Miembros del Parlamento de Uganda. Felicitaciones a los compañeros ugandeses al aprobar el proyecto de ley y (luego) la ley contra la homosexualidad". Entonces el artículo comenzó, "Como (una) hermandad, en nombre de Uganda, queremos agradecer a nuestro presidente por asumir una posición tan audaz (. . .)"

Esta ley, como se señaló en el artículo, prevé la condena perpetua por sexo homosexual y matrimonio homosexual, y entre cinco y siete años de prisión por "promoción de la homosexualidad". (La versión original de la ley exigía la pena de muerte para cualquier persona condenada de ser homosexual.) El artículo también citó "nuestro hermano, David Bahati", el patrocinador del proyecto de ley, que "insistió en que la homosexualidad es un comportamiento que puede ser aprendido y desaprendido . . . Adiós a los Sodomitas, adiós a los Gomorristas", decía.

Estábamos tan sorprendidos que apenas podíamos responder, aunque sí dije que uno de los problemas más serios en los Estados Unidos era el grado de odio que se fomenta entre algunos cristianos hacia las personas homosexuales. Pero después de dar vueltas en la cama gran parte de la noche, a la hora del desayuno a la mañana siguiente, yo necesitaba responder con más franqueza. "Tú has tenido la oportunidad de conocer a nuestro hijo y a su familia cuando vinieron a visitarlos", empecé. "Pero ahora quiero que conozcan a la familia de nuestra hija". Me levanté y tomé su fotografía de la pared y regresé a la mesa, señalando, "Esta es nuestra hija y ésta es nuestra *nuera*". Me detuve y observé sus ojos sin expresión. "Esta es nuestra nieta y nuestro nieto".

La consternación arrugó la frente de nuestro huésped. "¿Qué quieres decir?"

"Yo quiero decir, nuestra hija y nuera están casadas. Son una pareja homosexual".

Sus cejas se arquearon cuando el choque encendió sus rasgos antes de que yo continuara.

"Nos has estado animando a venir a visitarles a Uganda, y nos encantaría hacerlo, pero si lo hiciéramos—si lleváramos a nuestra familia—encarcelarían a nuestra hija y a nuestra nuera. Al tratar de ayudarlos y defenderlos, también podríamos ser encarcelados, pues quién sabe cómo puede interpretarse la ley de su país contra cualquier persona que «de alguna manera incita a la homosexualidad». Y entonces nuestros nietos serían huérfanos".

A pesar de que ya había insinuado mi preocupación la noche anterior, el drama de mis palabras probablemente le agarró por sorpresa. Pero esperaba que la naturaleza personal y práctica de mi respuesta diera más fruto que un desafío teórico a su postura. Como para evadir de la cuestión, rápidamente dijo que nunca había conocido a una persona homosexual.

Dije: "Y tampoco es probable que conozcas. Después de anunciar tu apoyo a esta ley cruel, podrían salir corriendo de ti por temor a que los entregaran".

Gran parte de su postura, que insistía no era tan dura como la ley, se basaba en su convicción de que la gente no nacía homosexual, sino que era un comportamiento aprendido que podía ser desaprendido. Neta y yo estuvimos en desacuerdo con él, basado en los mejores estudios y el hecho de que el cambio real en la orientación sexual parece muy raro. Sin embargo, seguimos ampliando el debate de que sea lo que fuese que era cierto sobre los orígenes de la homosexualidad, estas leyes no expresaban la forma en que Jesús se relacionaba con los marginados de la sociedad.

El obispo afirmó que su regla general era: "Aborrecer el pecado, pero amar al pecador".

"Pero eso no está funcionando, ¿verdad?" pregunté. "Ya has aceptado que nunca has conocido a una persona homosexual. Entonces, ¿cómo podrían sentirse amados? ¿Cómo podrían ser atraídos a Jesús?"

Hablamos durante dos horas y media, y creo que nuestros invitados tomaron seriamente lo que estábamos diciendo. Terminé por desafiarlos a hacer un esfuerzo para conocer a gente homosexual real. Tienen corazones compasivos por los huérfanos, y quiero creer que Dios les puede dar corazones de compasión para las personas homosexuales también.

Una idea me vino a la mente con esta conversación. La poligamia es legal en Uganda, y el obispo cree que su incidencia puede llegar al 60%. (A partir de 2007, el Departamento de Estadísticas de Uganda dijo que el 28% de las mujeres estaban en una unión polígama).[91] Sea cual fuera el número, es suficientemente alto como para que las iglesias del obispo hayan encontrado varias familias polígamas. Mientras que el obispo llama a la poligamia una forma de adulterio, sus iglesias dan la bienvenida a estas familias sin pedir a los hombres que se aparten de sus esposas adicionales. Sin embargo, para *esta* situación que no se ajusta a su comprensión del diseño básico de Dios, encontraron una respuesta mucho más benévola que la condena perpetua.

Con razón nos horroriza el comportamiento detestable de la multitud en Sodoma, pero es posible incitar a los *cristianos* a hacer cosas detestables también. La película, "God Loves Uganda"[92] [Dios ama a Uganda], documenta cómo los cristianos anti-homosexual de los Estados Unidos desempeñaron un papel importante en la difusión de las actitudes que hicieron posible la legislación anti-homosexual. Más allá de la legislación, estas actitudes han dado lugar a pandillas vigilantes que han matado a varias personas homosexuales y causado que más de cuatrocientos huyan del país para salvar sus vidas.[93]

Scott Lively, autor estadounidense que escribió varios libros contra la homosexualidad, y Don Schmierer, ex miembro del consejo de Exodus International, emprendieron una cruzada más dura, y otros evangélicos estadounidenses, así como muchos clérigos ugandeses se unieron al esfuerzo. El predicador evangélico basado en el Reino Unido, Paul Shinners, elogió el proyecto de ley diciendo: "No hay ninguna otra nación en el mundo que tenga tal plan y mediante esto, Uganda va a ser bendecida".[94]

---

91. Uganda Bureau of Statistics, "Uganda, 2006 Demographic and Heath Survey—Key Findings", página 5. http://www.ubos.org/onlinefiles/uploads/ubos/pdf%20documents/Uganda%20DHS%202006%20Key%20Findings.pdf.

92. *God Loves Uganda*. Dirigido y producido por Roger Ross Williams. Brooklyn, NY: Full Credit Productions, 2013.

93. "Six LGBT Murders by Stoning Reported in Rural Uganda", Friends New Underground Railroad, 18 de agosto de 2014, http://friendsnewundergroundrailroad.org/six-lgbt-murders-by-stoning-reported-in-rural-uganda-others-flee-vigilante-backlash-to-repeal-of-antigay-law/.

94. "Calls to pass the anti-gays Bill dominate New Year messages", *Saturday Monitor*, 20 de setiembre de 2014. http://www.monitor.co.ug/News/

Una vez que la ley fue aprobada, algunos evangélicos americanos dieron marcha atrás, diciendo que nunca aprobaron la pena de muerte o el encarcelamiento. Tal vez no lo hicieron, pero deberían haber previsto que su predicación rigurosa sobre el mal y los peligros de la homosexualidad despertaría temor y odio, incitando al final a una especie de violencia de la masa legislativa.

Un año más tarde, nuestro amigo pastor volvió a quedarse con nosotros una vez más. Suponiendo que tuviera historias que contar con avidez, de haber aceptado mi sugerencia de conocer gente homosexual, decidí dejarle la iniciativa. Pero como no había dicho nada, cuando estaba listo para llevarlo al aeropuerto, le pregunté si había encontrado alguna. "No", dijo, "creo que si hay gente homosexual, está un poco oculta".

Um. Estoy seguro.

Desde entonces, la Corte Suprema de Uganda ha declarado inconstitucional la ley anti-homosexualidad, pero sus defensores se están replegando para reintroducirla con una redacción a prueba de balas.

National/Calls-to-pass-the-anti-gays-Bill-dominate-New-Year-messages-/-/688334/1655670/-/11vv8ob/-/index.html.

Capítulo 11
¿Qué no entendemos acerca de "No hacer"? Levítico 18 y 20

Ni la labor de mis manos
Puede cumplir con las demandas de tu ley;
Aunque no conociera descanso mi celo,
Aunque mis lágrimas fluyeran para siempre,
No podrían expiar el pecado;
Tú tienes que salvarme, y solamente tú.

"Rock of Ages, Cleft for Me"
Augustus M. Toplady, 1776, estrofa 2

STACEY CHOMIAK, QUIEN CRECIÓ EN UN HOGAR CRISTIANO y entregó su corazón a Jesús a una edad temprana, estaba totalmente inmersa en la vida de la iglesia, incluyendo campamentos de verano, grupos de jóvenes del viernes por la noche y convenciones. Su iglesia era su hogar . . . hasta que como una adolescente mayor admitió que era *gay*. Pasó años haciendo todo lo posible "orando que desaparezca lo *gay*" pero sin éxito. A medida que su orientación se volvió conocida, más tarde escribió: "Yo soporté el dolor extremo, el abandono, la vergüenza, la soledad y la culpa de mi familia de la iglesia . . . . Lo que había sido mi refugio desde el nacimiento se convirtió en un lugar oscuro que me hizo cuestionar todo y odiarme a mí misma y a mis fútiles oraciones. [Mi iglesia] me hizo creer que tenía que elegir—abrazar a Dios, o ser condenada y abrazar este pecado capital"—.

No podía tomar esa decisión. "Pasé una semana intensa gritando a Dios hasta acá. Le dije que lo amaba tanto y que iba a caminar hacia él . . . con mi novia de siete años, Tammy (Tams), a mi lado. Horas más tarde, sentí una paz que sólo puede venir de él".

El viaje fue largo, pero finalmente encontraron una pequeña Iglesia de la Alianza Cristiana y Misionera en Columbia Británica donde el pastor y la congregación, con el pleno conocimiento de su estado matrimonial, las recibieron con los brazos abiertos y sin restricciones para servir entre ellos en el trabajo de la iglesia. Sin embargo, tras seis meses, la denominación / confesión descubrió que se habían unido a la iglesia. Pero esta iglesia era diferente. Aunque la denominación / confesión cerró las puertas del edificio y relevó al pastor de su posición, el pastor y los miembros apoyaron a Stacey y Tams en lugar de expulsarlos.[95]

¿Qué ocasiona que las confesiones, denominaciones, las iglesias o incluso los padres tomen medidas tan duras? Sin duda, Levítico 18.22—"No te acostarás con un hombre como quien se acuesta con una mujer"—tiene algo que ver, especialmente con su verso compañero en 20.13 que designa la muerte como el castigo por su violación. Quizás surge un sentimiento de urgente obligación de hacer *algo*—si no la pena de muerte, por lo menos algo tan drástico como para emparejar el tono inequívoco de la ley—.

En el pasado, los apologistas homosexuales liberales simplemente desecharon el versículo, alegando que era tan incompatible con un Dios amoroso y que él no podía haberlo emitido. Pero yo tomo más en serio las Escrituras, así que me sentí obligado a estudiar el pasaje con cuidado para ver si estábamos justificados en pensar que se aplicaba a todos las personas homosexuales, porque sabía que hay muchas leyes del Antiguo Testamento que descartamos con bastante libertad—no porque dudemos que eran la palabra de Dios para ese tiempo, pero porque no se aplican hoy—. Consideremos un tratamiento satírico de esta lista parcial.

- ¿Cómo puede un individuo saber si una mujer está teniendo su período menstrual para estar seguro de no tocarla como la Biblia enseña en Levítico 15.19-24? Si él pregunta, ella tendría razones para darle una bofetada.
- ¿Resolveríamos el problema de la inmigración si simplemente compráramos esclavos de otras naciones como Levítico 25.44 recomienda?
- Cada vez que el restaurante Red Lobster tiene uno de esos especiales de "todos los camarones que puedes comer",

95. Stacey Chomiak, "The Church that Loved", blog de Rachel Held Evans, 4 de febrero de 2014, http: / / rachelheldevans.com / blog / church-loved.

¿quién puede resistirse como Levítico 11.10-12 requiere? Camarones no parecen tan "detestables" (ni tampoco tilapia). Entonces, ¿qué se debe hacer?

- Se supone que debemos guardar consagrado el sábado al no trabajar en él. Pero muchos pastores usan el sábado para poner los toques finales a sus sermones, incluso si toman un descanso el lunes. ¿Están en peligro de la pena de muerte como dice Éxodo 35.2?
- Supongamos que un veterano recién llegado de Irak quiere convertirse en pastor a pesar de que ha perdido un miembro u ojo. Levítico 21.16-23 dice que tal persona no es calificada para el sacerdocio. ¿Esto incluye a un veterano?
- Así que te hiciste un tatuaje, un hermoso pavo real en el hombro antes de leer Levítico 19.28. ¿Debes quitártelo?
- Una familia con un problema de falta de capital notó que Éxodo 21.7-8 les permitiría vender a su hija en esclavitud . . . por supuesto que no a un extranjero. Pero si la ofrecen online, ¿cómo sabrán quién responde al anuncio?
- Levítico 11.7-8 prohíbe tocar un cerdo, pero los balones de fútbol americano se llaman "piel de cerdo". ¿Está bien jugar al fútbol si sólo usas balones de cuero o de caucho?

Ridículo, ¿verdad? Y la lista podría continuar. Pero los cristianos tienen razones más reflexivas para desechar muchas reglas del Antiguo Testamento, generalmente reflejando alguna forma de dividir la Ley en varias categorías hechas por el hombre tales como la ley moral, la ley ceremonial y la ley civil. (Vamos a discutir estos en el capítulo 17 y mostrar la mejor manera de Jesús de discernir cómo y cuándo aplicar varias leyes).

¿Cómo pueden los cristianos homosexuales aceptar Levítico 18.22 mientras piden matrimonio igualitario?

Al principio me sorprendió saber que muchos cristianos homosexuales *no* descartan Levítico 18.22 y no sienten que tengan que hacerlo porque lo ven como aplicándose a prácticas históricamente específicas que no representan su deseo de una relación fiel y monógama de igualdad.

Matthew Vines dice en *God and the Gay Christian*[96] [*Dios y el cristiano* gay] que el mal prohibido en el versículo 22 provino de la glorificación cultural de la dominación masculina. Poner a otro varón en el papel sumiso y receptivo era degradante y por lo tanto malo. "Acostarse con un hombre como quien se acuesta con una mujer" es reducir a un varón a la condición de mujer, que en esa cultura era una enorme humillación. Vines ofrece un considerable respaldo histórico a sus observaciones, y estoy personalmente convencido de su significado, a pesar de que el castigo por violar la ley—"los dos serán condenados a muerte" (Levítico 20.13) —no hace distinción moral entre la culpabilidad del infractor dominante y de la pareja pasiva, que en muchos casos fue una víctima genuina—esclavo, enemigo vencido o simple muchacho—.

Pero no todos están de acuerdo con el análisis de Vines. Por ejemplo, Owen Strachan, profesor asistente de teología cristiana y director ejecutivo del Council on Biblical Manhood and Womanhood [Consejo sobre la masculinidad y femineidad bíblica], desafía a Vines al citar otras autoridades históricas que él afirma contradicen la tesis de Vines.[97] Si son lo suficientemente diligentes como para leer opiniones competitivas, los lectores se quedan con el dilema de "él dijo, ella dijo". Sin los medios académicos para evaluar quién es más preciso, es probable que vayan con el punto de vista que coincide con sus ideas preconcebidas.

Considerando el contexto bíblico

Pero sin tratar de evaluar qué documentos históricos extra bíblicos son más precisos, si se ha considerado todas las fuentes, o los matices técnicos de la traducción, hay mucho que encontrar en la narración bíblica misma.

Hay dos maneras de leer, "No te acostarás con un hombre como quien se acuesta con una mujer". Una manera es verlo como un

---

96. Matthew Vines, *God and the Gay Christian: The Biblical Case in Support of Same-Sex Relationships*, (New York: The Doubleday Religious Publishing Group, Kindle Edition, 2014), Capítulo 2.

97. Owen Strachan, "Have Christians Been Wrong All Along? What Has the Church Believed and Taught?" *God and the Gay Christian?: A Response to Matthew Vine*, editado por R. Albert Mohler Jr., (Louisville, KY: SBTS Press, 2014), 67-69.

mandamiento independiente, incluido entre otros mandamientos, pero sin ningún contexto o trasfondo. Si se lo mira de esa manera, no hay nada más que las palabras mismas para entender su aplicación pretendida. Se mantiene rígida y sin contexto. Se aplica a todos los que podrían ser abarcados por las palabras específicas si el autor lo buscó o no de esa manera.

Durante la última parte del siglo pasado, cuando la controversia causó estragos sobre el papel de las mujeres en la iglesia, muchas personas trataron las instrucciones de Pablo en 1 Corintios 14.34-35 de la misma manera. "Guarden las mujeres silencio en la iglesia, pues no les está permitido hablar . . . Porque no está bien visto que una mujer hable en la iglesia". ¡Punto! ¿Qué podría ser más claro? Pablo no incluyó excepciones dentro de la regla misma, y este mandato no puede ser desechado como parte del Antiguo Pacto ya que fue escrito bajo el Nuevo Pacto. Por lo tanto, si no consideras el contexto, es justo ahí, para ser obedecido por *todas* las mujeres bajo *todas* las circunstancias o flagrantemente violado en rebelión abierta contra la Palabra de Dios.

Algunas personas todavía lo ven de esa manera. (Aunque pocos de ellos lo aplican literalmente para decir que las mujeres no pueden decir *nada,* simplemente prohíben a las mujeres predicar o enseñar). Pero invocarlo universalmente ignora dos reglas importantes de la hermenéutica: ¿A quién se habló y por qué? Afortunadamente para la mayoría de las iglesias, los teólogos más sabios prevalecieron al señalar que incluso Pablo no lo aplicó universalmente y se dirigía a una situación específica por una razón específica. Por lo tanto, las mujeres modernas que estén dispuestas a respetar el decoro básico que esperamos de todos están exentas.

A menos que insistas en leer los versículos de Levítico 18 como desconectados unos de otros, se debe explicar por qué la mayoría de los cristianos descartan fácilmente el versículo 19—"No tendrás relaciones sexuales con ninguna mujer durante su período de impureza menstrual"—, mientras se insiste que el versículo 22, sólo tres versículos más adelante, debe ser obedecido por todas las personas homosexuales.

Adoración de ídolos paganos

La otra manera de leer Levítico 18.22 es considerar el contexto, que incluye un preámbulo al principio del capítulo en el que Dios identifica a quién está hablando y por qué.

> El Señor le ordenó a Moisés que les dijera a los israelitas: "Yo soy el Señor su Dios. No imitarán ustedes las costumbres de Egipto, donde antes habitaban, ni tampoco las de Canaán, adonde los llevo. No se conducirán según sus estatutos" (Levítico 18.1-3).

Así que el contexto es claro y el peligro es grande. Los israelitas se enfrentaban al verdadero riesgo de continuar las prácticas paganas de los egipcios de donde procedían y/o adoptar las prácticas paganas de los cananeos entre los cuales se asentaban. Lo que sigue es un catálogo de prácticas incestuosas y adúlteras que no deben emular. El versículo 19 sigue siendo un enigma, pero está relacionado con el código de higiene.[98]

Uno podría pensar que las tres últimas prohibiciones en el capítulo (versículos 21, 22 y 23) simplemente continúan la lista de hábitos culturales pecaminosos que los israelitas estaban en peligro de emular. Pero en realidad, *como grupo*, se ocupan de la categoría específica de adoración de ídolos paganos.[99]

1. "No profanarás el nombre de tu Dios, entregando a tus hijos para que sean quemados como sacrificio a Moloc. Yo soy el Señor" (v. 21).
2. "No te acostarás con un hombre como quien se acuesta con una mujer" (v. 22).
3. "No tendrás trato sexual con ningún animal. No te hagas impuro por causa de él. Ninguna mujer tendrá trato sexual con ningún animal. Eso es una depravación" (v. 23).

---

98. Ver Levítico 15.19-24; 20.18, Ezequiel 18.6; 22.10.

99. James V. Brownson, *Bible Gender Sexuality* (Grand Rapids, MI: Eerdmans, 2013) 269-70.

Podríamos pasar por alto la conexión y el significado de estas tres últimas prohibiciones si no sabemos nada de las depravadas prácticas religiosas de la región, pero la siguiente información en sí no es discutida por lo que no te ves obligado a elegir entre los estudiosos más precisos.

Moloc era el dios del fuego, a quien los cananeos sacrificaban a su primogénito para traer buena fortuna. Era un ídolo enorme representado como un hombre con la cabeza de un toro erguido con los brazos extendidos. Dentro de su estómago había un horno, dentro del cual—cuando se calentaba al rojo vivo—se colocarían los niños y serían consumidos sacrificialmente.

Baal y Aserá (la contraparte femenina de Baal) eran los dioses primarios de la fertilidad, que se decían ser los poderes detrás de la lluvia y el rocío, la abundancia de cultivos y la fertilidad entre el ganado y los seres humanos. Para apaciguar a estos dioses, los suplicantes visitaban sus sagrarios y templos y pagaban por usar los servicios de prostitutos sagrados, masculinos y femeninos, en un intento por asegurar la fertilidad y la prosperidad en todas las áreas de la vida.

Baal. También se decía que Baal practicaba (y por lo tanto alentaba) el bestialismo. La poesía de las tabletas de Ugaritic reza, "El Baal más poderoso oye / Él hace el amor con una becerra en el campo / Una vaca en el campo del Reino de la Muerte. / Se acuesta con ella setenta veces siete, / Se monta ochenta veces ocho; / [Ella concib]e y da luz a un niño".[100] Una vez más, una práctica que se dice asegura la fertilidad.

Para cualquier pueblo agrario en una tierra semiárida, la prosperidad e incluso la supervivencia dependen del clima. Una región puede ser exuberante y rica mientras que la vecina sufre hambruna. Una estación puede traer cosechas abundantes mientras que la siguiente marca el comienzo de tierra hecha desierto por la erosión del viento. En el momento de las advertencias de Dios en el capítulo 18, los israelitas ya no eran pastores y agricultores experimentados como lo habían sido cuando emigraron por primera vez a Egipto cuatrocientos años antes. En el ínterin, se convirtieron en

100. Marcus S. Smith, trans., en *Ugaritic Narrative Poetry*, ed. Simon B. Parker, (Atlanta, GA: Society of Biblical Literature, 1997), 148.

esclavos de la construcción y escaparon sólo para convertirse en vagabundos en el desierto durante cuarenta años. No sabían casi nada acerca de la agricultura. Por lo tanto, era difícil para ellos—como intrusos—ignorar la "sabiduría" local de los cananeos experimentados cuando la población local afirmaba conocer los secretos de la supervivencia y la prosperidad.

Este fue el contexto en el que Dios dijo, ¡no sacrifiquen sus hijos a Moloc, no contraten a las prostitutas del templo, y no practiquen la bestialismo! Aunque el versículo 22 sólo se dirige a los hombres, el mandamiento, "No te acostarás con un hombre como quien se acuesta con una mujer" coincide perfectamente con Deuteronomio 23.17—"Ningún hombre o mujer de Israel se dedicará a la prostitución ritual"—.

Y sin embargo, una y otra vez, Israel violó estos mandamientos. Fue una ofensa repetida que enfureció a Dios debido a la idolatría involucrada. La prostitución ritual, a menudo relacionada con las imágines de Aserá (símbolos fálicos), se menciona casi cuarenta veces en el Antiguo Testamento. 1 Reyes 14.22-24 dice:

> Los habitantes de Judá hicieron lo que ofende al Señor, y con sus pecados provocaron los celos del Señor más que sus antepasados. Además, en todas las colinas y bajo todo árbol frondoso se construyeron santuarios paganos, piedras sagradas e imágenes de la diosa Aserá. Incluso había en el país hombres que practicaban la prostitución sagrada. El pueblo participaba en todas las repugnantes ceremonias de las naciones que el Señor había expulsado del territorio de los israelitas.

En 2 Reyes 23.7 el rey Josías fue aceptado porque Jilquías, el sumo sacerdote, "Derrumbó en el templo del Señor los cuartos dedicados a la prostitución sagrada, donde las mujeres tejían mantos para la diosa Aserá".

La mayoría de los estudiosos de la Biblia del siglo pasado reconocieron que Levítico 18.22 se trataba de la prostitución sagrada, y sólo en épocas más recientes, cuando las personas homosexuales buscaban la aprobación para casarse unos con otros, los eruditos ampliaron el significado del versículo para prohibir eso. Incluso Robert Gagnon, uno de los eruditos anti-homosexual más francos de nuestro tiempo, admite: "No dudo que los círculos en los cuales se produjo Levítico 18.22 tenían en vista la prostitución ritual homosexual, al menos en parte. La prostitución del culto homosexual parece haber sido la forma primaria en la que se practicaba la cópula homosexual en Israel".[101]

Pero yo todavía luchaba con la pregunta: ¿Es la idolatría la única aplicación válida?

La jurisprudencia ayuda a definir cualquier ley

La necesidad de erradicar periódicamente de Judá e Israel el culto promoviendo la fertilidad por medio de la prostitución, así como el reclamo frecuente de los profetas para que el pueblo se arrepintiera de prostituirse con las deidades cananeas está bien documentado en las Escrituras, confirmando cuan necesario era Levítico 18.22 para reducir estos pecados. Si la ley también estuviera destinada a prohibir las relaciones de por vida entre personas del mismo sexo, esperaríamos ver acusaciones, purgas o denuncias similares por parte de los profetas o en los libros históricos. Pero dentro de las Escrituras no encontramos esta preocupación mencionada ni siquiera una vez. De hecho, aunque Levítico 20.13 establece la pena de muerte, no hay ningún relato de la pena de muerte que haya ocurrido jamás por ningún comportamiento privado entre personas del mismo sexo en toda la historia judía.[102] Por otro lado, la prostitución en los templos era una gran parte de la idolatría que llevó al castigo de Israel en el exilio babilónico.[103]

Si bien ese contraste no *prueba* que Dios nunca pretendió que esta ley prohibiera el matrimonio entre personas del mismo sexo, la ausencia de incidentes registrados es, desde luego, un argumento del silencio. Sin embargo, todos estamos familiarizados con el

---

101. Robert A. J. Gagnon, *The Bible and Homosexual Practice: Texts and Hermeneutics,* (Nashville, TN: Abingdon Press, 2002), 130.

102. "Homosexuality and Judaism", http://en.wikipedia.org/wiki/Homosexuality_and_Judaism.

103. Ver Lamentaciones 1.5; Ezequiel 39.21-24, Nehemías 9.29-31.

papel que juega la "jurisprudencia" en la definición del alcance y la aplicación de una ley. En muchos casos, incluso las leyes bien redactadas pueden tener cierta ambigüedad en términos del alcance aplicable. Pero estas ambigüedades se aclaran a través de la jurisprudencia—el registro de cuándo y cómo se invoca la ley—.

Una de las cosas que atestigua la inspiración y autenticidad de la Biblia es su audacia, incluso su informe crudo de los pecados, pequeños y grandes, de los individuos. No hay duda de que Levítico 18.22 se aplicaba a la prostitución sagrada porque los profetas y sacerdotes de Dios se dirigían a esas violaciones como parte de la "jurisprudencia". Si también se pretendía condenar las relaciones homosexuales permanentes y monógamas, esperaríamos ver alguna respuesta en este sentido, especialmente porque, en porcentaje, varias personas en cada encuentro importante probablemente fueron atraídas hacia el mismo sexo. Inevitablemente, las uniones se habrían formado, algunas habrían sido expuestas si fueran tan escandalosos como para caer bajo la prohibición de Levítico 18.22, y la Biblia, que no censura por el bien de las apariencias, lo habría denunciado, y eso también se habría convertido en parte de la "jurisprudencia". Pero no hay tal registro.

Esto no quiere decir que en las eras post-bíblicas los rabinos no abordaron esta cuestión. El Talmud babilónico se dirige indirectamente al matrimonio entre personas del mismo sexo.

> Los no judíos aceptaron sobre sí mismos los treinta mitzvot (leyes ordenadas divinamente), pero sólo cumplen tres de ellas: la primera es que no escriben documentos de matrimonio para las parejas masculinas, la segunda es que no venden carne (humana) muerta por libra en las tiendas, y la tercera es que respetan la Torá.[104]

Pero eso fue algún tiempo después del tercer siglo D.C., considerablemente eliminado en el tiempo del registro bíblico inspirado. Hoy, los eruditos judíos están casi tan divididos sobre el tema como los cristianos. Sin embargo, el rabino ortodoxo Chaim

104. Chullin, 92ab.

Rapoport, Consejero Médico Principal en el Gabinete del Rabino Principal de Gran Bretaña y de la Commonwealth (una posición de bastante autoridad), escribe,

> La Biblia no condena la homosexualidad en general, sino que condena tres cosas: la violación homosexual, la prostitución ritual que formaba parte del culto de la fertilidad cananea que aparentemente también estaba, en un momento, en la práctica judía y la lujuria y el comportamiento homosexual de parte de los heterosexuales.[105]

En el relato de Génesis 19 sobre la destrucción de Sodoma, estaba claro que Dios condenó los intentos de violación, violencia sexual, intimidación y dominación—todo lo que ocurrió en el contexto de los pecados de Sodoma descritos en Ezequiel 16.49—. Pero no había nada en la narración del Génesis ni en la acusación de Ezequiel que condenara las relaciones del mismo sexo. Aquí en Levítico 18, no hay duda de que Dios condenó la prostitución sagrada y cualquier cosa asociada con la idolatría, pero de nuevo, sin ninguna denuncia directa del matrimonio homosexual. Eruditos con credenciales igualmente impresionantes debaten la historia, la arqueología, el lenguaje técnico del texto sin una conclusión convincente, mientras que la narrativa bíblica más fundamental de Levítico puede ser la clave de su aplicación: *tres versículos condenando tres prácticas idólatras*.

Existe, por supuesto, la opción de ignorar las preguntas e insistir en que los cristianos homosexuales tienen prohibido casarse unos con otros porque "¡Dios lo dijo! Yo lo creo. ¡Caso cerrado!" Pero para ser coherente, cualquiera que tome ese enfoque tendría que hacer lo mismo con el mandamiento de Jesús: "Si tu ojo te hace pecar, sácatelo" (Marcos 9.47), y no he notado muchos pastores ciegos, aunque la mitad de ellos reconocen ver pornografía.[106]

---

105. Rabbi Chaim Rapoport, *Judaism and Homosexuality: An Authentic Orthodox View*, (London: Vallentine Mitchel, 2004).

106. "En marzo de 2002, el sitio web de Rick Warren (autor de *Una Vida con Propósito*) www.pastors.com llevó a cabo una encuesta sobre el uso porno de 1351 pastores: 54% de los pastores habían visto la pornografía en Internet en el último año, y el 30% de ellos había visitado sitios en los úl-

Estos pasajes son desafiantes, y debido a la simplicidad de su redacción, este mandamiento en Levítico es particularmente difícil si ignoras el contexto. Hay otras explicaciones sobre cómo interpretarlo—la idea de que el versículo prohíbe solamente el sexo dominador o degradante o que este versículo es sólo parte del código de pureza obsoleto—. Pero estoy mucho más conmovido por la explicación de la prostitución sagrada del templo, porque es tan intrínseca al contexto del versículo. Creo que vale la pena considerarlo. Y es con esta explicación que algunos cristianos homosexuales dicen: "Sí, Levítico 18.22 es un mandamiento importante. Entendemos lo que no significa. Nos oponemos totalmente a cualquier actividad que adolezca de la idolatría y la prostitución sagrada, pero no expandamos la aplicación del versículo a aquellos de nosotros que evitamos esas actividades tanto como ustedes".

Daños colaterales

Mientras trabajaba en este libro, me inscribí en una Alerta de Google para cualquier artículo que tuviera que ver con "cristiano *gay*". No lo recomiendo. Tú serás inundado por una plétora de cosas escritas sobre el tema todos los días. Algunas son historias personales inspiradoras de valor y amor, algunas son reflexiones meditadas desde varios puntos de vista, pero muchos son ataques verbales maliciosos de personas que suelen declararse cristianos, me da vergüenza admitir.

Pero confiando en un aporte meditado, un día, hice clic en el título: "Deja de comparar tu lujuria con mi orientación sexual", y me llevó a un blog de Matthias Roberts que no me decepcionó. Me acerqué a él y arreglé una entrevista para poner sus ideas en un contexto más amplio de su historia personal.

Los padres de Matthias estaban trabajando en un campamento cristiano en Wisconsin cuando él nació, pero cuando tenía diez

---

timos 30 días". http://talkingthewalk-cal.blogspot.com/2010/02/pastors-and-porn.html.

años, se mudaron a Iowa y continuaron en otro trabajo cristiano. Él estaba siendo educado en casa y participaba profundamente en la vida de la iglesia desde una edad temprana. Matthias ama al Señor, y cuando tuvo la edad suficiente, regresó cada verano para asistir al mismo campamento cristiano en Wisconsin, donde sus padres habían trabajado una vez.

Pensando en su infancia, dice que tenía alrededor de once años cuando se dio cuenta de que se sentía atraído hacia otros chicos de una manera que era más que simplemente amistad. "Y me aterroricé. No estoy seguro de que alguien alguna vez lo haya dicho explícitamente, tal vez fueron comentarios crueles de otros niños, pero definitivamente recibí el mensaje de que mis intereses eran inaceptables".

La instrucción religiosa con respecto a la sexualidad tuvo lugar en varios entornos—el grupo juvenil, la escuela dominical y campamento—comenzando a la edad de la secundaria. Por ejemplo, cada semana en el campamento los líderes programaban una noche de dormir al aire libre para los hombres y los muchachos en el bosque mientras que las muchachas y las mujeres permanecían detrás. Todos pronto se dieron cuenta de que estas sesiones separadas eran para "la charla". Sentados alrededor de la fogata, los líderes discutirían la resistencia a la lujuria y el mantenimiento de la pureza sexual y la relación con las señoritas. Lo que tenían que decir se basaba únicamente en la presunción de que todo el mundo era heterosexual.

"No los culpo por eso", dice Matthias, "pero para un joven *gay*, eso era espantoso, sobre todo cuando nos dividimos en pequeños grupos para conversaciones más íntimas donde se esperaba que habláramos de nuestras experiencias personales y nuestras preguntas sobre la sexualidad. Sabía que si no participaba, la gente podría comenzar a preguntarse por qué. Así que tuve que hacer modificaciones de mis experiencias en comentarios vagos que encajarían sin revelar que en realidad no me atraían las mujeres. Había mucha vergüenza dentro de mí haciendo eso y mucho miedo de que alguien pudiera descubrir cómo yo era diferente".

Al reflexionar en esos momentos, Matthias se dio cuenta de que de todas las maneras sugeridas para protegerse contra la lujuria, nunca alguien le dijo: "Oye, conozco la solución. ¿Y si dejamos de que nos gusten las chicas?" No, sus estrategias nunca propusieron eliminar la atracción que uno tiene para las mujeres. Para los heterosexuales, tal solución era absurda—ni posible ni deseable—.

Sin embargo, cuando se hizo mayor y empezó a admitir que se sentía atraído hacia los hombres, esa era la receta principal que muchos cristianos ofrecían: ¡Dejar de ser atraídos hacia ellos! Desde los once años hasta los dieciocho, Matthias trató de encontrar la manera de hacerlo, creyendo que de alguna manera podría cambiar su orientación. Tal vez fue sólo una fase. Tal vez podría orar lo suficiente y Dios haría un milagro para quitársela. Sólo quería crecer, casarse y tener hijos como todo el mundo.

Cuando tenía unos quince años, sus padres descubrieron su orientación. Estaban sorprendidos y no muy felices, pero no rompieron su relación con él. De hecho, dice Matthias, hicieron todo lo posible para amarlo. Cuando, a los dieciocho años, se fue a la John Brown University, una pequeña facultad cristiana en Arkansas, sus padres le instaron a ver a un terapeuta. Matthias esperaba que tal vez eso ayudara.

Pero el terapeuta cuidadosamente lo guió hacia la realización de la verdad de que no era probable que cambiara su *orientación*. Era algo que iba a tener que aceptar. Así que la pregunta evolucionó de cómo cambiar sí mismo, a cómo vivir fielmente a Cristo dentro de este nuevo entendimiento. "En ese momento pensé que sería el celibato", dice. "Pero antes de tomar un compromiso tan dramático para toda la vida, necesitaba aprender por qué algunos cristianos homosexuales pensaban que podían casarse con la bendición de Dios".

Mientras estudiaba diversas interpretaciones de la Escritura, también reconoció una condición muy sutil que muchos cristianos incluyen en su "bienvenida" de los homosexuales célibes. Pueden decir que "experimentar la atracción hacia el mismo sexo no es un pecado", pero al mismo tiempo dicen a las personas LGBT que deben estar constantemente "luchando contra la atracción", "batallando contra la atracción" o "cargar su cruz". En ese sentido no creen realmente que el deseo sea en sí mismo pecaminoso.

Como señaló Matthias en el ejemplo de las "charlas sexuales" alrededor de la fogata, se espera solamente que los heterosexuales eviten la lujuria, no que eliminen su deseo fundamental. Pero cuando se trata de ser homosexual, él dice que hay bastante presión en muchas iglesias para las personas LGBT para no aceptar su fundamental orientación sexual. "Si tú dices que estas «atraído hacia el mismo sexo» o estás «luchando contra tu homosexualidad», eso es aceptable porque básicamente concuerda con tu creencia tácita que tu orientación es fundamentalmente equivocada y pecaminosa. Pero si abiertamente reconoces tu orientación sexual y te llamas a ti mismo *gay* [aunque hayas o no tenido una experiencia sexual], no estás aun condenando tu orientación sexual. Para la mayoría de las personas, eso no es aceptable, a pesar de que nunca esperan que las personas heterosexuales renuncien o condenen su orientación sexual".

También señala que mientras las personas homosexuales puedan experimentar lujuria, eso no es más característico de ser homosexual más que la lujuria que las personas heterosexuales experimentan; es el resultado inevitable de ser heterosexual. "Para muchos cristianos, cuando te oyen decir que eres *gay*, asumen un estereotipo de "estilo de vida *gay*", que no representa en absoluto mi moral y normas. La lujuria pudo haber sido de lo que se trataron esas charlas de la fogata, pero no es necesariamente lo que las personas bisexuales, lesbianas y gais están "abrazando" cuando aceptan su sexualidad".

Para ayudar a aclarar esto, Matthias escribió ese blog titulado "Dejar de comparar tu lujuria con mi orientación sexual", en la que señaló: "Al aceptar nuestra sexualidad, estamos nombrando algo que es cierto acerca de nuestra experiencia. Pero admitir mi orientación sexual—para mí mismo y para los demás—no es lo mismo que actuar sobre ella. Es posible estar seguro de la orientación sexual sin practicar actividad sexual. Un buen ejemplo, ni siquiera me he tomado de la mano a alguien de una manera romántica, y sin embargo estoy *seguro* de que soy *gay*. Es sólo cuestión de honestidad. Para mí, decir que soy *gay* es decir que estoy sexualmente atraído hacia los hombres. Cualquier otra cosa sería una mentira".

Si la orientación sexual se malentiende como algo pecaminoso, o se compara con algo que es pecaminoso, se crea un ambiente donde no es seguro para las personas LGBT ser honestas. "No podemos apagar nuestra orientación sexual con un interruptor, no podemos simplemente confesarla y dejar de experimentarla, pero si es algo que podemos esconder de los demás". Desafortunadamente, uno de los lugares donde la clandestinidad se requiere a menudo es en la iglesia.

Para combatir esto, Matthias cree que es importante que las comunidades de fe fomenten la comprensión de lo que es la orientación sexual (atracción hacia ciertos géneros y expresiones de género) y lo que no es (lujuria, pecado). Esta comprensión construye el trabajo básico para conversaciones abiertas sobre sexualidad, moral y teología. Y él está trabajando hacia ese fin mientras persigue dos maestrías—una en Teología y Cultura y la otra en Psicología de Consejería—en The Seattle School of Theology and Psychology. Tú puedes leer su blog en www.matthiasroberts.com.

Personalmente, su estudio extenso de las Escrituras llevó a Matthias a concluir que de hecho Dios puede bendecir matrimonios del mismo sexo para aquellos a quienes él ha creado de esa manera, y por lo tanto Dios no requiere el celibato permanente en todas las personas LGBT. Si Dios conduce a Matthias a la persona adecuada—alguien hacia quien es naturalmente atraído—tiene la intención de convertirlo en una relación basada en Cristo, no en la lujuria.

Capítulo 12
¿Romanos 1 describe a tus seres queridos homosexuales?

¡Maravillosa, infinita, incomparable gracia,
Libremente otorgada a todos los que creen!
¿Tú que anhelas a su rostro ver,
Recibirás en este momento su gracia?

"Grace Greater Than Our Sin"
Julia H. Johnston, 1911, estrofa 4

CHRISTOPHER YUAN, AUTOR E INSTRUCTOR ADJUNTO en el Moody Bible Institute, es un hombre *gay* cuya historia corresponde en varios puntos a la progresión hacia el libertinaje descrito en Romanos 1.18-32. Su historia[107] también es paralela a algunos viejos estereotipos acerca de los hombres homosexuales—un padre indiferente y distante, una madre sofocante y manipuladora, rebelión persistente y rechazo de Dios, una infancia solitaria y socialmente incómoda (hasta que salió del clóset), las salidas a clubes homosexuales, orgías, relaciones casuales y, por último, el mundo de las drogas . . . hasta que fue infectado con el VIH y finalmente arrestado por tráfico grave de drogas—. ¡Alabado sea Dios por rescatar a Christopher! No se puede negar que hay muchas personas, tanto homosexuales como heterosexuales, que viven vidas igualmente destructivas y pecaminosas.

Durante años, los medios de comunicación pusieron toda su atención en las personas homosexuales a los exhibicionistas extravagantes con tangas, o provocativos y que pudieron haber comenzado su vida de libertinaje rechazando a Dios, un estereotipo que reforzó todos nuestros prejuicios. Pero a medida que el matrimonio igualitario fue legalizando legalizó en un estado tras

107. Christopher Yuan & Angela Yuan, *Out of a Far Country*, (Colorado Springs: WaterBrook Press, 2011).

otro—y ahora en todo el país—hemos visto una oleada constante de parejas más maduras y tranquilas, muchas de las cuales han estado juntas diez, veinte, treinta años, o como Patrick Bova y James Darby, comprometidos por 52 años, cuyos votos matrimoniales fueron legalizados tan pronto como Illinois los reconoció en noviembre de 2013.

No conozco a Patrick y a James, pero cuando ayudé a Ed Hurst a escribir su libro, *Overcoming Homosexuality* [*Superando la Homosexualidad*], Romanos 1.18-32 fue utilizado—como muchos lo hacen hoy—como la preeminente condena del Nuevo Testamento a la homosexualidad, resultado del rechazo de Dios. Ed mismo había encontrado una excusa para "alejarse del Señor", diciéndole a Dios: "Tú eres una muleta; no quiero una muleta; no necesito una muleta",[108] hasta meterse bastante de lleno en el libertinaje homosexual y el uso de drogas. En ese momento, su modelo parecía encajar con la descripción de Romanos.

Pero desde entonces, me he dado cuenta de que no encaja con todos o incluso con la mayoría de las personas homosexuales, y ciertamente no con nuestra familia—Leah y Jane—o con las mujeres casadas al otro lado de la calle o con los tipos a la vuelta de la esquina con un hijo adoptado de doce años de edad. Y en los últimos años, hemos llegado a conocer a otras parejas homosexuales y muchos solteros homosexuales que no encajan en esta descripción. Algunos son creyentes que nunca han negado la existencia de Dios, lo cual Romanos 1.18-20 establece como el primer paso. Y ninguna de estas familias y amigos homosexuales podrían ser descritos como "llenos de toda clase de maldad, perversidad, avaricia y depravación . . . repletos de envidia, homicidios, disensiones, engaño y malicia . . . chismosos, calumniadores, enemigos de Dios, insolentes, soberbios y arrogantes [quienes] se ingenian maldades . . . se rebelan contra sus padres . . . son insensatos, desleales, insensibles, despiadados", que los versículos 29-31 aseguran son características de la clase de gente que Pablo estaba describiendo.

Así que tal vez el tema de estos versículos no es una descripción de causa y efecto de personas naturalmente homosexuales—cómo

108. Ed Hurst with Dave and Neta Jackson, *Overcoming Homosexuality*, (Elgin, IL: David C. Cook Publishing Co., 1987), 8.

comenzaron y cómo terminan—. Tal vez sea más bien acerca de la idolatría confirmada, que puede conducir a un tipo específico de vicio entre personas del mismo sexo, así como muchos otros graves males.

Ponerlo en contexto

Para entender mejor el mensaje de Pablo, es importante colocar este pasaje en su contexto. Al comienzo de esta epístola, Pablo identifica a su público en el versículo 7: "A todos ustedes, los amados de Dios que están en Roma, que han sido llamados a ser santos". Incluye tanto a los judíos como "a todas las naciones" (v. 5) a quienes él desea alentar en la fe y proporcionar una visión general de la redención de Dios, la cual sólo podemos recibir por gracia a través de la fe en el sacrificio expiatorio de Jesucristo. Entonces Pablo continua con los otros temas a los que él se dirige en Romanos.

Pablo escribió a una congregación mixta que sin duda luchó por entender cómo el Evangelio se aplicaba, dados sus diferentes orígenes. Algunos miembros habían salido de una vida depravada de la peor clase, mientras que otros gentiles pudieron haber vivido como "buenas" personas aunque sin mucho conocimiento de Cristo, y algunos eran judíos que habían hecho todo lo posible para obedecer la Ley de Dios durante toda su vida. Así que Pablo tuvo que empezar por construir un amplio caso en que "Judíos y gentiles por igual están todos bajo el pecado. Como está escrito: «No hay un solo justo, ni siquiera uno»" (Romanos 3.9-10). Todo esto llevó a la única solución: ¡la gracia de Dios!

> Pero ahora, sin la mediación de la ley, se ha manifestado la justicia de Dios, de la que dan testimonio la ley y los profetas. Esta justicia de Dios llega, mediante la fe en Jesucristo, a todos los que creen. De hecho, no hay distinción, pues todos han pecado y están privados de la gloria de Dios, pero por su gracia son justificados gratuitamente mediante la redención que Cristo Jesús efectuó (Romanos 3.21-24).

Es en este contexto más amplio que podemos empezar a entender los versículos 18-32 del capítulo 1, un pasaje que muchos toman fuera de contexto en su intento de acusar a toda la gente homosexual.

Los "malos", los "buenos" y los "elegidos"

Al construir su caso de que "todos han pecado y están privados de la gloria de Dios" (Romanos 3.23), Pablo describe tres grupos de personas, empezando por la gente más malvada y cómo terminaron siendo así al suprimir la verdad acerca de Dios.

> Me explico: lo que se puede conocer acerca de Dios es evidente para ellos, pues él mismo se lo ha revelado. Porque desde la creación del mundo las cualidades invisibles de Dios, es decir, su eterno poder y su naturaleza divina, se perciben claramente a través de lo que él creó, de modo que nadie tiene excusa. A pesar de haber conocido a Dios, no lo glorificaron como a Dios ni le dieron gracias, sino que se extraviaron en sus inútiles razonamientos, y se les oscureció su insensato corazón. Aunque afirmaban ser sabios, se volvieron necios y cambiaron la gloria del Dios inmortal por imágenes que eran réplicas del hombre mortal, de las aves, de los cuadrúpedos y de los reptiles. (Romanos 1.19-23).

Nota que este descenso a la idolatría no era inevitable: "Lo que se puede conocer acerca de Dios es evidente" para todos. Podrían haber reconocido el "eterno poder y su naturaleza divina" de Dios y vivido como miembros del segundo grupo, que podríamos llamar la gente "buena". La buena gente puede no haber tenido la Ley escrita de Dios como el tercer grupo, los judíos "elegidos", pero según Romanos 2.14-15, Dios sí escribe sus exigencias básicas en el corazón de todos. Y "si los gentiles cumplen los requisitos de la ley, ¿no se les considerará como si estuvieran circuncidados?" (V. 26).

Tal vez Cornelio, un centurión en lo que se conocía como el regimiento italiano, formaba parte de este segundo grupo, uno de los buenos. Hechos 10.2 dice: "Él y toda su familia eran devotos y temerosos de Dios. Realizaba muchas obras de beneficencia para el pueblo de Israel y oraba a Dios constantemente". Él no era un prosélito judío o Pedro no habría necesitado permiso divino para entrar en su casa. Y él aún no era un creyente o Pedro no habría necesitado decirle las Buenas Nuevas de Jesucristo y bautizarlo. Por lo tanto, él era simplemente un buen hombre, representante del segundo grupo, pero alguien, no obstante, que necesitaba el Evangelio de Cristo.

Los misioneros pioneros a veces reportaron haber encontrado grupos de personas remotas que adoraban al Dios Creador, mantenían una vida ordenada, pacífica y justa, y rápidamente acogieron el Evangelio. Por ejemplo, doscientos años antes de cualquier contacto con hombres blancos, los chamanes de las tribus Nez Perce, Spokane, Flathead y Coeur d'Alene predijeron la llegada de "hombres de piel clara con largas túnicas negras con bastones cruzados bajo el cinturón" que les enseñarían un "nuevo camino hacia el sendero del cielo".[109] Los Nez Perce adoraban a *Hanyawat*, el Gran Espíritu y hacedor de todas las cosas. El contacto con Lewis y Clark resucitó la antigua profecía, seguida de su cumplimiento más literal por los sacerdotes jesuitas itinerantes. A partir de 1831, los Flathead y Nez Perce enviaron tres delegaciones sucesivas (una de las cuales fue atacada y destruida por guerreros Siux) unos mil novecientos kilómetros a St. Louis para pedir a alguien que viniera y les enseñara acerca de este "nuevo camino hacia el sendero del cielo".

Así que hay ejemplos de personas buenas, claramente distinguibles de grupos totalmente malvados.

Sin embargo, muchos tradicionalistas y neo-tradicionalistas afirman que la idolatría descrita en Romanos 1.18-23 no se refiere al camino de un grupo de personas específicamente perversas, pero dicen que es una metáfora de la pecaminosidad general de toda la humanidad. Tal generalización, sin embargo, socava el argumento que Pablo estaba construyendo sobre todos los tres capítulos, que era—no importa cuál sea su categoría—malvados, buenos o elegidos—"todos han pecado y están privados de la gloria de Dios"— (Romanos 3.23). Ignorar estas diferencias obvias debilita

109. Rodney Frey y Ernie Stensgar, *Landscape Traveled by Coyote and Crane*, (Seattle, WA: University of Washington Press, 2001), 62.

su argumento porque hay personas que no encajan en la descripción de Romanos 1.18-23 por una variedad de razones, no sólo con respecto a la homosexualidad. Y la Biblia nunca afirma que no hay diferencia entre gente groseramente perversa como Hitler y gente relativamente buena como Gandhi. Pero Pablo describe el camino perverso de este grupo en particular porque eran bien conocidos por los creyentes romanos.

Describir su descenso a la maldad no excusa a la gente buena ni a la gente escogida de estar sin pecado. Pablo sostiene que "no hay un solo justo, ni siquiera uno" (Romanos 3.10), y el único antídoto para el pecado es la "justicia de Dios [que] llega, mediante la fe en Jesucristo" (Romanos 3.22).

¿Qué podemos aprender?

La actividad homosexual indiscutiblemente ocupa un lugar prominente en el descenso a la maldad descrito en estos versículos en el primer capítulo, ¿Qué podemos aprender de ellos?

1. *Su depravación resultó directamente de negar a Dios,* su existencia, y el hecho de que él creó el mundo, es todopoderoso, y es eterno. Su negación de lo que era obvio llevó a su primer "cambio". Ellos "cambiaron la gloria del Dios inmortal por imágenes que eran réplicas del hombre mortal, de las aves, de los cuadrúpedos y de los reptiles" (v. 23). La gente moderna rara vez adora ídolos de madera y piedra, pero una vez que una persona desecha una creencia en Dios, no es raro que reemplace a Dios con algún otro enfoque convincente y organizador. Estoy intrigado por las historias de personas que sacrifican absolutamente todo—familia, relaciones, salud y a veces su misma integridad—para lograr lo "imposible". Normalmente son historias muy tristes aunque el mundo las alaba y las envidia como las más grandes, el más rico, el más veloz, el primero o el único. Nosotros también hacemos ídolos que "parecen hombres mortales".

2. *Inicialmente eran heterosexuales.* Los versículos 26 y 27 dicen: "En efecto, las mujeres *cambiaron* las relaciones naturales por las que van contra la naturaleza. Así mismo los hombres *dejaron* las relaciones naturales con la mujer y se encendieron en pasiones lujuriosas los unos con los otros" (énfasis añadido). Cuando alguien me señaló

por primera vez que las palabras "cambiaron" y "abandonaron" debían significar que estas personas eran originalmente heterosexuales, no vi la importancia porque en ese entonces asumí que todos los involucrados en la homosexualidad comenzaron de manera heterosexual y tomaron la *decisión* de convertirse en homosexual. Incluso pensé que era lo que Leah había hecho, aunque sólo podía especular sobre sus razones. Pero cuando me enfrenté a su testimonio y a la multitud de otros cristianos homosexuales que sostienen que nunca tomaron tal elección (y hay miles), tuve que reexaminar las implicaciones de la elección de palabras de Pablo aquí. Los tradicionalistas podrían descartar a todos las personas homosexuales como mentirosos o que se engañan a sí mismas, pero a medida que la evidencia aumentaba, no podía presumir que yo sabía más sobre tantas personas que se conocían a sí mismas. Entonces, ¿qué decía Pablo? Si sólo estuviera siendo descriptivo en cuanto a cómo eran estas personas, podría haber dicho algo como: "En lugar de las relaciones naturales, practican relaciones no naturales". Eso podría describir a todas las personas homosexuales sexualmente activas—lo que hacen es considerado poco común, atípico, no de acuerdo con el "diseño básico"—. En cambio, Pablo usó verbos muy activos, lo que implicaba que ellos deliberadamente cambiaron y abandonaron lo que naturalmente eran por algo que era antinatural para ellos.

Aún más significativo, Pablo creó un paralelismo literario que enfatiza la naturaleza deliberada de las elecciones que estas personas tomaron.

- "Obstruye[ro]n la verdad" (v. 18).
- "Cambiaron la gloria del Dios inmortal por imágenes" (v. 23).
- "Cambiaron la verdad de Dios por la mentira" (v. 25).
- "Las mujeres cambiaron las relaciones naturales por las que van contra la naturaleza" (v. 26).
- "Los hombres dejaron las relaciones naturales con la mujer" (v. 27).

Se convierte en un capricho, en una elección deliberada de pasar de un estado a otro. Por lo tanto, no es irrazonable concluir que la gente que Pablo estaba describiendo eran originalmente heterosexuales que decidieron abandonar lo que era natural para ellos.

Los lectores de Pablo no hubieran tenido ningún problema siguiendo esta línea de pensamiento. Vivían en Roma repletos de dos ejemplos prominentes de heterosexuales que *se apartaban* de su sexualidad normal para "degradar sus cuerpos unos con otros". Había cultos greco-romanos de fertilidad en los cuales participaban hombres y mujeres en orgías sexuales que incluían tanto ritos heterosexuales como homosexuales, tal como fue condenado en Levítico 18.22. Y existía la práctica de los hombres dominantes—conquistadores, amos, los ricos—subyugando al vencido, al esclavo, a los muchachos más jóvenes como una cuestión de deporte y para demostrar sus proezas.

El significado de esta forma de pensar es que "gente naturalmente homosexual" no toma tal elección. Nunca fueron heterosexuales; no abandonaron nada. Como dice Matthew Vines, "La atracción hacia el mismo sexo es completamente natural para mí. No es algo que escogí o algo que yo pueda cambiar".[110] Por lo tanto, no podemos asumir que están incluidos en la condenación mordaz de Pablo.

3. *Estas personas "encendieron en pasiones lujuriosas"*. Tanto las personas homosexuales como las heterosexuales pueden encenderse con lujuria. Pero no todo el mundo es lujurioso. La lectura estereotipada de este pasaje presupone que la atracción es lo mismo que la lujuria, cosa que no lo es. La mayoría de nosotros que somos heterosexuales nos damos cuenta de que nos atraen en general las personas del sexo opuesto, pero eso no significa que continuamente nos imaginamos cometiendo adulterio con cada persona guapa que vemos, y si lo hacemos, tenemos que lidiar con eso directamente sin intentar eliminar toda atracción hacia el sexo opuesto. Del mismo modo, debemos reconocer que sólo porque las personas homosexuales se sientan atraídas hacia otros del mismo sexo no significa necesariamente que estén encendidas con lujuria. De hecho, la mayoría de los homosexuales manejan su atracción tal como tú y yo lo hacemos . . . O deberíamos hacerlo.

---

110. Vines, Matthew. *God and the Gay Christian: The Biblical Case in Support of Same-Sex Relationships*, (New York: The Doubleday Religious Publishing Group, 2014, Kindle Edition), 29.

Esta distinción nos ayudará a darnos cuenta de que tu familiar o amigos homosexuales pueden no estar entre las personas malvadas que Pablo estaba describiendo en este pasaje.

4. *Se llenaron de toda clase de maldad.* Como vimos antes, el objetivo de Pablo en los tres primeros capítulos de Romanos era demostrar que "todos han pecado". Pero este primer grupo de personas ha pasado a lo más bajo de lo bajo. "Se han llenado de toda clase de maldad, perversidad, avaricia y depravación. Están repletos de envidia, homicidios, disensiones, engaño y malicia. Son chismosos, calumniadores, enemigos de Dios, insolentes, soberbios y arrogantes; se ingenian maldades; se rebelan contra sus padres; son insensatos, desleales, insensibles, despiadados" (Romanos 1.29-31). Y animan activamente a otras personas a hacer lo mismo.

Trágicamente, hay personas hoy en día que califican como miembros de este grupo al igual que había en los días de Pablo. Es una descripción apropiada de la maldad y la depravación. Y como Pablo comenzó esta sección, "La ira de Dios viene revelándose desde el cielo contra toda impiedad e injusticia de los seres humanos, que con su maldad obstruyen la verdad" (Romanos 1.18). Pero esta no es la única categoría. Existen los "malos", los "buenos", los "elegidos" . . . y también existen los "salvos por la gracia". Muchos de nuestros familiares y amigos homosexuales no encajan en el malvado perfil de Romanos 1 en ninguno de los cuatro puntos que Pablo tan gráficamente describió.

Por lo tanto, si no encajan, no los coloquen allí. Ni siquiera los coloquen allí simplemente porque necesitan la "justicia de Dios [que] viene por medio de la fe en Jesucristo a todos los que creen". Porque todos necesitamos de eso.

Escritura constante

Finalmente, este pasaje es muy informativo con respecto a la extensión mayor de la Escritura. Como recordarán, Levítico 18 se dirigió a los israelitas mientras se preparaban para reclamar la Tierra Prometida, advirtiéndoles que no imitaran las prácticas idólatras de los cananeos que estaban invadiendo o repitieran las prácticas de los egipcios que habían dejado. Sin embargo, no obedecieron. La idolatría, incluida la prostitución sagrada, levantó repetidamente su fea cabeza durante cientos de años hasta que los israelitas fueron llevados a Babilonia de castigo. Pero aparentemente aprendieron la lección durante su exilio porque, después de su regreso, ya no leemos del pueblo judío practicando ampliamente la idolatría.

Sin embargo, a medida que el Evangelio de Jesús se difundió por el mundo de los gentiles, surgió nuevamente el peligro de la contaminación idólatra, incluida la prostitución sagrada y la subyugación sexual de los hombres más débiles, esclavos y enemigos vencidos por hombres dominantes.

A todos los que dudan de la inspiración de las Escrituras, la cohesión entre Levítico 18, donde Dios dijo a su pueblo que no siguiera las prácticas idólatras de los cananeos (v. 3), y aquí en Romanos donde advierte del mismo peligro de los griegos y la cultura romana, demuestra que "la profecía no ha tenido su origen en la voluntad humana, sino que los profetas hablaron de parte de Dios, impulsados por el Espíritu Santo" (2 Pedro 1.21). De hecho, el mismo Espíritu Santo que inspiró las leyes de Levítico, aquí en Romanos 1.18-32 provee—a través de Pablo—una explicación de cómo la gente cayó tan baja como para quemar a sus niños en el horno de un ídolo, participar en la prostitución sagrada y la práctica de el bestialismo denunciado en Levítico 18.21-23.

Todo encaja.

Daños colaterales

Por David Khalaf[111]

Por fin alguien me apuntó el pecado con el dedo.

Vino de un amigo casual de mi anterior iglesia, que había escuchado un rumor de mi compromiso con Constantino. Envió por correo electrónico su grave desaprobación por nuestra elección de

111. Esta historia apareció por primera vez como un post en el blog Modern Kinship en http://daveandtino.com/blog/2016/2/3/a-friend-called-my-engagement-profane.

casarnos y me hizo un llamamiento serio para que volviera a mis sentidos. En un intercambio posterior, él me acusó de un "deslizamiento al pecado" (mi término, no el suyo) comparando mi fe a una rana en una cacerola de agua calentándose. Él afirmó que yo había estado cambiando mi teología paso a paso, tan gradualmente que no podía ver cómo estaba deformando mi fe para servir a mis propios deseos y no a los de Dios. ¡Uf!

Esto no es un post sobre cómo respondí o todas mis réplicas descaradas (había muchas, ninguna se envió). Ni siquiera se trata de cambiar la opinión de alguien. Más bien, me hizo pensar en cómo puedo seguir siendo un cristiano que está abierto a la corrección de Dios, al mismo tiempo que todavía me mantengo confiado en las creencias que he desarrollado acerca de Dios y la naturaleza de su amor.

Soy alguien que quiere ser interminablemente corregible por Dios. Es cómo cambiamos. Es cómo crecemos. Thomas Merton, un monje trapense y activista social, escribió una vez: "Si el yo de ti hace cinco años no considera al yo de hoy un hereje, no estás creciendo espiritualmente". Veo la verdad en esa afirmación. Si nuestros puños se aferran demasiado a lo que pensamos que sabemos acerca de la Biblia y la naturaleza de Dios, nuestras manos estarán demasiado llenas para sostener cualquier revelación que Dios pueda tener para nosotros.

Para mí, Dios habla la verdad reveladora a menudo a través de otras personas. En consecuencia, he tratado de cultivar un oído que está abierto a recibir las palabras que otros tienen para mí, incluso cuando mi respuesta natural es despreciarlas. No creo todo lo que alguien me ofrece, pero trato de hacer espacio en mi corazón para escuchar a la gente sin rechazarlas.

Entonces, ¿qué hago cuando un amigo me llama pecador? ¿Tengo la responsabilidad de escuchar? ¿Podría ser Dios diciéndome la verdad a través de otra persona? ¿Cómo puedo navegar estas preguntas ahora, antes de que me case, cuando las apuestas son mucho más altas? La respuesta, creo, radica en discernir tanto el mensaje como el mensajero.

El problema con mi amigo casual como mensajero es que no tenemos ninguna relación real. Él mismo lo admitió. Él es un tipo dulce y un verdadero amante de Jesús, pero nunca fuimos lo suficientemente cercanos como para hablar de manera profunda sobre la vida del otro. No ha llegado a conocer a Constantino, y nunca ha pasado tiempo con nosotros para ver el fruto de nuestra relación. Así que, cuando me escribió su desaprobación, salpicada de Escrituras, mi corazón tenía poca generosidad para escuchar. No confiaba en lo que tenía que decir, y sospechaba que sus motivos se debían menos al amor genuino hacía mí, y más por el sentido del deber de transmitir la verdad tal como él la entendía. En resumen, el mensajero estaba equivocado.

He escuchado objeciones similares acerca de mi relación con Constantino de amigos mucho más cercanos, y mi corazón ha estado mucho más en sintonía con sus preocupaciones. La diferencia es que yo confiaba en sus palabras como dichas con amor y un deseo de entender, y no con la arrogancia de justicia. Estos amigos me amaron primero y sólo entonces ofrecieron sus preocupaciones. La lección para todos nosotros es esta: Su autoridad para hablar en la vida de alguien es directamente proporcional a su inversión en la relación.

¿Qué pasa con el mensaje en sí? El punto es que he luchado con la cuestión de la homosexualidad desde hace 20 años—a través de la terapia agonizante, libros increíbles, la discusión meditada, el estudio de la Biblia y la oración—. Dudo que el amigo que me escribió haya sido tan diligente sobre este tema. Así que cuando afirmó mi error con tanta confianza, me pareció un insolente estudiante de jardín de infantes criticando la solución de un doctor a un problema de cálculo. El mensaje que me estaba entregando es uno del que estoy muy bien informado. He estado meditando este problema durante años, pero él simplemente abrió un libro a las respuestas y las señaló. Pero la Biblia no es una hoja de respuestas de examen.

Permanecer abierto a la corrección de Dios no significa revisar una decisión difícil cada vez que alguien plantea preguntas sobre ella. He trabajado a través de este problema largo y complejo muchas veces, y estoy satisfecho con la respuesta que he planteado. Tratar de resolverlo una y otra vez no sólo es inútil sino también destructivo. A medida que mi boda se acerca, estoy empezando a entender lo crucial que es para mí solidificar mis opiniones sobre la naturaleza de la homosexualidad de una vez por todas. No servirá a nuestro matrimonio si, año tras año, continúo cuestionando su validez espiritual.

Comparo el tema con un puente de cuerda que cruza un abismo. Puedo discutir durante días con alguien acerca de si es estructuralmente sano, pero en algún momento tengo que elegir si voy a cruzarlo. Y si lo hago, una vez que estoy en ese puente, no sirve de nada dar la vuelta hacia la persona de pie sobre un terreno sólido y discutir si el puente se mantendrá. He tomado mi decisión. Estoy en este viaje. Y mi enfoque no debe estar en si el puente se mantendrá, sino en mi fe en Dios para mantenerme a salvo al cruzar.

[Debido a que se trataba de un blog, seguido de varias respuestas alentadoras, hubo un lector gay célibe que planteó la pregunta—muy respetuosamente, por cierto—si al entrar en un pacto matrimonial, David y Constantino estaban de hecho encerrándose en un compromiso que haría más difícil escuchar a Dios si en el futuro Él intentara convencerlos de que el matrimonio homosexual estaba equivocado. Lo que sigue es la respuesta de David.]

Muchas gracias por sus comentarios reflexivos. Puedo relacionarme con mucho de eso. Durante muchos años, viví como un cristiano *gay* célibe, no porque sentía que era mi vocación (como muchos lo hacen), sino porque entendí que esa era mi única opción. Viví en un estado de "parálisis del miedo"—aunque podía teorizar acerca de la bendición de Dios para las uniones entre personas del mismo sexo, no daría un paso hacia ella por temor a entrar en pecado—.

Esto puede sonar radical: he llegado a creer que la inacción basada en el miedo es más pecaminosa que entrar en una situación cuestionable con una intención genuina de seguir a Dios. Si me niego a tomar decisiones por temor a pecar, tengo tanta utilidad para Dios como un terrón de tierra. Y si sólo tomo decisiones "reversibles" que se pueden deshacer, ¿cómo puedo realmente comprometerme con alguien o algo en la vida? Creo firmemente que necesitamos saltar a la vida con un corazón centrado en Dios y confiar en que él corregirá nuestros errores mientras lo escuchemos.

Tenga en cuenta que no estoy saltando directamente de la soltería al matrimonio con nada en el medio. He estado con Constantino por más de un año, y en los primeros siete u ocho meses oraba *cada día* que Dios me convencería si yo estaba haciendo algo que pasaba la raya con sus intenciones para mí. Esa fue la oportunidad "reversible", los meses esperando que Dios me empujara suavemente de vuelta a la pista si yo estaba fuera. Él nunca lo hizo. ¿Cuánto tiempo debo seguir orando para que Dios me convenza? ¿Cuánta oración es suficiente antes de tomar acción? ¿O nunca debo moverme en absoluto? Creo que llegamos a un punto de locura si estamos recibiendo una respuesta de Dios, pero seguimos orando por la misma pregunta *por si acaso* él quiera cambiar de opinión.

No veo a Dios caprichoso. Sí, realmente creo que está bendiciendo nuestra unión ahora, tengo que confiar en que esta promesa es buena para el resto de nuestras vidas. Y aunque debo permanecer abierto a escuchar lo que tiene que decirme en el futuro, no tengo la responsabilidad de revisar el tema cada vez que alguien más esté en desacuerdo. Gracias de nuevo por sus pensamientos.

Capítulo 13
¿Son 1 Corintios 6.9-11 y 1 Timoteo 1.8-11 sobre abuso sexual?

Oh redención perfecta, comprada con sangre,
Es promesa de Dios para todo creyente;
El más vil criminal que verdaderamente cree,
En ese momento es perdonado por Jesús.

"To God Be the Glory"
Fanny J. Crosby, 1875, estrofa 2

UNO DE LOS MAYORES TEMORES entre las personas heterosexuales es que algún maestro, algún sacerdote, algún líder de los scout abuse sexualmente a sus hijos. Es una preocupación válida porque sucede, y se deben tomar todas las precauciones para evitarlo. Desafortunadamente, la preocupación es a menudo demasiado limitada. Se tiene como chivos expiatorios a hombres homosexuales cuando todas las personas que trabajan con menores deben ser examinadas a fondo, supervisadas y mantenidas bajo una atenta mirada—homosexuales, heterosexuales, hombres y mujeres—.

The National Center for Missing and Exploited Children [El Centro Nacional para Menores Desaparecidos y Explotados] estima que hay al menos 100.000 menores estadounidenses que son objeto de tráfico sexual cada año.[112] Y no son los niños los que corren mayor riesgo de los *heterosexuales* depredadores, sino las niñas. En comparación con los niños, las niñas son abusadas sexualmente de manera un chocante cuatro veces superior.[113] Según el profesor Gregory Mof de la University of California, es una tontería limitar nuestra preocupa-

112. Malika Sasda Saar, "The myth of child prostitution", CNN, July 29, 2015, http://www.cnn.com/2015/07/29/opinions/saar-child-trafficking-united-states/index.html.

113. "Child Sexual Abuse Statistics", The National Center for Victims of Crime, 2012, http://www.victimsofcrime.org/media/reporting-on-child-sexual-abuse/child-sexual-abuse-statistics.

ción al estereotipado maestro, sacerdote o líder scout homosexual. La conclusión "entre investigadores y profesionales que trabajan en el área de abuso sexual infantil es que los hombres homosexuales y bisexuales no representan una amenaza especial para los niños".[114]

Sin embargo, siempre que alguien en el poder—heterosexual u homosexual—aproveche la ventaja sexual de cualquier persona que sea más débil, más vulnerable o de alguna manera dependiente de ellos, ¡es un crimen! Y porque esto estaba sucediendo de una manera organizada y socialmente aceptable en el mundo romano durante los tiempos del Nuevo Testamento, no debería sorprendernos que la Escritura se dirija a ello. Y así es como algunos teólogos entienden lo que Pablo estaba diciendo en los dos pasajes siguientes, particularmente con respecto a un par de palabras griegas que él usa.[115]

> ¡No se dejen engañar! Ni los fornicarios, ni los idólatras, ni los adúlteros, ni los prostitutos masculinos [malakoi], ni los infractores homosexuales [*arsenokoitai*], ni los ladrones, ni los avaros, ni los borrachos, ni los calumniadores, ni los estafadores heredarán el reino de Dios (1 Corintios 6.9-10).

> Tengamos en cuenta que la ley no se ha instituida para los justos, sino para los desobedientes y rebeldes, para los impíos y pecadores, para los irreverentes y profanos, para los que maltratan a sus propios padres, para los asesinos, para los adúlteros y los pervertidos [*arsenokoitai*], para los traficantes de esclavos, los embusteros y los que juran en falso. En fin, la ley es para todo lo que está en contra de la sana doctrina enseñada por el glorioso evangelio que el Dios bendito me ha confiado (1 Timoteo 1.9-11).

114. Gregory M. Herek, "Facts About Homosexuality and Child Molestation", 1997-2013. http://psychology.ucdavis.edu/faculty_sites/rainbow/html/facts_molestation.html.

115. *Nota del traductor*: Se desarrolla este capítulo en base a versiones de la Biblia en inglés, indicando los equivalentes en español. Dado que la presente obra es una *traducción* de un libro en inglés, y no una *interpretación* del mismo, no se pretende abarcar una interpretación de las variaciones entre español e inglés.

Así es como se leía la New Internacional Versión (NIV) en inglés de la Biblia antes de las revisiones para la edición de 2011. En la versión anterior, el equipo de traductores tradujo las palabras griegas *malakoi* y *arsenokoitai* como "prostitutos" e "infractores homosexuales" en 1 Corintios 1.9 y *arsenokoitai* como "pervertidos" en 1 Timoteo 1.9. Sin embargo, defensores influyentes del punto de vista tradicional de la homosexualidad objetaron y presionaron para el cambio, alegando que la traducción anterior permitió "una escapatoria para el sexo homosexual de consentimiento mutuo", como dijo el Rvdo. Canon Phil Ashey. Él y otros como él querían una frase que "se aplicara a todo tipo concebible de relaciones sexuales entre personas del mismo sexo".[116]

Tú puedes pensar no haya mucha escapatoria. ¿Por qué objetaban? Bueno, se dieron cuenta de que con la traducción original, los lectores *gay*-friendly (amigables a homosexuales) podrían estar de acuerdo en que la *prostitución* es mala (ya sea dentro o fuera de un templo pagano) y que aquellos que practicaban la pederastia u otras formas de dominación homosexual—tal como se había hecho popular en el mundo greco-romano—eran ciertamente grandes infractores morales. Pero esas dos categorías no describían a los adultos mutuamente consintientes en relaciones comprometidas de por vida. De manera similar, la referencia a los "pervertidos" en 1 Timoteo podría ser descartada como no aplicable a los cristianos homosexuales que quieran casarse si su conducta se regía por los mismos estándares de fidelidad, amor y sacrificio mutuo a los que aspiran los matrimonios heterosexuales. Y por lo tanto, como dijo Ashey, los tradicionalistas querían un lenguaje que "se aplicara a todo tipo concebible de relaciones sexuales entre personas del mismo sexo".

Tal vez Pablo tenía la intención de decirlo así. Quizás todos los involucrados en cualquier tipo de relación de personas del mismo sexo, incluso si han puesto su fe en Jesús, no "heredarán el reino de Dios". Pero me parece preocupante que las personas con un punto de vista particular puedan presionar para cambiar una traducción

116. Michael Gryboski, "Theologians OK with Latest NIV Bible's Handling of Homosexual Sins", CP Church & Ministry, January 5, 2012, http://www.christianpost.com/news/theologians-ok-with-latest-niv-bibles-handling-of-homosexual-sins-66500/.

principal de la Biblia para que esté de acuerdo con su perspectiva como si la NIV fuera su paráfrasis personal. Pero eso es lo que lograron hacer. A partir de la edición de 2011 de la New International Version en inglés, *malakoi* y *arsenokoitai*—las dos palabras griegas separadas y específicas que Pablo usó en 1 Corintios 6.9—fueron resumidas en la frase más general, "hombres que tienen relaciones sexuales con hombres". Donde *arsenokoitai* había sido traducido en 1 Timoteo 1.9 como "pervertidos", fue ampliado para incluir a todos los "practicantes de la homosexualidad", sean o no pervertidos.

Entiendo que los traductores tienen que encontrar un equilibrio entre una traducción más literal que podría ser muy engorrosa de leer y una versión más legible que todavía aspira a la precisión. Pero si se hiciera algún ajuste, debería haber sido hacia una interpretación más exacta de las palabras específicas de una manera que permitiera a los lectores bajo oración reconocer y aplicar sus implicaciones.

Sin embargo, antes de quejarnos demasiado de la NIV en inglés, podría ser útil considerar cómo algunas otras traducciones manejaron estas dos palabras.

Nota del traductor: Son versiones comunes en inglés	***malakoi*** **1 Cor. 6.9**	***arsenokoitai*** **1 Cor. 6.9**	***arsenokoitai*** **1 Tim. 1.10**
KJV	afeminados	abusadores de sí mismos con la humanidad	que se contaminan con la humanidad
NKJV	homosexuales	sodomitas	sodomitas
NASB	afeminados	homosexuales	homosexuales
NLT	prostitutos	que practican homosexualidad	quienes practican homosexualidad
NRSV	prostitutos	sodomitas	sodomitas
NIV (Pre-2011)	prostitutos	infractores homosexuales	pervertidos
NIV (Post-2011)	hombres que tienen sexo con hombres		que practican la homosexualidad
ESV	hombres que practican la homosexualidad		hombres que practican la homosexualidad

HCSB	alguien practicando la homosexualidad	homosexuales

Como puedes recordar de lo que dije en el capítulo 10 sobre Sodoma, la práctica de llamar sodomitas a las personas homosexuales es totalmente injustificada y altamente ofensiva. Sin embargo, en el contexto de estos versículos, si los traductores pretendían referirse *solamente* a violadores y asesinos, entonces el término podría haber sido más "*gay*-friendly", porque claramente no estaría hablando de la mayoría de las personas homosexuales . . . creando una "laguna" explícita, como los tradicionalistas lo llaman. Pero estoy bastante seguro de que no era la intención de los editores de estas traducciones.

El uso de la palabra "homosexuales" (NKJV, NASB) por sí mismo o hablando en general de aquellos "que practican la homosexualidad" (NLT, NIV después de 2011), o "alguien practicando la homosexualidad" (HCSB) se edita de tal manera que incluye a las mujeres cuando las palabras griegas de ninguna manera aluden a ellas. Nuevamente, los tradicionalistas probablemente preferirían el concepto más amplio para incluir a las lesbianas, así como a los homosexuales.

Usted no necesita ser un erudito griego para encontrar lo siguiente sobre el uso de estas palabras.

Malakoi

Según la *Concordancia de Strong, malakoi* significa suave (como en la ropa fina) o afeminado. Cuando se le preguntó acerca de Juan el Bautista, Jesús le preguntó: "¿Qué saliste a ver? ¿Un hombre vestido con ropa fina [*malakoi*]?" (Mateo 11.8 [dos veces] y Lucas 7.25). La única otra ocurrencia bíblica de esta palabra es la que vimos en 1 Corintios 6.9. *El Léxico griego de Thayer* también menciona que en griego, la palabra puede referirse a los catamitas (como la *Biblia de Jerusalén* lo traduce), lo que se refiere a los muchachos que se mantienen para las prácticas homosexuales. Esta puede ser la forma en que la NIV original y el NRSV surgieron con "prostituto", aunque la prostitución implica recibir el pago y un catamito fácilmente podría haber sido un esclavo. Según K. Renato Lings, "las representaciones basadas en el uso literario griego clásico incluyen, «apacible', «tierno», «delicado», y «suave». Ocasionalmente el término adquiere matices despectivos como «débil», «moralmente débil», y «cobarde»".[117]

Otras traducciones—King James Version, New American Standard Bible, J.B. Phillips New Testament, Young's Literal Translation—lo traducen como "afeminado". Quizás los traductores de la NIV y los de otras versiones sabiamente pensaron que el uso de "afeminado" puso innecesariamente en tela de juicio a los hombres que *pueden aparecer* afeminados independientemente de su orientación sexual o actividad sexual.

Arsenokoitai

Una traducción exacta para la palabra griega, *arsenokoitai,* es particularmente todo un desafío. Como señala David Gushee, uno de los principales eruditos evangélicos de Estados Unidos:

> Las únicas dos veces que la palabra aparece en el Nuevo Testamento se encuentran en 1 Corintios 6.9 y 1 Timoteo 1.10, y la mayoría de los estudiosos creen que Pablo acuñó la frase. Aparece muy rara vez en los escritos griegos antiguos después de Pablo, sobre todo también en las listas de los vicios . . . *arsenokoitai* (plural de *arsenokoites*) es una palabra compuesta, formada de dos palabras previamente existentes que no parecen haber sido juntadas antes en la literatura griega.[118]

Gushee y varios otros eruditos han especulado que Pablo compuso la palabra combinando dos palabras, *arsenos* (hombre) y *koiten* (que hace la cama), de la traducción Septuaginta (griega) del Levítico 18.22 de la Biblia hebrea: "No te acostarás con un hombre como quien se acuesta con una mujer". Y tal vez esa era la

117. K. Renato Lings, *Love Lost in Translation: Homosexuality and the Bible,* (Bloomington, IN: Tafford Publishing, 2013), 501.

118. David P. Gushee, *Changing Our Mind: A call from America's leading evangelical ethics scholar for full acceptance of LGBT Christians in the Church,* (Canton, MI: David Crumm Media, 2014), Kindle Locations 1164-1167.

intención de Pablo. Pero Gushee está de acuerdo con Dale Martin en que "de los pocos usos del término *arsenokoites* en la literatura griega fuera del Nuevo Testamento (es decir, después de Pablo), en cuatro casos se refería a la explotación económica y los abusos de poder, no al comportamiento del mismo sexo; o más precisamente, quizás, la explotación económica y la violencia en el negocio del sexo, como el proxenetismo y la prostitución forzada".[119]

Pero si la intención de Pablo al acuñar o usar la palabra, *arsenokoitai,* fuese para identificar literalmente a los hombres-que hacen cama, Matthew Vines, autor de *God and the Gay Christian* [*Dios y el cristiano* gay], lo explica de esta manera:

> Las formas más comunes de comportamiento homosexual en el mundo antiguo eran la pederastia, la prostitución y el sexo entre amos y esclavos. La pederastia, de hecho, era tan común que Filo la describió simplemente como la unión de "varones con varones". Él esperaba con razón que sus lectores comprendieran su referencia específica a pesar de la naturaleza genérica de su elección de palabras. Dada la prominencia de la pederastia en el mundo antiguo, Pablo puede haber estado adoptando un enfoque similar a través de su uso de la palabra *arsenokoitai.*[120]

Vines también señala que "La mayoría de los otros vicios enumerados en 1 Corintios 6 . . . pueden ser entendidos como pecados de exceso o explotación: la inmoralidad sexual general, el adulterio, el robo, la avaricia, la embriaguez, la calumnia y la estafa".[121] Es decir, las relaciones comprometidas entre personas homosexuales no son más impulsadas por el exceso y la explotación que entre personas heterosexuales casadas, lo cual tendería a implicar que no fueron imaginados en la condena de Pablo.

119. Ibid., Kindle Locations 1197-1199.

120. Matthew Vines, *God and the Gay Christian: The Biblical Case in Support of Same-Sex Relationships,* (New York: The Doubleday Religious Publishing Group, Kindle Edition, 2014), 124.

121. Ibid., 128.

Una vez más el contexto puede proporcionar una comprensión más completa, particularmente en cómo Pablo usa el término en 1 Timoteo 1.9. En secuencia, Pablo nombra a los que son "sexualmente inmorales" (o prostitutos), "practican la homosexualidad", y "comercian esclavos" (o secuestradores). James Brownson, profesor de Nuevo Testamento en el Western Theological Seminary y autor de *Bible, Gender, Sexuality* dice: "Muchos estudiosos creen que los tres términos van juntos en esta lista: es decir, vemos secuestradores o traficantes de esclavos (*andropodistai*) actuando como 'proxenetas' para sus muchachos capturados y castrados (los *pornoi*, o prostitutos masculinos), atendiendo a los *arsenokoitai*, los hombres que hacen uso de estos muchachos prostitutos. Los eruditos han notado que el imperio romano intentó en varias ocasiones aprobar leyes que prohibieron esta práctica, pero con un mínimo de éxito".[122]

Robin Scroggs, profesor de teología bíblica en el Union Theological Seminary de Nueva York, está de acuerdo con que en 1 Corintios 6.9-10 "Una dimensión muy específica de la pederastia está siendo denunciada con estos dos términos [*malakoi* y *arsenokoitai*]". Llega a concluir: "A lo que se oponía el Nuevo Testamento era a la imagen de la homosexualidad como pederastia y sobre todo aquí sus dimensiones más sórdidas y deshumanizantes".[123]

Regreso al futuro

Una cosa que da peso a la idea de que tanto los pasajes de Corintios como Timoteo abordan la prostitución del templo o la pederastia en lugar de las relaciones entre personas del mismo sexo confiadas y fieles entre pares es que a las mujeres no se las menciona. Ciertamente había mujeres lesbianas en ese momento (aunque mayormente en el clóset), pero probablemente no habrían estado involucradas en este comercio sexual sádico.

Si Brownson y otros tienen razón en que estos tres términos están interrelacionados, entonces nos lleva de nuevo a nuestra crisis muy

---

122. James Brownson, *Bible Gender, Sexuality*, (Grand Rapids, MI: Wm. B. Eerdmans Publishing Co., 2013), 274.

123. Robin Scroggs, *The New Testament and Homosexuality*, (Minneapolis, MN: Augsburg Fortress, 1984), 108, 126.

contemporánea de tráfico sexual. La crisis en los días de Pablo pudo haberse enfocado en el abuso implícito en la diferencia de poder entre hombres mayores y niños, a veces castrados; pero hoy la crisis que enfrentamos es tan malvada y trágica como fue el problema en Roma, a pesar de que más comúnmente involucra a las niñas.

Podemos animarnos en la promesa de Pablo de que nadie que practique tales comportamientos destructivos e hirientes, mencionado en 1 Corintios 6.9-10 "heredará el reino de Dios", ya que eso arruinaría el cielo. Y por supuesto, la lista es mucho más amplia que la sexualmente inmoral. Como se mencionó anteriormente, incluye a los ladrones, los codiciosos, los borrachos, los calumniadores y los estafadores.[124] Pero hay aún mejores noticias en el versículo siguiente: "Eso eran algunos de ustedes. Pero ya han sido lavados, ya han sido santificados, ya han sido justificados en el nombre del Señor Jesucristo y por el Espíritu de nuestro Dios".

Mientras que la mayoría de los eruditos están de acuerdo en que en estos dos pasajes, Pablo condena los pecados del mismo sexo que involucran la idolatría, la prostitución, la explotación y la pederastia, se dividen en si Pablo estaba ignorando (y por lo tanto dando un paso a) las relaciones comprometidas entre las personas homosexuales. Wesley Hill, un cristiano *gay*, no lo cree. Él cree que los términos *malakoi* y *arsenokoitai* descartan cualquier posibilidad de matrimonio entre personas del mismo sexo. Por lo tanto, está comprometido con el celibato, aunque el lavado, la santificación y la justificación descritos en 1 Corintios 6.11 no han cambiado su orientación. Como le escribió a un amigo: "Yo . . . no puedo imaginar cómo sería la 'curación' de mi orientación, ya que parece manifestarse no sólo en la atracción física hacia los cuerpos masculinos sino también en la preferencia por la compañía masculina, con todo lo que ello conlleva, como la conversación y la intimidad emocional y tiempo de calidad pasado juntos".[125]

---

124. Se deduce que las conductas encontradas en otras listas de vicios como Romanos 1. 29-31, 2 Corintios 12. 20-21, Gálatas 5.19-24, Efesios 4.31; 5.3-8, y Colosenses 3.5-9, entre otros, tampoco serían bienvenidos en el reino.

125. Wesley Hill, *Washed and Waiting: Reflections on Christian Faithfulness and Homosexuality*, (Grand Rapids, MI: Zondervan, 2010), 42.

Lavado y esperando

Pero Pablo declaró: "Ya han sido lavados, ya han sido santificados, ya han sido justificados", como si los tres fueran un trato hecho. Sin embargo, como el título del libro de Wesley, *Washed and Waiting* [*Lavado y esperando*], declara, que él todavía está *esperando* la santificación de Dios (ser hecho sagrado) y encuentra su esperanza en Romanos 8.23-25:

> Nosotros mismos, que tenemos las primicias del Espíritu, gemimos interiormente, mientras aguardamos nuestra adopción como hijos, es decir, la redención de nuestro cuerpo. Porque en esa esperanza fuimos salvados. Pero la esperanza que se ve ya no es esperanza. ¿Quién espera lo que ya tiene? Pero, si esperamos lo que todavía no tenemos, en la espera mostramos nuestra constancia.

Porque esos versos son precedidos por: "Sabemos que toda la creación todavía gime a una (. . .)" (v. 22), la frase "la redención de nuestro cuerpo" tiene una connotación claramente física. Todos enfrentamos el deterioro de nuestros cuerpos y nos solidarizamos con aquellos con discapacidades físicas. Pero Wes, a quien he conocido y respeto profundamente, espera "la redención de [su] cuerpo" en términos de liberación de su homosexualidad. Él escribe: "Cuando Dios actúe de una manera terminante para reclamar el mundo y levantar nuestros cadáveres de la tumba, ya no habrá homosexualidad".[126] (¿Y tampoco heterosexualidad? se podría preguntar). Pero hay algo paradójico en esta perspectiva. Cuanto más se ve su homosexualidad como una condición física, tanto más es la forma en que Dios lo hizo. Cuanto más es una cosa espiritual (un producto, aspecto o fuente de pecado), tanta más victoria y libertad debe ser posible. "Si el Hijo los libera, serán ustedes verdaderamente libres" (Juan 8.36). Aunque en esta vida, nuestro proceso de santificación permanezca inacabado—al menos para mí—el progreso genuino en curso debería ser la experiencia cristiana nor-

126. Ibid., 50.

mal. Sin embargo, miles de cristianos homosexuales dicen que, si bien pueden controlar su comportamiento, siguen siendo *gay* con poco o ningún cambio, sin importar lo fervorosas que sean sus oraciones o la rigurosidad de sus disciplinas espirituales.

Hay otro enigma con parafrasear las palabras griegas en estos pasajes para incluir "todo tipo concebible de cópula del mismo sexo". Cada uno de los vicios en la lista implica una *actividad* pecaminosa. Cuando los pecadores se arrepienten, son "lavados" y "justificados". Pero también son "santificados" o cambiados y separados para los propósitos de Dios. Cuando el adúltero deja de cometer adulterio, es santificado en el sentido de que ya no es adúltero. Cuando el ladrón deja de robar, se cambia y ya no es un ladrón. Cuando el estafador deja de engañar a la gente, ya no es un estafador, etc. De la misma manera, cuando los idólatras, los traficantes de esclavos, los proxenetas y los pederastas se arrepienten y cesan su comportamiento, ya no son lo que habían sido. Esa es la maravillosa gracia de ser lavado, santificado y justificado "en el nombre del Señor Jesucristo y por el Espíritu de nuestro Dios". Pero mientras Wes vive en un celibato y ni siquiera cree que debería casarse con una persona a la que podría desear, él permanece . . . *gay*. Todavía es un homosexual.

Entonces, ¿de qué eran "santificados" los creyentes corintios como Pablo lo declaró? Ciertamente todas las formas de idolatría del mismo sexo, la prostitución, la explotación y la pederastia, así como los pecados heterosexuales—fornicación, prostitución, pedofilia, adulterio—. Pero si Pablo pretendía incluir a las personas con atracción hacia el mismo sexo, ¿cómo cambiaron? Y si no experimentaban más cambios de orientación que los cristianos homosexuales modernos, ¿en qué clase de libertad vivían sus vidas?

Teniendo en cuenta estas posibilidades, parece haber razones válidas para considerar la interpretación alternativa de que estos pasajes condenan explícitamente los comportamientos abusivos del mismo sexo tan comunes en ese día, pero no necesariamente el supuesto tradicional de que todos las personas homosexuales están incluidas.

Daños colaterales

Crystal Hodges es ahora profesora de comunicaciones en una universidad en Chicago, pero creció en una familia grande de parientes en el lado sur de Chicago, donde sus padres, hermanos y hermanas, abuela, tías y tíos y primos vivían en el mismo barrio. Eso le dio mucha seguridad, pero también significaba que siempre había ojos vigilándola, y la mamá muy pronto sabía si Crystal no hacía lo que se suponía que estaba haciendo.

Nadie más notó, sin embargo, el día que algunos muchachos del vecindario caminaron por su casa donde ella y tres otras muchachas más estaban sentadas en las escalones. "Lesbianas", les dijeron burlonamente. No tenía ni idea de lo que eso significaba, pero más tarde se dio cuenta de que podía haber sido porque ella era un marimacho, siempre vestida con camisetas y pantalones vaqueros. Y podría haber sido porque la niña más joven de su pequeño grupo descansaba a menudo la cabeza en el hombro de Crystal mientras ellas se sentaban a hablar en la escalera de entrada.

Incluso antes de esto, Crystal se dio cuenta de que la forma del cuerpo femenino la intrigaba, particularmente la de su maestra de matemáticas de sexto grado, la señorita Parker. Un día, cuando se suponía que toda la clase debía hacer su tarea de matemáticas, Crystal estaba estudiando el torso firmemente encorsetado de su profesora favorita. Casi sin darse cuenta, comenzó a dibujarlo en una nueva hoja de papel, estudiando cada línea con atención para obtener la perspectiva tridimensional perfecta de sus pechos generosos. De repente, sintió una mano deslizarse sobre su hombro y recoger el papel.

Crystal se congeló, no sólo porque no había estado haciendo su matemática, sino por lo que había estado dibujando. Sin decir una palabra, la señorita Parker llevó el papel a su escritorio, lo miró por un momento y lo guardó en un cajón mientras Crystal se apresuraba a ponerse al día con sus problemas de matemática.

Pero al parecer su maestra no estaba enojada, porque presentó el dibujo al Instituto de Arte de Chicago, que resultó en una beca para Crystal en un curso especial para jóvenes artistas prometedores.

Las chicas, con quien Crystal pasaba ratos, cada vez pasaron más tiempo hablando sobre muchachos. Pero ella no estaba interesada en los chicos, a menos que fuera para vencerlos en la cancha de baloncesto. Y nada la hizo más feliz que el día en que un equipo de chicos mayores la invitó a jugar en la cancha completa con ellos. Pero Crystal se alejó de esas chicas y pasó a reunirse con un par de chicas más jóvenes que no siempre hablaban de chicos. Su madre se dio cuenta y le dijo: "Encuentra a alguien de tu edad para jugar".

Ella encontró a algunas chicas mayores para pasar ratos, chicas de la iglesia. "Pero pronto aprendieron que si querían relacionarse con los chicos, tenían que hacerlo lejos de mí, porque yo no estaba participando en eso".

La iglesia era una maratón de actividades todo el día domingo y varias noches a la semana, y algunas reuniones se celebraban en su casa con todos los parientes y algunos vecinos presentes. Cuando no estaban dirigiendo la iglesia o cenando, los hombres y las mujeres a menudo se separaban—los hombres y los muchachos en la sala de estar mientras que las mujeres y las muchachas trabajaban en la cocina cocinando o limpiando—. La cocina era el aula de las mujeres mayores, a menudo inmersas en chismes velados sobre los pecados de otras personas. A veces trataban de hablar fuera de la comprensión de las niñas más jóvenes, pero Crystal pronto recibió el mensaje de que el peor de todos los pecados era la homosexualidad.

Más tarde, en una conversación con uno de sus tíos, también aprendió que había varias lesbianas entre los parientes de su familia, que se remontaban a cuatro generaciones. Ese conocimiento puso el temor de Dios en Crystal.

Ese temor la obsesionaba cuando una noche en que se quedó a dormir en la casa de una amiga, el jugueteo entre algunas de las chicas, que incluía agarrar los pechos una de la otra, se volvió serio. Estaban compartiendo la misma cama cuando el tocar ya no fue un juego. Crystal detuvo a su amiga, y le dijo, "Dee, a veces me temo a mí misma".

"¿A qué te refieres?"

"Ya no creo que deberíamos estar haciendo eso. ¿Tú sabes?"

"Sí. Yo tampoco".

Le sorprendió a Crystal que alguien más tuviera los mismos sentimientos que ella tenía. Hablaron un poco más sin comprender realmente de lo que estaban hablando. Pero al final, acordaron no volver a jugar así.

En la escuela secundaria, Crystal percibió que era importante satisfacer las expectativas de su familia. Pero no era suficiente con sobresalir en la música y el arte. Esperaban que fuera la primera de su familia en ir a la universidad. También hubo un empujón hacia los chicos, quizá por su estilo marimacho. Así que empezó a tener citas . . . o algo así. Y ella se dio cuenta de que su madre la dejaba ir a la privacidad del sótano con cualquier amigo cuando que ella nunca permitiría que sus hermanos y hermanas hicieran eso. "¿Qué pasa con eso?" Crystal pensaba. "¿Está tratando de despertar mi interés?"

Ella intentaba y desarrollaba una profunda amistad con un chico. De hecho, pensaba que estaba enamorada de él . . . es decir, enamorada de su alma, no de su sexo.

Después de la escuela secundaria Crystal recibió una beca completa a la Universidad de Arkansas. Fue a la universidad ese otoño, pero tuvo tanta nostalgia que se dio por vencida y volvió a casa después del primer semestre. Ella se trasladó al Conservatorio de Música de Chicago, y para aparentar a su familia que las cosas estaban aún más normales, se casó con ese novio de la escuela secundaria que había estado insistiéndola para casarse. Parecía un muchacho bastante agradable, y era una manera de salir del ambiente familiar.

A un mes o dos después de casarse, vio a su madre en el centro de la ciudad. "¿Y cómo está la vida de casada?"

"Odio las noches".

"Oh, te acostumbrarás".

Eso hizo enojar a Crystal. No tenía ningún *deseo* de "acostumbrarse". Al menos era algo que tenía que tolerar para satisfacer las expectativas de su familia. Aprendió a ausentarse durante el sexo—colocaba su mente en una zona completamente diferente y simplemente dejaba que él hiciera lo que quería con ella—.

Pero cuando su nuevo marido empezó a abusar físicamente, ya no lo toleraba, y le cortó fríamente. No pasó mucho tiempo antes de que se divorciara de ella porque no tenía sexo con él. En lo que a ella se refería, lo único bueno que salió de ese matrimonio fue su hermoso bebé.

No pasó mucho tiempo después de su divorcio que algo extraño comenzó a suceder. Ella comenzó a soñar despierta que estaba con una hermosa mujer sin rostro, simplemente abrazándose y besándose. Y fue tan abrumador. Casi se convirtió en algo que la atormentaba. Aunque nunca había disfrutado del sexo con su marido, empezó a darse cuenta de que había otra parte de ella que no podía negar. "Esa atracción me aterrorizaba", dice, "porque no quería ir al infierno".

Su solución era casarse de nuevo . . . no de inmediato, por supuesto, pero cuando tuviera veinticinco años. En el ínterin, ella había salido con un chico muy aburrido porque estaba a salvo y le había proveído una buena excusa a su familia. Cuando él se puso serio, sin embargo, lo dejó. Pero siempre había esa fantasía en el fondo de su mente. "Estaba aterrorizada de que pudiera convertirse en una realidad", recuerda, "y decepcionaría a mi madre. Mi abuela me mataría. Mis tías se avergonzarían de mí. Es por eso que seguí luchando". Tal vez todo lo que necesitaba era el "hombre correcto". Y finalmente pensó que lo había encontrado en un club de baile. Era atractivo, parecía ser amable, amaba a su hija, *y* ella era tres años mayor y más sabia que él. Ella podría manejar eso. De hecho, sus amigas se burlaban de ella, ellas sabían quién llevaría los pantalones en su familia.

Alrededor de un mes después de su matrimonio, sin embargo, él perdió su empleo. Y así como algunas personas son malas al emborracharse, él se convirtió en un hombre malo al quedarse sin trabajo. "Él escogió a la persona equivocada para golpear", dice ella. "Y ¡así terminó!" No pasó mucho tiempo hasta que ella lo echó, pero para entonces ella ya estaba embarazada de su segundo hijo, un niño maravilloso.

Tal vez fue en la recuperación, pero cuando su amiga de la infancia apareció para consolarla, hablaron, y Crystal le contó acerca de sus fantasías, y una cosa llevó a otra hasta que terminaron en la cama juntas. "Era como si yo hubiera nacido", dice. "De repente me enamoré de la vida. Creó un deseo en mí de saber más, porque yo no sabía nada de nada".

El mismo club de baile donde había conocido a su segundo marido tuvo una noche de lesbianas, y Crystal decidió darle una oportunidad. Le encantaba bailar, pero a menudo terminaba siendo la que llevaba las carteras de las otras chicas. Pero no en este club, los miércoles por la noche. Allí las otras mujeres la miraban amorosamente. Ella se relajó y recibió la aprobación que nunca había conocido.

Por más que admitir que era una lesbiana la aterrorizaba, sabía que expresaba el yo auténtico que siempre había estado tratando de salir a pesar de las limitaciones de su familia.

Se encontró con Martha, y se mudaron juntas. Fue antes del matrimonio igualitario en Illinois, pero se comprometieron entre sí, en las buenas y las malas. Y ellas hicieron una vida, una buena vida (que en última instancia duró doce años) si no fuera por el martilleo continuo de su familia.

Para entonces, su madre y la mayor parte de la familia se habían mudado a Michigan, pero su mamá continuaba beligerante, volviendo a Chicago para intentar cambiar nuevamente a Crystal. Era una pelea fea, pero en ella Crystal confirmó algo que había sospechado durante mucho tiempo cuando su madre le dijo: "Bueno, yo también tenía esos pensamientos. ¡Pero luché, luché, y tú también puedes!"

"Mamá, estás haciendo de mi vida un infierno vivo, pero esto vino a través de tu genética,[127] tu lado de la familia. Y quieres que me sienta mal, pero soy un producto de ti, y acabas de admitirlo. Yo no elegí esto".

Ella amaba a Dios, y no quería enfadar a Dios como su familia le decía que estaba haciendo. Ella tampoco quería que su madre, sus tías, u otros miembros de la familia se enojaran se sintieran avergonzados por ella. Tenía miedo de ellos. Ella se mantuvo alejada de su familia un año entero, sintiendo que su madre quería matarla. Su madre la llamó a su trabajo y le envió propaganda sobre cómo iba a contraer el VIH y morir. Incluso trató de asustar a Crystal con: "Sabes, cuando uno de los padres es homosexual, es probable que los chicos también sean homosexuales".

Crystal interpretó su teoría. "Entonces, ¿quién lo era en mi caso, tú o papá?"

Su mamá colgó.

Las confrontaciones cobraron su precio.

Ella y Martha encontraron una iglesia que parecía aceptarlas, aunque tuvieron cuidado de no hacer alarde de que eran una pareja. En esa iglesia Crystal se reunió con un erudito bíblico que estaba bien entrenado en hebreo y griego y se reunió con él para algunas conversaciones extendidas acerca de si todos esos versículos que su madre le estaba citando eran realmente lo que la Biblia decía. Él le explicó que algunos versículos simplemente no significaban lo que los tradicionalistas suponían que querían decir, pero había otros donde las interpretaciones eran grises, difíciles de hablar en absoluto de una manera u otra. Eso era reconfortante y a la vez preocupante para Crystal. Ella no quería hacer nada en contra de la voluntad de Dios, así que se dedicó a orar para que si no era su voluntad, la cambiara.

Pero cuando surgió la pregunta de si ella realmente podía servir en la iglesia, uno de los pastores le dijo que eso no sería posible. Más devastación.

---

127. No se ha identificado una sola fuente para la orientación sexual, pero varios estudios sugieren que una combinación de factores genéticos, in útero, hormonales y sociales pueden jugar un papel.

Ella oraba con tanto convencimiento que Dios le haría heterosexual que terminó teniendo una crisis emocional, llorando incontrolablemente todo el día. Al final, su relación con Martha se disolvió, pero eso no cambió quién ella era adentro. No importaba cuanta dedicación o tiempo orara, no hubo cambio. "He intentado estar con un hombre—dos veces—y no puedo. Simplemente no puedo. Y no tenía ganas de volver a intentarlo". Se sintió tan desalentada que un día subió al puente sobre una carretera muy transitada y se quedó contemplando si saltara al tráfico de abajo.

La gracia de Dios la trajo de vuelta, y ese verano, ella leyó toda la Biblia como un libro de historia porque estaba cansada de que otras personas le dijeran lo que decía. "Tantas nuevas realidades se abrieron para mí. Creo que algunas de las prohibiciones en la Biblia son acerca de la idolatría que tuvo lugar en esos altares de fertilidad. Pero la mayoría de las veces estoy 95% segura de que Dios me hizo tal como soy, como dice en el Salmo 139: « ¡Soy una creación admirable! ¡Tus obras son maravillosas!». Pero tengo que admitir que a veces se arrastran pequeñas dudas. Si son de Dios o simplemente los ecos de lo que mi familia sigue diciéndome, yo no lo sé".

Crystal es soltera ahora. "Tengo una relación totalmente diferente con Dios ahora que entiendo que mi fe no se trata de mi madre o mi familia. Se trata de él, Dios y yo. Y no se trata de un cónyuge. Se trata de él y yo. Dios es más grande que cualquier cosa que podamos entender, y no se espera que entiendas todo acerca de él. Se supone que debemos seguir a Jesús.

Pero aún no soy feliz cuando estoy en la casa de mi madre. Todavía soy 'culpable'. Voy y me siento y observo y escucho y muero hasta que no puedo soportarlo más. Y luego me voy. No es que la familia ya diga algo directamente. Es sólo el sistema, establecido con el tiempo, que nunca ha sido desmantelado".

Capítulo 14
"¿Es verdad que Dios dijo . . . ?"

Tal como soy, sin una súplica,
Sino que tu sangre fue derramada por mí,
Y que tú me ordenas venir a ti,
Oh Cordero de Dios, yo vengo, yo vengo.

Así como yo soy, tú me recibirás,
Me darás la bienvenida, el perdón, me limpiarás y me aliviarás;
Porque tu promesa yo la creo,
Oh Cordero de Dios, yo vengo, yo vengo.

"Just As I Am"
Charlotte Elliot, 1835, estrofas 1 y 5

HOY ESTABA LEYENDO EL BLOG DE UN PASTOR que estaba repasando los mismos seis pasajes que hemos visto en la Parte II de este libro, y su estudio le llevó a concluir que el matrimonio homosexual era compatible con el testimonio *entero* de la Escritura, aunque muchos han interpretado estos pasajes a través de lentes culturalmente "heterosexuales" en el pasado. Los comentarios de los lectores iban desde el agradecido aprecio hasta la condenación virulenta. Pero un lector me sorprendió cuando acusó al pastor de "predicar el mismo mensaje que la serpiente en el jardín:

> ¿Por qué Dios haría un árbol con una fruta tan atractiva, pero le ordenaría no comerla (para no morir)? ¿Por qué Dios crearía en el hombre un deseo tan fuerte de comer la fruta del árbol si no estuviera bien hacerlo? No es justo. Escucha a tu propio cuerpo, tus propios deseos y tu propio razonamiento. Dios te ha mentido. Ciertamente, si desobedeces a Dios, no morirás.[128]

128. Rev. Jared C. Cramer, "Christian marriage 'only man and woman'?" (*Grand Haven Tribune*, August 2, 2015), http://www.grandhaventribune.

Estaba, por supuesto, novelizando el incidente en el Jardín del Edén, donde la serpiente comenzó desafiando a Eva con "¿Es verdad que Dios dijo . . . ?" (Génesis 3.1) en su intento de persuadir a Adán y Eva a desobedecer el mandato directo de Dios. Pero para poner las cosas en perspectiva, nunca hubo ninguna pregunta acerca de lo que Dios había dicho. Adán y Eva sabían la respuesta, y Eva respondió sin vacilar: "En cuanto al fruto del árbol que está en medio del jardín, Dios nos ha dicho: «No coman de ese árbol»" (Génesis 3.3). Eso debería haberlo resuelto. No había Escrituras para escudriñar, ni interpretaciones de perspectiva larga que pudieran haber estado arraigadas en preferencia cultural y ninguna aplicación alternativa que mejor encajara con el carácter de Jesús como la Biblia lo revela.

Y la atracción del fruto—parecía "bueno para comer, y que tenía buen aspecto" (v. 6) —es un paralelo trivial a la naturaleza profundamente arraigada de la orientación sexual de una persona. Muchos de nosotros resistimos los alimentos que no debemos comer con relativa facilidad en comparación con las luchas de miles de cristianos homosexuales que intentaron la terapia reparativa durante años sin cambios apreciables. En ese nivel, la crítica del lector introdujo una comparación desinformada e injusta.

De hecho, no era un abrumador "deseo de comer el fruto del árbol" que la serpiente jugó cuando tentó a Adán y Eva. Era la promesa de que "llegarán a ser como Dios" (v. 5), la misma ambición celosa que muchos eruditos creen que motivó a Satanás a desafiar la autoridad de Dios como se describe en Ezequiel 28 e Isaías 14.

Sin embargo, seguí tomando en serio el sentido principal del reto del lector. ¿Estuvo el blog de este pastor—o estoy yo—tentando a la gente a pecar al cuestionar si nuestras interpretaciones tradicionales sobre la homosexualidad son correctas? En otras palabras, ¿es incorrecto hacer la pregunta, "¿En verdad que Dios dijo . . . ?" con respecto a cualquier tema y especialmente el matrimonio entre personas del mismo sexo?

---

com/opinion/opinion/2219021.

Llegar a nuestras convicciones morales

Como cristianos evangélicos, estamos comprometidos a basar nuestras convicciones morales en lo que la Biblia revela acerca de la posición de Dios en asuntos éticos. Y normalmente hay dos maneras generales de llegar a lo que pensamos que es "la posición de Dios" en cualquier tema específico.

1. *Según el tema.* La primera es explorar la Biblia en cada pasaje que toca el asunto. Lo que parece ser correcto o incorrecto de acuerdo con esos pasajes se convierte en la base de nuestras convicciones morales sobre la cuestión. ¿Es el pasaje una "ley" de Dios? ¿Se aplica todo el tiempo y para todas las circunstancias? ¿Es alguna otra declaración atribuida a Dios? ¿Es una narrativa que parece revelar el favor o el disgusto de Dios? Etcétera. Las opiniones académicas sobre traducción, entorno cultural y otros elementos interpretativos pueden desempeñar un papel importante en descifrar las implicaciones de estos pasajes. Pero esas opiniones son a veces disputadas, y el cristiano medio no está preparado para evaluar qué estudioso tiene razón. Además, este enfoque no necesariamente considera si las conclusiones coinciden con revelaciones más amplias del carácter y los sentimientos de Dios que podrían aplicarse indirectamente al tema.

2. *Según el carácter de Jesús.* El segundo enfoque es comenzar con revelaciones bíblicas más amplias, aunque a veces más amorfas, acerca de la naturaleza y el carácter de Dios y su propósito y relación con los seres humanos. Jesús, "la imagen del Dios invisible" (Colosenses 1.15), "la fiel imagen de lo que él es" (Hebreos 1.3), ocupa un lugar central, tanto que todas nuestras ideas acerca de Dios deben interpretarse a través de la lente de lo que la Biblia nos dice acerca de Jesús. Si otros pasajes—incluso si mencionan directamente el tema en cuestión—*parecen* entrar en conflicto con lo que sabemos acerca de Jesús, entonces buscamos interpretaciones alternativas plausibles para esos pasajes directos o los mantenemos en tensión mientras permitimos que nuestra moral sea gobernada por el carácter de Jesús. Una ventaja de este enfoque es que es más accesible para el creyente común. Uno no necesita ser un erudito de hebreo y griego o tener un doctorado en las antiguas

culturas de Oriente Medio para conocer la persona de Jesucristo bastante bien a través de la Biblia.

Jesús realmente demuestra su preeminencia sobre otros preceptos bíblicos en su Sermón del Monte, donde repetidamente dijo: "Ustedes han oído que se dijo (. . .) Pero yo les digo . . ." Por ejemplo, "Ustedes han oído que se dijo: «Ojo por ojo y diente por diente». Pero yo les digo: No resistan al que les haga mal. Si alguien te da una bofetada en la mejilla derecha, vuélvele también la otra" (Mateo 5.38-39). El Antiguo Testamento parece establecer la ética del "ojo por ojo" como totalmente prescriptiva—como se nos exige comportarnos[129]—y, por lo tanto, representativa del corazón de Dios. Pero luego vino Jesús con un correctivo: ¡No! "Si alguien te da una bofetada en la mejilla derecha, vuélvele también la otra", que respaldó con su vida y especialmente con su conducta en su juicio. Al hacerlo, Jesús inequívocamente reveló el corazón de Dios, que no debemos anular o incluso calificar por cualquier otra declaración, no importa lo claro que pueda parecer. Esto no disminuye nuestra convicción de que "Toda la Escritura es inspirada por Dios" (2 Timoteo 3.16). Pero crea una prioridad adecuada para la aplicación. *Después* de que somos claros sobre el carácter de Jesús a partir de lo que dijo e hizo, entonces estamos libres para tratar de averiguar por qué declaraciones aparentemente contrarias aparecen en otra parte de la Biblia, misterios que posiblemente nunca podamos resolver completamente. Pero no les permitimos redefinir a Jesús.

Otro ejemplo puede verse en la historia de las convicciones morales de los cristianos con respecto a la esclavitud. Hay numerosos pasajes bíblicos que presumen la institución de la esclavitud, leyes sobre cómo tratar a los esclavos, e incluso Pablo que envía al esclavo, Onésimo, de vuelta a Filemón.[130] Durante cientos de años, los comerciantes de esclavos y los propietarios de esclavos y sus partidarios—que se decían cristianos—usaron estos pasajes para justificar la institución de la esclavitud, a menudo con el apoyo de

129. Ver Éxodo 21.23-25, Levítico 24.17-20, Deuteronomio 19.21.

130. Pablo alentó a Filemón a que lo recibiera *"ya no como a esclavo, sino como algo mejor"* (v. 16), pero aún así honró la institución de la esclavitud en vez de actuar como abolicionista.

líderes religiosos de alta posición y entrenamiento. Fue sólo dejando a un lado esas referencias tópicas y concentrándose en cómo Dios valora a todos los seres humanos, "de cada tribu y nación", especialmente como lo demostró Jesús, que las viejas convicciones fueron anuladas.

Como dijo C. S. Lewis en una carta a la Sra. Johnson:

> Es Cristo mismo, no la Biblia, quien es la verdadera Palabra de Dios . . . No debemos utilizar la Biblia (nuestros antepasados con demasiada frecuencia lo hacían) como una especie de enciclopedia de la que se pueden tomar textos (aislados de su contexto y leídos sin prestar atención a la naturaleza completa y el significado de los libros en los que ocurren) para usar como armas.[131]

Determinar lo que "de verdad dijo Dios" acerca de las personas homosexuales requiere más que mirar los "textos prohibitivos". Debemos basar nuestras convicciones morales en todo el testimonio de la Escritura para lo cual Jesús "ha llegado a ser la piedra angular" (Mateo 21.42), y es por eso que estoy deseoso de "amar a nuestros familiares y amigos gais como lo haría *Jesús*".

Sinceridad y humildad

Ciertamente, no quiero que nadie desobedezca a Dios. Y aunque la gracia de Dios no dependa de estar en el "lado correcto" de la cuestión del matrimonio homosexual, no estamos jugando aquí. Siempre es una cosa grave desvirtuar los deseos de Dios con respecto a la vida correcta; por lo tanto, nuestra investigación debe proceder con sobria sinceridad y profunda humildad.

Pero Dios nunca parece molesto por preguntas genuinas. Job, Abraham, Moisés, Josué, Elías, Eliseo, David, Isaías y muchos otros cuestionaron a Dios. Incluso Jesús dijo: "Dios mío, Dios mío, ¿por qué me has desamparado?" (Mateo 27.46). Después de escuchar a Pablo predicar el Evangelio, la gente de Berea fue elogiada por tomarse el tiempo para examinar las Escrituras y para hacer esa

---

131. C.S. Lewis a la Sra. Johnson, 8 de noviembre de 1952, *The Collected Letters of C.S. Lewis*, Vol. III, 1st edition, (New York: HarperOne, 2007), 245-48.

desalentadora pregunta, "¿En verdad Dios dijo?", y así determinar si el mensaje de Pablo era verdad. Así que está bien cuestionar las interpretaciones de larga data a la luz de la nueva información. ¿De qué otra manera las personas fieles habrían renunciado a la creencia de que la tierra era el centro del universo? ¿O que Dios permite la esclavitud? ¿O que las mujeres deben guardar silencio?

Las preguntas genuinas no son un problema cuando estamos abiertos a recibir y actuar sobre las respuestas de *Dios*. Me ha impresionado gente homosexual como Justin Lee, quien entró en el proceso de escudriñar las Escrituras acerca de relaciones del mismo sexo con la voluntad declarada de permanecer célibe si fuera bíblicamente claro que el matrimonio homosexual es contrario a la voluntad de Dios. Esa es la clase de obediencia a la que todos debemos aspirar . . . y funciona de la otra manera también. Debemos ser tan abiertos a cambiar nuestras mentes si descubrimos que las objeciones a la igualdad de matrimonio son más un mandato humano que el mandato de Dios.

Por lo tanto, cuando se trata de las *interpretaciones* tradicionales de los "textos prohibitivos", es legítimo preguntar, "¿En verdad Dios dijo eso?"

Puntos de acuerdo

Existe un acuerdo casi unánime entre los teólogos—ya sean tradicionales, neo-tradicionales o inclusivos—de que los seis textos prohibitivos que hemos revisado en los cuatro capítulos anteriores expresan la ira de Dios contra todos los comportamientos que involucran . . .

Violación	Idolatría del templo
Coerción	Pederastia
Dominación	Lujuria
Violencia sexual	Tráfico
Prostitución	Adulterio

Cada uno de los seis pasajes prohibitivos se dirige a uno o más de estos comportamientos destructivos e idólatras comúnmente conocidos. No importa cuál sea su inclinación, casi todos los estudiosos están de acuerdo en que estas conductas constituyen *porneia,* la palabra griega usualmente traducida como "inmoralidad sexual".

El punto principal de contención

En donde los estudiosos difieren es si los pasajes prohibitivos *también* condenan el matrimonio entre personas del mismo sexo.[132]

El erudito del Nuevo Testamento N.T. Wright piensa que lo condenan porque los griegos y los romanos "sabían mucho sobre lo que la gente de hoy consideraría como relaciones a más largo plazo, razonablemente estables entre dos personas del mismo sexo. Esto no es una invención moderna, ya está allí en Platón".[133]

Otros neo-tradicionalistas piensan que los pasajes prohibitivos se aplican, pero por la razón exactamente *opuesta. No* creen que las personas antiguas estuvieran familiarizadas en absoluto con el concepto de que algunas personas son "homosexuales" y, por lo tanto, deseando una relación permanente entre personas del mismo sexo. Richard B. Hays, profesor de Nuevo Testamento en la Duke University Divinity School dice: "La idea de que algunos individuos tienen una disposición inherente a la atracción erótica hacia el mismo sexo y por lo tanto constitucionalmente «homosexual» es una idea moderna de la cual no hay rastro ya sea en el [Nuevo Testamento] o en cualquier otro escrito judío o cristiano en el mundo antiguo".[134]

Glenn Stanton apoya este punto en su libro Loving My (LGBT) Neighbor [Amando a mi prójimo (LGBT)], cuando dice: "Lo que estamos experimentando en nuestra generación es históricamente sin precedentes (. . .)

---

132. Por supuesto, por el hecho que los tradicionalistas creen que de una u otra manera la atracción hacia el mismo sexo es una opción, dirían que simplemente *ser* homosexual es también un pecado que debe ser resistido.

133. John L Allen, Jr., "Interview with Anglican Bishop N.T. Wright of Durham, England", *National Catholic Reporter,* May 21, 2004. http://www.nationalcatholicreporter.org/word/wright.htm.

134. Richard B. Hays, "Relations Natural and Unnatural: A response to John Boswell's Exegesis of Romans 1", en the *Journal of Religious Ethics,* Vol. 14 (1986), 199-201.

> No fue sino hasta los 1960 y los 1970, comenzando en los Estados Unidos, y luego extendiéndose a Inglaterra y Europa Occidental, que alguien se identificó o se proclamó "*gay*" [homosexual]. Y esto no era sólo porque la palabra en sí nunca había sido usada, sino porque se desarrolló para describir algo completamente nuevo en la historia.[135]

En realidad, N.T. Wright tiene razón en que la literatura antigua y otros registros históricos mencionaban ocasionalmente las relaciones comprometidas del mismo sexo, pero Ken Wilson señala que la descripción de Platón de la relación entre Nerón y Sporus no era nada como las uniones homosexuales monógamas entre iguales que se pide a la iglesia bendecir.

> Nerón observó a Sporus, entonces un niño varón según los estándares actuales. Lo mandó castrar, lo vistió como una mujer y se refirió a él como su "esposa" (. . .). Dada la prevalencia de la pederastia [en la cultura griega] es posible, aún probable, que al menos algunos continuaron su relación sexual hasta la edad adulta del menor. Pero esto difícilmente puede considerarse como otra cosa que no sea una explotación.[136]

Pero ¿la gente común en los tiempos del Nuevo Testamento habría estado familiarizada con las escrituras de Platón? Pueden haber chismorreado sobre las solteronas amables que compartieron una habitación en la pared de la ciudad o los solteros que vivían en la bodega en el borde de la ciudad, pero más debido al estigma cultural asociado al no tener hijos que al hecho de que podrían haber sido "parejas".

---

135. Glenn Stanton, *Loving My (LGBT) Neighbor: Being Friends in Grace and Truth*, (Chicago: Moody Publishers, 2014), 28, referencing David F. Greenberg, *The Construction of Homosexuality* (Chicago: University of Chicago Press, 1988), 458–81.

136. Ken Wilson, *A Letter to My Congregation: An evangelical pastor's path to embracing people who are gay, lesbian and transgender in the company of Jesus*, (Canton, MI: David Crumm Media, LLC, 2014), 66, 67.

Sin embargo, al insistir en que las relaciones del mismo sexo eran completamente raras, Hays y Stanton introducen un punto que debilita seriamente—o quizás contradice—su perspectiva. Al afirmar que estamos experimentando "algo completamente nuevo en la historia", reconocen inadvertidamente que los autores y lectores bíblicos no habrían tenido motivos para pensar en *esa clase* de "homosexual" al escribir o leer los textos prohibitivos que condenan la "inmoralidad sexual". Esto es esencialmente lo que los estudiosos inclusivos han estado diciendo todo el tiempo: La Biblia esencialmente no se ocupa del matrimonio homosexual; por lo tanto, al condenarlo, estamos añadiendo una tendencia moderna al mandato de Dios.

Consecuencias tóxicas

Agregar un mandato humano al mandato de Dios siempre nos mete en líos. Es parte de lo que sucedió en el Jardín del Edén. Eva combinó el engaño de la serpiente *agregando* algo a lo que Dios había dicho. Dios sólo le dijo a Adán y Eva que no podían comer del fruto de ese árbol particular, pero Eva añadió, "y no debes tocarlo", lo cual Dios no había dicho.

Muchos de nosotros que creemos en la inspiración de las Escrituras estamos justamente preocupados cuando la gente descarta versículos que no les gustan. Les recordamos a Deuteronomio 4.2, "No quiten palabra alguna [de la ley de Dios]" y Apocalipsis 22.19, "si alguno quita palabras de este libro de profecía, Dios le quitará su parte del árbol de la vida y de la ciudad santa". Pero las advertencias de Dios impactan en ambas maneras. Como Eva, a menudo hemos añadido algo a los mandamientos de Dios, ignorando las advertencias que acompañan a los textos anteriores: "No *añadan* a esto que yo les ordeno" y "Si alguno le *añade* algo, Dios le añadirá a él las plagas descritas en este libro" (énfasis añadido). Piensa en lo fácil que hemos hecho justo eso a lo largo de la historia de la iglesia con reglas extra-bíblicas acerca de cómo vestir, cómo hablar, qué comer, qué música es apropiada, con quién casarse (incluyendo raza y clase y ahora restricciones de género). En un momento u otro, la lista ha tocado casi todos los ámbitos de la vida.

Por lo tanto, parece legítimo preguntar si Dios *quiso* o no incluir las relaciones comprometidas del mismo sexo junto con las otras condenas a pesar de que no inspiró a los escritores bíblicos a mencionarlas explícitamente, *ni siquiera una vez.* Y uno habría esperado que cualquier buen autor (especialmente uno inspirado por el Espíritu Santo) lo hubiera hecho ya que sus lectores no habrían pensado siquiera en el gente homosexual en el clóset en medio de ellos.

Por lo tanto, hacer la pregunta: "¿En verdad Dios dijo que el matrimonio homosexual es malo?" requiere mirar a interpretaciones alternativas de pasajes que han sido leídos a través de la lente tradicional. Es cierto que algunas de estas alternativas son más convincentes que otras, pero no puedo descartarlas más allá de una duda razonable. Fue Jesús quien nos dijo cómo discernir verdaderos y falsos profetas: "Por sus frutos los conocerán" (Mateo 7.15-23). Y en Hechos 15, eso es exactamente cómo los apóstoles y los ancianos de Jerusalén estaban convencidos de la autenticidad de los conversos gentiles. Era innegable que se les había dado el Espíritu Santo de Dios. Y por lo tanto, incluso si no estamos completamente de acuerdo con nuestros hermanos y hermanas cristianos homosexuales, les debemos respeto a su integridad cuando el fruto evidente en la vida de muchos se demuestra "amor, alegría, paz, paciencia, amabilidad, bondad, fidelidad, humildad y dominio propio", que son fruto del Espíritu Santo (Gálatas 5.22-23).

Daños colaterales

Mis padres servían con Village Missions, creando iglesias en pequeñas ciudades de explotación forestal y ganadera en el noroeste. Para obtener apoyo financiero, a menudo iban en "viajes de delegación", hablando en las iglesias orientadas a misiones de las grandes y medianas ciudades.

A veces sentía su tensión por no saber cómo serían recibidos entre los extraños. Pero usualmente le seguía un alegre alivio de que el Cuerpo de Cristo siempre acoge con beneplácito lo suyo. Neta y yo también hemos viajado por todo este país (así como en China) dirigiendo seminarios de escritura para niños o hablando sobre temas relacionados con nuestras novelas cristianas y otros libros. Nuestra experiencia fue similar ya que a menudo fuimos recibidos en casa de hermanos y hermanas, personas que no habíamos conocido previamente.

Es por eso que me sentía solo mientras conducía un camión de mudanza por la carretera el domingo pasado cuando pasé por una iglesia tras otra con sus estacionamientos llenos de coches de fieles asistentes. Neta y yo estábamos ayudando a Leah y su familia a mudarse al otro lado del país a una nueva ciudad y nuevos trabajos para ella y Jane. Pero en lugar de sentirme confiado de que esas iglesias tenían hermanos y hermanas que me darían la bienvenida si tuviera tiempo para detenerme y unirme a ellos o si—Dios me guarde—tuviera problemas con el camión y necesitaba ayuda, me sentí ansioso.

Si llegara a llamar, ¿encontraría buenos samaritanos o fariseos distantes dispuestos a lanzar piedras tan pronto como descubrieran mi corazón hacia la gente homosexual? Demasiado ha pasado en los últimos meses que ha sacudido mi confianza en las instituciones cristianas.

Comenzó con los eventos de World Vision, la organización humanitaria cristiana dedicada a trabajar con niños, familias y sus comunidades. De niño, mi familia patrocinó a un huérfano a través de ellos, y desde entonces he respetado World Vision. Pero el 14 de marzo de 2014, World Vision anunció un cambio de política para permitir que los cristianos homosexuales casados sirvieran en su personal de los Estados Unidos de más de 1.100 empleados. Fue una decisión trascendental que animó a los cristianos homosexuales en todas partes que anhelaban servir a Jesús de esta manera. Tal vez las organizaciones evangélicas estaban a punto de dejarlos servir aunque estuvieran casados o contemplaran el matrimonio con alguien del mismo sexo.

Sin embargo, en un plazo de cuarenta y ocho horas, un equipo de líderes evangélicos conservadores—Al Mohler, presidente del Southern Baptist Theological Seminary; Russell Moore, presidente de la Ethics and Religious Liberty Commission de la Southern Baptist Convention; el Evangelical Council for Financial Accountability; la National Religious Broadcasters Association; el teólogo John Piper; evangelista Franklin Graham; George Wood, superintendente general de las Assemblies of God [Asambleas de Dios]—todos denunciaron (en algunos casos públicamente) la nueva política de World Vision. De hecho, según *Christianity Today*, la denominación/confesión de las asambleas de Dios de verdad instó a sus miembros a retirar su apoyo. El alboroto inicial de todos estos líderes incitó a más de 2.000 patrocinadores de niños a abandonar su apoyo con la amenaza de una mayor oposición. Aunque 2.000 es un pequeño porcentaje del número total de niños que World Vision ayuda, el ministerio revirtió su política en lugar de abandonarlos y envió una carta de disculpa por su "error" a todos sus patrocinadores y amigos. Sin embargo, antes de que todo el sangrado parara, World Vision había "perdido alrededor de 10.000 de sus patrocinadores infantiles", según *The Washington Post*.

Cuando me enteré de esta debacle, *presumí* que el consejo de World Vision inicialmente había estado respondiendo a una solicitud de algunos miembros del personal existente o potencial que ya estaban en un matrimonio homosexual o deseaban estarlo, y yo quería escuchar su historia de cómo "un paso adelante y dos pasos atrás" les impactó.

Al tratar de localizarlos, tuve una entrevista telefónica con Richard E. Stearns, presidente de World Vision. Me aseguró que el cambio de política no se hizo para acomodar a individuos específicos dentro o fuera de la organización. Además, la junta directiva no había respondido a presiones. No había amenaza de una demanda. Ningún grupo les hacía lobby. "Estábamos frente a la hipótesis: ¿Qué hacemos con alguien que solicita un trabajo en World Vision que está en un matrimonio legal del mismo sexo que puede haber sido autorizado y realizado por su iglesia? ¿Les negamos empleo o no?" El personal de World Vision proviene de más de cincuenta denominaciones/confesiones, algunas de las cuales aceptan el matrimonio entre personas del mismo sexo, y la junta consideró que las diferentes convicciones acerca de esto, y otras cuestiones difíciles, eran mejor manejadas por las mismas iglesias mientras que World Visión que se centró en servir a los necesitados.

En la carta de disculpas a sus partidarios, la junta "se ratific[ó] firmemente en que todas las personas, independientemente de su orientación sexual, son creadas por Dios y deben ser amadas y tratadas con dignidad y respeto".[137] Pero eso era demasiado poco, demasiado tarde. Las tácticas de presión de otros líderes y organizaciones evangélicas dispuestos a sacrificar a 10.000 huérfanos como peones obligaron a World Vision a volver a formar fila.

Esta no fue la primera o única vez que las instituciones evangélicas fueron disciplinadas por salirse de la fila. Ese mismo año, cuando Convergent Press publicó el libro de Matthew Vines, *God and the Gay Christian* (en el cual él apoya el matrimonio igualitario), los National Religious Broadcasters (los Radiodifusores religiosos nacionales) amenazaron a WaterBrook Multnomah Publishers con la expulsión. Tanto Convergent (atendiendo a una audiencia cristiana más progresista) como WaterBrook Multnomah Publishers (adaptado a los cristianos más conservadores) son editoriales del Crown Publishing Group, una filial de Random House, el gigante secular con sede en Nueva York. Además, compartieron las mismas oficinas de Colorado Springs, algunos empleados y fueron supervisados por Steve Cobb, el director ejecutivo editorial.

Pronto, otros pesos pesados evangélicos saltaron para presionar a WaterBrook Multnomah. Albert Mohler, presidente del Southern Baptist Theological Seminary, advirtió: "Creo que Multnomah está

---

137. La información para este relato vino de mi entrevista telefónica personal con Richard E. Stearns el 11 de mayo de 2015, así como de artículos de Celeste Gracey y Jeremy Weber, "World Vision: Why We're Hiring Gay Christians in Same-Sex Marriages", *Christianity Today*, 26 de marzo de 2014; Celeste Gracey and Jeremy Weber, "World Vision Reverses Decision to Hire Christians in Same-Sex Marriages", *Christianity Today*, 28 de marzo de 2014; Morgan Lee, "World Vision Board Member Resigns Following Charity's Reversal on Same-Sex Marriage for US Employees", *Christian Post Reporter*, 4 de abril de 2014; Sarah Pulliam Bailey, "World Vision, recovering from gay policy shift, tries to shore up its evangelical base", *The Washington Post*, 26 de junio de 2014.

en grave peligro de estrellar su marca en términos de confianza evangélica".[138]

Al principio, WaterBrook Multnomah optó por renunciar a la NRB en lugar de ser intimidada por ellos. Sin embargo, aproximadamente seis meses después, Crown anunció que estaba separando WaterBrook Multnomah y Convergent y trasladando las oficinas de Convergent a Nueva York. El retiro de Steve Cobb también fue anunciado el mes de marzo siguiente.[139]

A pesar de que los altos ejecutivos de cuatro grandes editoriales evangélicas expresaron su apertura personal a *Risking Grace* (*Arriesgando la gracia* en inglés), finalmente determinaron que no podían publicarlo. Uno mencionó la probabilidad de que los minoristas de la CBA se resistan. Otro se tomó el tiempo para escribirme: "Personalmente, lo lamento, ya que siento que lo que has escrito es único y puede contribuir de manera constructiva al diálogo en curso que continúa sobre este tema. Y donde has terminado bíblicamente está cerca de donde yo estoy en mi forma de pensar".

Anticipando el lanzamiento de *Risking Grace,* firmé un contrato con la revista *Christianity Today* para publicar un anuncio de media página en la edición de septiembre de 2016. Pero cuando el redactor jefe echó un vistazo a una copia de revisión del libro y encontró una perspectiva con la que no estaba de acuerdo, canceló el anuncio, diciendo: "¿Por qué te imaginas que haríamos publicidad de tu libro en CT? Es sorprendente, ya que tú sabes muy bien que creemos que esto es un error teológico y ético de gran magnitud".[140] Y sin embargo, *Christianity Today* a menudo presenta artículos que exponen diversas opiniones sobre temas polémicos, y los anuncios

---

138. Ruth Moon y Ted Olsen, "NRB Forces Out WaterBrook Multnomah Publishers Over Sister Imprint's 'Gay Christian' Book", *Christianity Today,* 16 de mayo de 2014.

139. Sarah Eekhoff Zylstra, "Not So Convergent: Leading Publisher Separates How Evangelical and Progressive Books Are Made", *Christianity Today*—"Gleanings", 4 de noviembre de 2014.

140. De acuerdo con el tiempo marcado en los mensajes de correo electrónico desde el momento en que él consiguió el libro para cuando él disparó su decisión (un par de horas), es poco probable que consideró mi viaje—personal y teológico—de cómo Dios cambió mi mente de estar de acuerdo con él a una posición que no querría que otros consideraran.

que venden van aún más lejos. Pero, aparentemente, en este tema han concluido que la conversación ha terminado, aunque muchas iglesias evangélicas todavía están inseguras de cómo responder a la gente homosexual y no tienen ninguna idea de qué hacer con las parejas casadas homosexuales que llaman a sus puertas.

Wheaton College es una de mis alma mater, y también de Neta, nuestro hijo, nuestra nuera, mi cuñado, mi cuñada, mi madre y mi suegro . . . la lista continúa. Cuando llegó a ser innegable que la mayoría de las personas homosexuales no podían llegar a ser heterosexuales a través de la oración, el asesoramiento o los esfuerzos heroicos de la terapia reparativa que se habían intentado durante décadas, la universidad pasó a una posición neo-tradicional y estableció "Refuge" [Refugio], un grupo en el campus para estudiantes que cuestionen su identidad de género u orientación sexual. Como Melanie Humphreys, Decana de Atención al Estudiante y Servicios explicó: "La investigación indica que este es uno de los grupos de estudiantes con mayor riesgo en el campus. Y lo que quiero decir «con riesgo» es que están en riesgo de automutilación o suicidio. Cada uno de los estudiantes que he llegado a conocer ha experimentado una soledad y un aislamiento significativo en nuestro campus".[141]

Julie Rogers fue contratada posteriormente bajo el programa de la capellanía como consejera para trabajar con estos estudiantes porque ella era así como un "modelo ejemplar" evangélico para los cristianos homosexuales. En las propias palabras de Julie, ella "quería ser la buena clase de *gay*", es decir, permanecer célibe. Durante doce años antes de venir a Wheaton, ella había hablado públicamente apoyando esta posición. Pero algo le pasó mientras más personas homosexuales eran aconsejadas y cuidadas por ella en el campus, y la llevó a profundizarse en las Escrituras hasta que en su blog personal el 13 de julio de 2015, escribió:

141. "Refuge Becomes an Official Group for Students Questioning Their Gender Identity or Sexual Orientation", *The Wheaton Record,* 22 de febrero de 2013, http://www.wheaton.edu/Students/The-Record/Archives/Spring-2013/February-22-2013/Refuge-becomes-an-official-group-for-students.

> Aunque he sido lenta para admitirlo yo misma, vengo apoyando en silencio las relaciones del mismo sexo ya hace un tiempo... Mientras lucho para entender cómo aplicar la Escritura al debate matrimonial hoy (como todos nosotros luchamos por saber interpretar las Escrituras sobre un sinnúmero de temas polémicos), me he preocupado cada vez más por las consecuencias no deseadas de los mensajes que insisten en que todas las personas LGBT se comprometan al celibato de por vida. No importa con cuánta gracia esté planteada, ese mensaje tiende a contribuir a sentimientos de vergüenza y alienación para los cristianos homosexuales.[142]

Sabiendo que la administración no toleraría su cambio de posición, presentó su renuncia. Sin embargo, en su blog añadió: "Siento la necesidad de decir que no estoy saliendo con nadie . . . Estoy tan soltera como siempre y he permanecido célibe durante mis veinte años".

El bloqueo institucional se hizo personal poco antes de que Leah y Jane se mudasen del Estado dónde vivían. Al cambiar de empleo, se enfrentaron a una brecha de seguro médico, y al principio COBRA[143] apareció excesivamente caro, por lo que ellas preguntaron si alguno de nosotros tenía mejores sugerencias. Me di cuenta de un anuncio en una revista cristiana de Medi-Share, una alternativa a los seguros donde miles de cristianos comparten las facturas de salud de cada uno, un "Christian Care Ministry" [Servicio de cuidado cristiano] que pretendía ser mucho menos costoso que el seguro convencional.

Así que llamé a Medi-Share y le expliqué que mi hija y su familia estaban en proceso de mudarse y estaban atrapadas entre los programas de salud relacionados con el trabajo. "Así que me

---

142. Julie Rogers, "An Update on the Gay Debate: evolving ideas, untidy stories, and hopes for the church", 13 de julio de 2015, de su blog en https://julierodgers.wordpress.com.

143. *Nota del traductor*: refiere a un sistema de seguro médico disponible en casos específicos.

preguntaba si Medi-Share podría ser una solución a corto o largo plazo para ellas".

La agente me dio la bienvenida con una voz cálida. "Estoy segura de que lo haríamos, con tal que sean cristianas y no fumadores".

"¡Genial!" Pero una campana sonaba en mi cabeza. Por supuesto, fumar implica responsabilidades de salud directa, pero la mención de ella me recordó una línea en el anuncio de la revista que dice algo sobre no tener que pagar por cosas en las que no creen. Al principio pensé en el aborto, un procedimiento actual. Pero la campana seguía sonando. "Uh . . . Hay otra cosa que debo mencionar. Mi hija y su conyugue están en un matrimonio homosexual. Ellos tienen dos niños. ¿Sería eso un problema?"

"Eso sería un *gran* problema. Un factor decisivo".

Supongo que debería haberlo sabido antes de llamar. Pero eso me enfureció. Por un lado, puedo entender que la gente no quiera pagar por los procedimientos médicos en los que no cree. Pero es poco probable que surja *algún* problema de salud para la familia de mi hija que requiera que otros miembros de Medi-Share paguen por cualquier cosa que pueda ir contra su conciencia . . . a menos que se opusieran a mantener a las personas homosexuales vivas y saludables. ¡Y el estilo de vida de Leah y Jane es supremamente saludable, probablemente superior a muchos miembros de Medi-Share!

Se reducía a estos cristianos que rechazaban a otros cristianos porque tenían el punto de vista bíblico "erróneo". Pero incluso si se oponen a sus opiniones, incluso si consideran a las personas homosexuales como sus enemigos, ¿qué sucedió con las instrucciones de Jesús que "amen a sus enemigos" (Mateo 5.44)?

Así que mientras conducía el camión de mudanza por la carretera interestatal ese domingo por la mañana, en una caravana con mi esposa, mi hija y mi nieto en el otro coche, perdí la cálida sensación de seguridad que solía sentir cuando pasaba de una iglesia tras otra. ¿Quién estaba dentro? Y después de una vida de sentirme abrazado por otros hermanos y hermanas en Cristo, ¿estaba ahora solo?

Entonces me acordé de Elías escondido en una cueva porque él pensaba que estaba solo y nadie más siguió a Dios hasta que Dios le iluminó que aún había siete mil creyentes fieles (ver 1 Reyes 19.18). Sin duda en cada iglesia que pasé, también había fieles creyentes. Pueden estar temporalmente confundidos por las "reglas humanas" (Mateo 15.9), pero al final, creo que muchos están comprometidos a obedecer el mandato supremo de Jesús: "Así como yo los he amado, también ustedes deben amarse los unos a los otros" (Juan 13.34). Los cristianos son más que meros aliados en una causa; por lo tanto, a medida que aprendamos a amar como Jesús ama, abrazaremos incluso a aquellos con quienes no estamos de acuerdo.

Pero me aflijo por todas aquellas personas homosexuales que no tienen confianza en que esto es así porque sólo han experimentado una pared de piedra de rechazo cuando se trata de instituciones cristianas.

PARTE III

AMANDO A NUESTROS FAMILI-ARES Y AMIGOS *GAIS*

Capítulo 15
¿Es posible "amar al pecador y aborrecer al pecado"?

Hay una fuente llena de sangre
extraído de las venas de Emanuel;
Y los pecadores sumergidos bajo esa riada
pierden todas sus manchas de culpa,
Pierden todas sus manchas de culpa,
pierden todas sus manchas de culpa;
Y los pecadores sumergidos bajo esa riada
pierden todas sus manchas de culpa.

"There is a Fountain"
William Cowper, 1772, estrofa 1

COMENZANDO CON ESTE CAPÍTULO, quiero explorar maneras de amar a nuestros familiares y amigos *gais si estamos o no de acuerdo* con ellos. Hay cosas que a veces sentimos ganas de decir que no queremos que sean hirientes, pero que llegan a ser entendidos de esa manera por las personas homosexuales que han oído cosas mucho peores y no saben dónde están nuestros corazones y nuestros límites. "Amar al pecador, y aborrecer al pecado" es una de esas frases. "Dios te ama demasiado para dejarte como eres" es otro. Y recientemente, escuché a un predicador de radio usar nuevamente la expresión: "Hay amor tierno y hay amor duro, y tienes que saber cuándo usarlos".

Todos estos lemas reflejan la presunción de que tenemos la responsabilidad de convertir a otra persona en nuestro proyecto y arreglar su vida. Pocas personas quieren esa "distinción", especialmente cuando convertirse en tu proyecto supone que no son aceptados tal como están. Pero veamos más de cerca la noción de arreglar a otras personas.

Según las Escrituras, Dios odia el pecado. Daña nuestra relación con él, lastima a otras personas y nos lastima a nosotros. Proverbios 6.16-19 provee una breve lista de los pecados que Dios odia.

> Hay seis cosas que el SEÑOR aborrece, y siete que le son detestables: los ojos que se enaltecen, la lengua que miente, las manos que derraman sangre inocente, el corazón que hace planes perversos, los pies que corren a hacer lo malo, el falso testigo que esparce mentiras, y el que siembra discordia entre hermanos.

Tú puedes agregar a eso el divorcio (Malaquías 2.16), robo a los pobres (Isaías 61. 8), e hipocresía (Amós 5.21). Por lo tanto, si Dios odia estos pecados, ¿no debemos odiar el pecado? Después de todo, David igual que se jactó de que "Las acciones de gente desleal las aborrezco" (Salmo 101.3). De hecho, es difícil no aborrecer crímenes atroces como los del Estado Islámico o de los abusadores de niños. Y ni siquiera podemos pretender "amar" a tales pecadores o criminales notorios como Hitler, Stalin o Pol Pot. Ellos merecen cualquier castigo que se les presente en esta vida o en la siguiente. Y no pensaríamos que es un universo justo si se escaparan. Pero el hecho de que el odio llega fácilmente a nosotros cuando vemos el dolor y el sufrimiento que el pecado causa no significa que es una actitud que debamos cultivar.

Al parecer, Dios no utiliza el término "odio" sin seriedad. Parece que lo reserva para los pecados que causan más sufrimiento. Y mientras cualquier pecado nos separa de Dios—a no ser que recibamos perdón a través de la sangre de Jesucristo—es obvio que algunos pecados crean mucho más sufrimiento que otros. Juan señala esta distinción: "Toda maldad es pecado, pero hay pecado que no lleva a la muerte". (1 Juan 5.17).[144] Y el mismo contraste se reflejó en el Antiguo Testamento donde había castigos proporcionalmente diferentes por quebrantar diferentes leyes: Por robar el ganado de alguien, se requería restaurarlo cuatro o cinco veces (Éxodo 22.1). Pero el secuestrar a una persona tenía como castigo la muerte (Éxodo 21.16). Jesús criticó severamente a los fariseos por no reconocer la diferencia relativa entre

---

144. Algunos teólogos especulan que el pecado que "lleva a la muerte" es el rechazo de Cristo como salvador: obvio. Otros sugieren que se refiere a la blasfemia contra el Espíritu (Mateo 12.31). Pero la importancia de lo que estoy deciendo es simplemente que no todos los pecados son los mismos.

los pecados: "¡Guías ciegos! Cuelan el mosquito, pero se tragan el camello" (Mateo 23.24).

Pero si el odio no es la respuesta primaria de Dios a cada infracción, tal vez deberíamos tenerlo también bajo control. De hecho, Jesús nunca nos instruyó a aborrecer a nadie o a nada. En cambio, nos ordenó repetidamente que amáremos a nuestro prójimo, que nos amáremos unos a otros como él nos ama, e incluso que amáremos a nuestros enemigos.[145] Además, el amor es la única respuesta que podemos estar seguros de que no resultará contraproducente. Piensa en todas las guerras que se suponía salvaban el mundo, un país o un pueblo. Algunas pudieron haber detenido la marea del mal por un tiempo, pero el precio era siempre más alto que el anticipado y muy a menudo empeoraba las cosas. Del mismo modo, la introducción del odio en cualquier aspecto de una relación personal es susceptible de producir un efecto indeseado, incluso cuando tratamos de decirle a la persona que aún le amamos. Sin embargo, a menudo justificamos nuestro odio porque no sabemos amar a alguien incondicionalmente.

No sabemos amar incondicionalmente

Después de haber leído hasta acá en *Arriesgando la gracia,* ojalá que sientas aún mayor empatía por tu familia y amigos homosexuales, tú te afliges por lo mal que han sido tratados por muchos cristianos, y aunque no estés de acuerdo con ellos si tienen interpretaciones alternativas de los "textos prohibitivos", tú no estás pidiendo que sean quemados en la hoguera como herejes. Pero con un corazón pesado, tú todavía no puedes aceptar el matrimonio homosexual. Tú piensas que disgusta a Dios, y por lo tanto te sientes obligado a hacerles saber.

¿Cómo lo haces de una manera piadosa?

Se ha hecho popular para los cristianos apelar al lema: "¡Ama al pecador, y aborrecer el pecado!" en relación con las personas homosexuales. De hecho, a pesar de que todos cometemos muchos

145. En su ministerio terrenal, Jesús sólo usó la palabra "odio" para etiquetar la animosidad que otros expresaron *hacia* él o sus seguidores o en un sentido retórico para establecer un fuerte contraste, como Juan 12.25, "El que se apega a su vida la pierde; en cambio, el que aborrece su vida en este mundo la conserva para la vida eterna". (Ver también Lucas 14.26, 16.13.)

pecados, esta frase en particular se ha reservado principalmente para las personas homosexuales. Es una frase de bandera. Si tú oyes sólo esa frase en estos días, el orador probablemente está hablando de homosexualidad. Los cristianos la escogieron porque parece expresar la única manera en que sabemos vivir con la tensión de amar a alguien, mientras que permanecemos fieles a la convicción de que la otra persona está equivocada. ¿Pero funciona? Y lo más importante, ¿es bíblico?

En primer lugar, esa frase no se encuentra en la Escritura, ni tampoco hay algo parecido prescrito en la Escritura . . . tal vez porque en cualquier momento en que el odio se introduzca en las relaciones humanas reales, se lastima personas. Incluso si sólo pudieras odiar lo que una persona *hace* mientras la amas como un individuo, esa no es la forma en que la otra persona va a experimentarlo.

La frase "Amar al pecador y aborrecer el pecado", intenta comunicar el amor y la aceptación de una parte de una persona mientras rechaza—en los términos más fuertes posibles—otra parte integral de esa persona. Algunos afirman que tienen la intención de separar a la persona de la conducta, pero la frase misma los une. La persona es un "pecador"—no de la misma manera universal que todos nosotros lo somos; o de otra manera sería "Ama al *santo*, y aborrece el pecado"—pero precisamente por su pecado odiado. Repito, es por eso que este eslogan se usa casi exclusivamente en relación con la homosexualidad.

Muchos de nosotros podemos recordar una época en nuestra infancia cuando algún bravucón se burlaba de algo acerca de nosotros: nuestros dientes, cabello, contextura física, forma de caminar, voz, lo que sea. ¿Fuiste consolado por, "Oh, no te preocupes, cariño, ese no es el tú verdadero?" ¡Por supuesto que era el tú verdadero! Si la crítica era válida o no, lo que se estaba burlando, lo que se odiaba, ¡eras tú! Todos hemos conocido a niños que fueron intimidados durante tanto tiempo y tan intensamente que terminaron odiándose a sí mismos y viviendo bajo una nube de vergüenza y odio de sí mismos.

Para complicar este asunto, las personas que usan la frase raramente aclaran qué es exactamente lo que odian. ¿Es el sexo homosexual extramarital, el matrimonio homosexual, el apoyo a la igualdad de matrimonio o simplemente la atracción por el mismo sexo? A veces es sólo la forma en que la persona se ve, camina, o se viste. Pero a menudo el orador ni siquiera ha pensado en lo que odia. Es cualquier cosa relacionada con la homosexualidad. Una iglesia con la que estoy familiarizado es técnicamente neo-tradicional, pero a veces el pastor habla en clave. Cuando alguien le preguntó si Jesús alguna vez había dicho algo acerca de la homosexualidad, él admitió que Jesús nunca usó esa palabra (o cualquier equivalente), pero se refirió a Marcos 7.21 donde Jesús dijo: "Porque de adentro, del corazón humano, salen los malos pensamientos, la inmoralidad sexual,(. . .)"[Junto con una lista de otros pecados]. Luego continuó afirmando que en su opinión la "inmoralidad sexual "(traducida de la palabra griega, *porneia*) incluía la homosexualidad.[146] "Así que", afirmó, "Jesús *sí habló* en contra de la homosexualidad". Pero al menos, una respuesta como esa necesita más aclaraciones sobre *qué clase* de homosexualidad. El pastor oficialmente da la bienvenida a las personas homosexuales a su iglesia, esperando que permanezcan célibes, pero simplemente decir que Jesús habló contra la homosexualidad puede crear ansiedad significativa. Por ejemplo, ¿significaba su orientación

146. La versión King James de la Biblia tradujo *porneia* como "fornicación" veintiséis veces. Sin embargo, varios teólogos afirman que el término se hizo incluyente para todo tipo de pecado sexual. Si eso fuera cierto, se incluirían todas las actividades sexuales idólatras, abusivas o infieles, ya fueran heterosexual o homosexuales. Pero tal como resumió el capítulo 14, eso no responde si los escritores bíblicos o sus lectores han considerado el matrimonio homosexual fiel, ya que no era un concepto ampliamente comprendido en los siglos por venir.

Aquellos que *ahora* quisieran reajustar el matrimonio entre personas del mismo sexo en la definición de *porneia*, afirman que ya en la era del Nuevo Testamento se refirió a "toda la actividad sexual prohibida en el Código de Santidad Levítica, que incluía el incesto (Levítico 18.6-18), el adulterio (18.20), la homosexualidad (18.22) y el bestialismo (18.23). Por lo tanto, cuando Jesús se refiere a este término, está prohibiendo todas estas actividades "("Pastoring LGBT Persons", Stafford, TX: Vineyard USA, 2014, 18). Pero eso no responde a la pregunta de si el matrimonio homosexual fue imaginado alguna vez por los escritores del Antiguo Testamento. Además, la lógica de este argumento se rompe si aquellos que la defienden no incluyen *todas* las prohibiciones, tales como la prohibición de tener relaciones sexuales durante el período menstrual de una mujer (Levítico 18.19), separadas por sólo dos versos del versículo 22 sobre los hombres no durmiendo con hombres. Tal vez una mejor definición de *porneia* sería simplemente "infidelidad matrimonial".

sexual? ¿Fueron los "malos pensamientos" que Jesús mencionó lo mismo que la atracción hacia el mismo sexo? Algunos dirían que no necesariamente, pero dejarla ambigua no hace sino fomentar la inseguridad y la vergüenza entre las personas homosexuales, especialmente si no pueden cambiar su orientación.

Tenemos que concentrarnos en decir: "¡Te amo", punto! Sin "peros", sin excepciones, sin calificadores, sin condiciones. Pero tememos que el amor por sí mismo hará que la otra persona asuma que estemos de acuerdo con todo lo que hace. Así que tenemos que añadir un calificador, una condición a nuestro amor que le recuerde a la persona que hay algo de ella que no amamos, que consideramos un límite y peligroso. Tal vez algo que incluso odio. Y la única manera para que escape de nuestro odio con certeza es que elimine esa parte de su persona. Por lo tanto, nuestro amor es condicional.

¿Pero no estamos ayudando a una persona odiando su pecado?

En Romanos 7.15, Pablo lamentó lo difícil que era vivir la vida justa que deseaba: "No entiendo lo que me pasa, pues no hago lo que quiero, sino lo que aborrezco". Así que si una persona puede odiar su propia conducta, ¿no es legítimo unirse a odiar lo que crees que es pecado en la vida de tu familiar o amigo?

¡No, a menos que te lo pidan! Y tal vez ni siquiera entonces.

Y aquí está la razón: Es probable que tu fervor sea—o será—mayor que el de ellos, y entonces ya no los estás apoyando en su lucha sino presionándolos para que cumplan con *tus* convicciones. Además, pueden no tanto odiar lo que son o qué hacen, como odian el ostracismo que provoca. Ha habido miles de personas homosexuales que soportaron la depresión, el auto rechazo, e incluso intentaron suicidarse porque odiaban *ser gay*. Si en ese momento te hubieras acercado a ellas—como lo hicieron muchos cristianos bien intencionados—es posible que hubieran aceptado con ganas tu propuesta de odiar su "homosexualidad" porque estaban dispuestos a hacer cualquier cosa que les convierta en heterosexual. Muchos intentaron una terapia reparadora agotadora, pensando que superarían y acabarían con su homosexualidad. Pero parte del problema era que muchas de estas personas homosexuales estaban respondiendo, reaccionando, ahogándose en el rechazo y la vergüenza de su homosexualidad engendrada por cristianos, miembros de la familia y otras personas de quienes anhelaban la aceptación. Para muchos no era la homosexualidad en sí misma lo que odiaban sino el precio de ser *gay* que era demasiado pesado para soportar.

Esta es una razón por la cual el movimiento por los derechos de los homosexuales ha ganado tanto ímpetu. Las personas homosexuales no están tratando de acabar con las personas heterosexuales o con el matrimonio hombre-mujer como afirman algunos alarmistas.[147] Todo lo que piden es que nosotros, la mayoría, levantemos el estigma de ser *gay* y dejemos que vivan como miembros cualesquiera, contribuyentes a la sociedad…y para los cristianos homosexuales, como miembros cualesquiera y fieles de la iglesia.

El papel único del Espíritu Santo

Confundir la aceptación con la santificación es la principal complicación que surge cada vez que intentamos hacer la tarea que Dios reservó para el Espíritu Santo. Jesús dijo: "Y, cuando él [el Espíritu Santo] venga, convencerá al mundo de su error en cuanto al pecado, a la justicia y al juicio" (Juan 16.8). No nos reclutó como sustitutos para controlar el comportamiento de otras personas o para arreglar sus pecados. ¿Significa esto que no tenemos nada que decir sobre la vida correcta y equivocada? De ningún modo. El Nuevo Testamento está lleno de consejos sobre la vida piadosa. Pero hay una manera correcta y otra equivocada de compartir ese consejo. El camino correcto es un llamamiento a la gente a través de la predicación y enseñanza de la Palabra que explica, levanta, inspira, advierte y alienta. El camino equivocado es ejercer presión para forzar a alguien a cam-

147. Theodore Shoebat, un autoproclamado—aunque desacreditado—experto sobre el terrorismo dice: "¡No piense por un segundo que los sodomitas nos tratarían pacíficamente! No piense por un segundo que los sodomitas no quieren cometer persecución contra los cristianos. No dudo en absoluto en decir que los sodomitas—y digo esto con confianza—que los sodomitas no dudarían en matar a gente como yo, (…) matar a otros cristianos, matar a cualquiera que se oponga a su agenda". http://shoebat.com/2015/09/10/homosexual-activists-tell-kim-davis-we-will-kidnap-your-husband-tie-him-up-and-force-him-to-watch-us-raping-you-we-will-burn-you-alive-civil-unrest-is-coming-to-america/. La cita ocurre a los cinco minutos de su video.

biar a través de amenazas, vergüenza, ostracismo o, como ocurre a menudo a lo largo de la historia de la iglesia, violencia y castigo.

La Inquisición, las guerras santas y los siglos de persecución *entre* cristianos (que pensaban que los otros estaban pecando) representan intentos totalmente anti-bíblicos de obligar a la gente a cambiar. La presión emocional, relacional y social que avergüenza a la gente puede parecer una mejora, pero la presunción grandiosa detrás de ambos es la misma: que es nuestra responsabilidad *lograr* que la gente cambie. Ese no es nuestro trabajo, y usurpándolo del Espíritu Santo puede destruir a la gente de igual manera, aunque lo hagamos bajo el manto del lenguaje agradable y educado. Diciendo a alguien que hay algo en ellos que odias, algo que es despreciable, algo que no puede parecer cambiar, pero sigue siendo un estigma, descalificándolos del matrimonio, de la plena aceptación, de servir a Dios en el ministerio o el liderazgo—es la gama de la vergüenza—.

¿Quién es el autor de la vergüenza?

Apocalipsis 12.10 dice: "Porque ha sido expulsado el acusador de nuestros hermanos, el que los acusaba día y noche delante de nuestro Dios". Podemos esperar la derrota de Satanás, pero mientras tanto, ¡él maneja la *vergüenza*! Y a veces podemos llegar a ser sus secuaces inconscientes. Después de que Alan Chambers, ex presidente durante diez años de Exodus International, cerrara esa organización que aglutinaba a más de 250 organizaciones religiosas "ex *gay*", admitió: "Sé que hay personas que se han quitado la vida porque se sentían tan avergonzados de quiénes son, sentían que Dios no podía amarlos como son, y eso es algo que me perseguirá hasta el día que muera".[148]

Con el matrimonio igualitario ahora legal en los Estado Unidos, más y más iglesias encontrarán parejas homosexuales y familias homosexuales pasando por sus puertas en busca de un hogar espiritual. Muchas iglesias neo-tradicionales sostienen que acogen a gente homosexual con la condición de que permanezcan célibes, pero la mayoría de esas iglesias no han considerado cómo responder a las parejas homosexuales *ya casadas*. ¿Deben sutilmente

148. Alan Chambers en "Anderson Cooper 360", CNN, June 11, 2014, 20:00 ET, http://www.cnn.com/TRANSCRIPTS/1406/11/acd.01.html.

animarlos a encontrar otra iglesia? ¿Convencer a la pareja de que su situación es pecaminosa y requerir que se separen a pesar de sus hijos? ¿O permitir que se queden casados, pero prohibirles participar plenamente en la iglesia y el liderazgo, ya que podría implicar que su situación fuera aceptable?

Trata de ponerte en los zapatos de tal pareja. Tienes una hija brillante de seis años que está pasando por una etapa de timidez y necesita un hogar seguro para contrarrestar el *bullying* (intimidación) en la escuela. Pero ella es inteligente y puede sumar dos más dos cuando oye al pastor y otros maestros decir que el matrimonio entre personas del mismo sexo es pecaminoso, por lo que concluye que Dios y la iglesia no aprueban a su familia, la familia que ella necesita desesperadamente para la seguridad y el apoyo. O tienes un hijo de catorce años al que le gusta divertirse y ocasionalmente cuestionar los límites que has impuesto. La iglesia está buscando un maestro de escuela dominical, pero cuando se propone tu nombre, tu hijo oye a alguien oponerse porque la Biblia establece requisitos morales al liderazgo de la iglesia—especialmente a los maestros—y tú estás "viviendo en pecado". ¿Va a echar eso en cara como una razón para no obedecer a sus padres?

¿Te quedarías en esa iglesia viviendo bajo una nube de vergüenza que socava tu autoridad como padre o tus mejores esfuerzos para proporcionar seguridad para tus hijos?

¿Estamos haciendo el trabajo de Satanás cuando establecemos políticas que envuelven a la gente en vergüenza? En algunos casos, las políticas ni siquiera vienen con el disfraz de *arreglar* a la gente. Las personas simplemente tienen que vivir con las políticas porque no pueden cambiar las circunstancias de vida, como en el caso de una pareja homosexual casada criando a sus hijos.

"Abierto y acogedor" solía ser un término empleado sólo por las iglesias que aceptaban a las personas homosexuales, incluidas los matrimonios homosexuales. Pero en los últimos años, algunas iglesias neo-tradicionales han comenzado a decir que son "acogedoras" o incluso "radicalmente acogedoras" (como afirma nuestra iglesia). Ellos dan la bienvenida a cualquiera a venir, recibir y participar en la vida de la iglesia, pero eso no significa que estén siendo "inclusivos". De hecho, su bienvenida viene con algunas advertencias ocultas. La persona *gay*—de orientación sexual intrínseca— nunca puede ser bendecida en el matrimonio e incluso es una carga que puede causar vergüenza, temor y sospecha pública. *Vergüenza* porque la iglesia enseña que esos mismos anhelos en el corazón de tener un compañero de por vida, que se celebran en el corazón de una persona heterosexual, son, para una persona *gay*, pecaminosos. *Temor* de que pudieran sucumbir a esos anhelos y casarse (o tener una aventura ilícita ya que el matrimonio no es una opción). Y *sospecha* sutil procedente de otros miembros de la iglesia y tal vez las autoridades de que ellos no son completamente "confiables" para trabajar con niños o influir en otras personas. O, incluso si se consideran seguros, todavía representan un "ejemplo pobre".

Este ambiente constituye en el mejor de los casos una acogida muy tenue.

¿Dios hace concesiones en las circunstancias humanas?

Jesús dijo: "A todo el que se le ha dado mucho, se le exigirá mucho" (Lucas 12.48), indicando que Dios toma en cuenta nuestras circunstancias en lo que él espera de nosotros. Esto no se trata de "ganar" la salvación, que sólo viene por la fe, pero es evidencia de que el Espíritu Santo sigue su propio calendario y métodos y extiende mucha gracia al tratar con nosotros.

Supongamos que Dios sí *se opone* al matrimonio homosexual. ¿Hay alguna evidencia de que él podría extender la gracia a las personas que no se conforman? ¿O vemos a Dios como inflexible, un Dios que no da misericordia a aquellos que no pueden o creen que no pueden satisfacer sus expectativas? Nehemías describió a nuestro Dios como un "Dios perdonador, clemente y compasivo, lento para la ira y grande en amor" (9.17). Y aun cuando las cosas estaban tan mal en Sodoma que Dios planeó destruirla, Abraham apeló a Dios. Sorprendentemente, Dios estaba dispuesto a perdonar la ciudad aunque sólo hubiera 50, 40, 30, 20, o incluso sólo 10 personas justas en ella. Esto no fue una lección de negociación con Dios, pero sí nos dice mucho sobre el carácter de Dios. Él no nos trata como si fuera una computadora donde incluso un símbolo incorrecto en la contraseña impide que el programa se abra. No, él mira nuestro corazón y entiende nuestras circunstancias humanas y lo que nos ha sido dado para trabajar . . . o no nos ha dado. Esa era la intención de Jesús de venir a vivir entre nosotros: "Porque no tenemos un sumo sacerdote incapaz de compadecerse de nuestras debilidades, sino uno que ha sido tentado en todo de la misma manera que nosotros, aunque sin pecado. Así que acerquémonos confiadamente al trono de la gracia para recibir misericordia y hallar la gracia que nos ayude en el momento que más la necesitemos" (Hebreos 4.15-16).

Dios entiende cuando no podemos—o pensamos que no podemos—hacer lo que él quiere y a veces hace concesiones. En el capítulo 7 vimos la historia del encuentro de Moisés con Dios en la zarza ardiente. Cuando Dios le ordenó que se enfrentara al Faraón, Moisés puso muchas objeciones, finalmente diciendo: "Señor, yo nunca me he distinguido por mi facilidad de palabra . . . Francamente, me cuesta mucho trabajo hablar" (Éxodo 4.10). Sorprendentemente, Dios no discutió esto. De hecho, dijo, "¿Y quién le puso la boca al hombre? ¿Acaso no soy yo, el Señor, quien lo hace sordo o mudo, quien le da la vista o se la quita? Anda, ponte en marcha, que yo te ayudaré a hablar y te diré lo que debas decir". Eso era todavía más de lo que Moisés pensaba que podía manejar, y rogó a Dios que enviara a otra persona. La resistencia de Moisés a la obvia y perfecta voluntad de Dios era tan fuerte que la Biblia dice: "El Señor ardió en ira contra Moisés", pero sólo brevemente antes de aceptar que el hermano de Moisés, Aarón, hablara (v. 14). En los años que siguieron, no vemos a Dios echando en cara este "acuerdo mutuo" con Moisés o vacilando en bendecirlo a causa de esta resistencia.

Más tarde, en 1 Samuel 8, los israelitas le pidieron a Samuel que los nombrara un rey. El Señor se disgustó, pero aseguró a Samuel: "En realidad, no te han rechazado a ti, sino a mí, pues no quieren que yo reine sobre ellos" (v. 7). Y luego continuó para advertirles de todo el dolor que un rey humano traería. Sin embargo, la gente rechazó el consejo de Dios, y Dios finalmente le dijo a Samuel que siguiera adelante y les diera un rey. Samuel ungió a Saúl y más tarde a David. Y Dios bendijo a todos los reyes de la historia de Israel que lo honraron, aunque éste no era el plan preferido por Dios para la nación.

Otro ejemplo puede verse en la respuesta de Dios al divorcio. En Malaquías 2.16, Dios explicó: "Yo aborrezco el divorcio", y en Deuteronomio 24.1, él había aprobado un procedimiento para permitirlo (de lo cual José casi se aprovechó cuando descubrió que María estaba embarazada). En Mateo 19. 8, Jesús dijo, "Moisés les permitió a ustedes divorciarse de sus esposas por lo obstinados que son. Pero no fue así desde el principio". Es decir, no era el plan preferido de Dios, pero en su misericordia, lo permitía.

La mayoría de nuestras iglesias evangélicas incluyen personas que han vuelto a casarse. El divorcio terminó su primer matrimonio por una variedad de razones, algunas aparentemente justificadas, mientras que otras . . . bueno, digamos que se entregaron a sí mismos a la misericordia de Dios. Pero, ¿puedes imaginar el daño si dijéramos: "Nos encanta el nuevo matrimonio; sólo odiamos su pecado?"

Apuntar a la benevolencia de Dios con respecto al divorcio no es una discusión del pago con la misma moneda, como un niño llorando, "Pero, a él le dieron unas golosinas, así yo también debería tenerlas". Pero sí muestra la naturaleza del corazón de Dios y cómo él responde, incluso a algo que lo aflige profundamente, porque él entiende nuestras debilidades y no nos recrimina por ellas. Esto no es para justificar la rebelión absoluta contra Dios. Ese es un error fatal: "Porque la paga del pecado es muerte, mientras que" la Biblia agrega, "la dádiva de Dios es vida eterna en Cristo Jesús, nuestro Señor" (Romanos 6.23).

Estos ejemplos demuestran que Dios toma nota de nuestras circunstancias, quiénes somos, qué experiencias nos trajeron a los desafíos que ahora enfrentamos, y la luz y el entendimiento que nos han sido dados. Él toma todas estas cosas en consideración, y luego, en muchos casos y para sus propios propósitos, concede una notable y graciosa libertad, y a menudo a nuestro disgusto, perdona e incluso bendice a aquellos que se vuelven a él con fe y le dan gracias y alabanza en medio de su vida no tan perfecta. Esto es cierto incluso cuando no comprendemos completamente—y por lo tanto no nos hemos arrepentido de pecados específicos—. Simplemente sabemos que necesitamos la salvación de Dios, y él da su gracia libremente porque "el amor cubre multitud de pecados" (1 Pedro 4.8).

No juzgues

Esta es la razón por la cual no debemos intentar asumir el trabajo del Espíritu Santo de tratar de arreglar a la gente, definitivamente no aumentando la presión mediante la vergüenza de odiar algo acerca de ellos mismos. Al hacerlo, nos arriesgamos a centrarnos en la agenda espiritual equivocada y terminamos juzgando. Jesús fue bastante claro al decir: "No juzguen" (Mateo 7.1). Una cosa es confiar en nuestras propias convicciones en respecta a nosotros, nuestra conducta y nuestras creencias. Pero juzgar a otra persona presume que tenemos toda la razón y tenemos la autoridad para producir una consecuencia. Y eso es algo que sólo Dios tiene la autoridad para hacer.

Cuando la serpiente tentó a Eva en el Jardín, ella afirmó: "Llegarán a ser como Dios, conocedores del bien y del mal" (Génesis 3.5). En su libro, *Benefit of the Doubt* [*El beneficio de la duda*], el pastor y teólogo Greg Boyd, lo explica así:

> El árbol prohibido debía servir como una especie de señal de "no entrar sin derecho". Fue la advertencia de Dios, puesta en el jardín por amor, de no intentar de asumir el papel de Dios de definir y juzgar el bien y el mal. Dios estaba esencialmente diciendo: "Tu trabajo es amar como yo amo, no juzgar como sólo yo puedo juzgar. Y para hacer la primera, no se puede hacer la segunda". Cuando los seres no omniscientes como nosotros comienzan a juzgar, dejamos de amar y comenzamos a parecernos más a los fariseos, que reflejan el carácter de su "padre", "el acusador" (Apocalipsis 12.10, Juan 8.44), que a Jesús, que refleja el carácter amoroso de su Padre y el carácter que todos los seres humanos están diseñados a reflejar.[149]

Pensar que podemos realizar ese discernimiento definitivo entre lo que es bueno y lo que es malo en la vida de *otra persona* es jugar a ser Dios, el primero y más grande de los pecados. Para juzgar correctamente, tú debes estar capacitado para ver en el corazón de una persona y discernir todos sus motivos y entender

149. Gregory A. Boyd, *Benefit of the Doubt: Breaking the Idol of Certainty*, (Grand Rapids, MI: Baker Publishing Group, 2013, Kindle Edition), 63.

cada circunstancia atenuante para juzgar entre el bien y el mal en su vida. Jesús dijo: "Ni siquiera intentas hacer eso".[150]

Daños colaterales

Ray y Juliana deslizaron sus iPhones sobre nuestra mesa de comedor con las últimas fotos de su nieto. Por supuesto, todos los bebés son lindos, ¿verdad? Pero no tenía que ser amable con el pequeño Ryan. Era uno de los chicos más guapos y de apariencia más animada que jamás había visto.

Recientemente había sido adoptado por Christopher y Edward, el hijo de nuestros huéspedes y su yerno. Y ningún abuelo podría estar más orgulloso, pero su entusiasmo rara vez es recíproco en su iglesia. Los labios apretados y las miradas en blanco son las respuestas educadas cuando surge el tema de su hijo, porque "*gay*" no describe la felicidad en la iglesia conservadora a la que han asistido durante los últimos quince años.

Ray y Juliana siempre supieron que el mayor de sus tres hijos era un poco diferente, pero fue en un viaje familiar que la posibilidad de que Christopher, de catorce años, fuera *gay*, cruzó por primera vez la mente de Ray. Su hijo de medio se había fracturado el brazo y no podía irse, así que terminaron llevando uno de los mejores amigos de Christopher.

"Todos los demás estaban durmiendo en el coche mientras yo conducía", recuerda Ray. "Cuando miré por el espejo retrovisor, noté que Christopher miraba a su amigo con una mirada de total enamoramiento, y él continuó mirando durante tanto tiempo que me recordó el primer amor de un adolescente. De repente me pareció que él podría ser *gay*. Pero dejó de lado ese pensamiento. Ni siquiera se lo mencioné a Juliana". Ray continuó explicando que

150. La instrucción de Jesús de no juzgar en el contexto de Mateo 7 no impide que las autoridades debidamente establecidas tomen decisiones o dispensen castigos por crímenes probados. El enfoque de Jesús es el de acusar el uno al otro de pecado y condenándonos unos a otros con vergüenza u otras consecuencias según nuestros veredictos.

no había crecido en una familia donde había muchos prejuicios, así que si su hijo era *gay*, eso no representaba ninguna crisis para él.

A medida que Christopher pasaba por la escuela secundaria, salía con chicas, aunque en su mayoría en grupos, a excepción de una chica muy hermosa que solía quedarse cerca de Christopher todo el tiempo. Juliana y Ray podían ver que estaba enamorada de él, pero la relación no parecía ir a ninguna parte. Cuando el hijo del medio preguntó, "Desde luego, ¿qué pasa con ustedes dos?" Christopher se encogió de hombros, "Bueno, ya sabes que ella tiene un novio". Sí, había otro chico que era su supuesto novio, pero lo extraño para Juliana y Ray fue que Christopher no había notado que esta hermosa muchacha tenía ojos sólo para él.

"Cuando tuvo citas, traté de entrenarlo", admite Juliana. "Sabes, « ¿Cómo te fue? ¿Has intentado tomarla de la mano?» Hasta que empecé a darme cuenta de que sus relaciones con las chicas nunca terminaban en algo. Pero él tenía buenas amistades con las muchachas, así que pensé que era una persona con desarrollo tardío. Nunca se me ocurrió que pudiera ser lesbiana".

"Christopher nunca fue extravagante o afeminado", añadió Ray. "De hecho, él era nuestro hijo más conservador y apropiado".

Fue recién cuando Christopher tenía veintidós años que en realidad salió del clóset para su familia. Iba a la universidad, vivía solo y trabajaba a tiempo completo cuando desarrolló una relación con un joven de Ohio y quiso que sus padres lo conocieran. Así que Christopher se sentó con sus padres y les contó toda la historia. En ese momento, no estaban involucrados con una iglesia que tuviera una teología muy conservadora, así que aceptaron a Christopher tal como era, preocupados sólo por algunos comportamientos de riesgo que estaba atravesando en ese momento, aunque esos comportamientos no eran tan preocupantes como los patrones de salidas de su hijo del medio que era heterosexual. Mirando hacia atrás en los años de crecimiento de Christopher, Juliana lo considera su hijo menos "problemático".

Pero en ese momento, estaban cada vez más interesados en el cristianismo evangélico. Mediante la invitación de su vecina, Juliana se involucró en un estudio bíblico, y la madre de Ray siguió orando y alentando a ambos. El gran cambio para Ray ocurrió cuando asistió a la conferencia de Promise Keepers de 1997 en el Soldiers Field de Chicago. Después de eso, dice que su vida espiritual se prendió. Cuando sus vecinos los invitaron a visitar su iglesia bíblica local, fueron y parecía que era exactamente donde Dios los quería. "Era tan valioso", recuerda Ray. "Estábamos siendo alimentados regularmente de la Palabra de Dios y creciendo en el Señor".

Durante varios años, nada sucedió teniendo en cuenta que Christopher era *gay*. Él estaba solo, y rara vez iba a la iglesia con sus padres, así que todos sus amigos de la iglesia sabían que Christopher, tanto como sus otros dos hijos, necesitaba salvación. Miembros de grupos pequeños oraron por los tres jóvenes, y especialmente por su hijo del medio, que estaba combatiendo una adicción a las drogas.

Cuando Juliana y Ray se involucraron más en la iglesia, ambos encontraron nuevas maneras de servir. Las habilidades técnicas de Ray le llevaron a convertirse en el director de producción del sonido y la iluminación, una responsabilidad importante que lo puso en estrecha relación con los pastores a intervalos regulares. Juliana encabezó la cafetería, estuvo involucrada en programas para niños y mujeres, sirvió como una líder de un grupo pequeño, y fue a tres viajes misioneros a Etiopía. La iglesia y sus grupos de estudio bíblico se convirtieron en un importante foco relacional para Ray y Juliana.

Cuando Christopher finalmente se encontró con Edward y se dio cuenta de que él era el hombre con quien quería casarse, Ray y Juliana estaban felices. Pero cuando dejaron que sus amigos cristianos conocieran las "buenas noticias", algunas relaciones se volvieron agrias. "Lo que me sorprendió", dice Ray, "es que la gente que yo pensé que no lo aceptaría, demostró ser tan amorosa y comprensiva, mientras que otros que yo pensaba eran más tolerantes y gentiles, no podían manejarlo en absoluto".

Ray y Juliana buscaron la ayuda de sus pastores, quienes fueron muy pacientes al encontrarse con ellos y explicarles la posición básicamente neo-tradicional de la iglesia que identificaba la homosexualidad como el resultado del pecado, y pecaminosa si se vivía, fuera o no dentro de los límites del matrimonio, que, por supuesto, no reconocían como legítimo.

La iglesia incluso fue tan lejos como para traer a un orador externo para orientar al personal acerca de la homosexualidad y de cómo relacionarse con la gente homosexual. Había muchos elementos útiles que incluían no usar lenguaje ofensivo y ser más cariñosos, pero al final fue sobre todo una expresión "más amable, más suave" de la afirmación de que las relaciones homosexuales eran pecaminosas, incluso si involucraban al matrimonio y a la familia.

Ray y Juliana apreciaron las conversaciones con los pastores y el seminario, pero también habían hecho su propio estudio de la Escritura. Con la ayuda de un grupo de apoyo online para madres de personas homosexuales y una serie de libros escritos por cristianos homosexuales, no estaban convencidos de que las interpretaciones tradicionales de las Escrituras fueran necesariamente válidas.

A medida que se acercaba la boda, Juliana comenzó a sentir que estaba siendo excluida de varias actividades, y algunas de las mujeres de la iglesia parecían distantes. Cuando ella finalmente las confrontó, ellos dieron la excusa de que era porque querían ser sensibles a su situación. "Incluso aquellas que trataron de llegar a mí no lo hacían con empatía o como una aliada, sino por piedad, como si estuvieran diciendo: «Oh, sentimos que tengas que llevar tal cruz»".

Ray añadió: "Cuando nos negamos a unirnos a ellos para condenar a nuestro hijo, a veces se puso tenso el ambiente, y escuchamos cosas como, « ¿Cómo pueden ir a su boda? ¿No quieren ver a sus hijos en el cielo? ¿Quieren ver a tu hijo irse al infierno por la eternidad?»"

En el otoño de 2012, Christopher y Edward finalmente se casaron. Juliana lo recuerda como un día mágico por su boda formal celebrada en Pazzo's en Wacker Drive en el Loop de Chicago. Ella y Ray sintieron la presencia y la bendición de Dios cuando el pastor—no de su iglesia, por supuesto—llevó a cabo la ceremonia. Al regresar a su iglesia los domingos siguientes, comenzaron a sentir un discreto desprecio entre muchos miembros que sabían de la boda.

En 2013, cuando la Corte Suprema consideró dar un revés DOMA, la Ley de Defensa del Matrimonio, Ray estaba en servicio como el director de producción cuando el pastor lo llevó aparte en la sala verde antes de que el servicio comenzara. "Sólo quiero decirte que lo que voy a decir hoy no es un ataque contra ti o tu familia, y no quiero que lo tomes personalmente".

Ray sabía que estaban en una iglesia que no era inclusiva con las personas homosexuales. Sabía que su posición era muy conservadora, y sabía que iba a tomar mucho tiempo antes de que la iglesia cambiara. Pero el discurso del pastor—antes de su sermón principal—fue muy fuerte sobre cómo todos debían orar para que se preservara la santidad del matrimonio. Ray pensó en eso después. El pastor había sido lo suficientemente pensativo como para advertirle, pero ¿cómo no podía tomarlo personalmente? Por supuesto, el pastor se dirigía a la política, y no había elegido a Ray y Juliana por su nombre, pero muchos miembros lo sabían. ¿Y cómo podría cualquier persona *gay* o su familia no tomar el mensaje personalmente? Condenó a toda persona "inclusiva" como una amenaza a la santidad del matrimonio.

Dos años más tarde, en 2015, cuando la decisión de la Corte Suprema sobre la igualdad de matrimonio se acercaba, los comentarios desde el púlpito volvieron a aumentar. El domingo siguiente a la decisión, Juliana y Ray temían lo que podía suceder en la iglesia, así que se acercaron con cautela. Necesitaban recoger un regalo para el bebé de un amigo, así que pensaron que al menos podrían detenerse en la tienda de regalos de la iglesia . . . y probar el estado de ánimo.

"Había melancolía y fatalidad en todas partes", recuerda Juliana, "como si el mundo estuviera terminando. Y me sentí como si estuviera usando una letra escarlata[151] cuando entramos. Cuando vi que los medios de comunicación habían sido invitados y estaban entrevistando a gente en el café, me volví hacia Ray y le dije: « ¡Tenemos que salir de aquí!»" Ella explicó que acaban de estar interactuando con su hijo y su yerno, "dos de las personas más amables y agradables del planeta", en opinión de Juliana, y ella creía que su decisión de casarse había sido realmente un cumplido para la institución del matrimonio, no un golpe a esa institución.

Si hubieran permanecido esa mañana, Juliana y Ray habrían oído al pastor comenzar su sermón diciendo: "Este es un tiempo para

151. *Nota del traductor:* Refiere a una mujer puritana presentada en el libro del mismo nombre escrito por Nataniel Hawthorne en 1850. La protagonista había engañado a su marido y por ello tuvo que usar una letra "A" escarlata en su ropa.

lamentar . . . Un tiempo para estar tristes, para expresar tristeza, *los blues*, si quieren".[152]Lo que siguió fue un gran mensaje en términos de los principios para lidiar con la desesperación y el dolor, pero la "tragedia" *específica* que el pastor conducía a toda la congregación en lamentar era la legalización nacional de la igualdad del matrimonio, algo que trajo tanto alivio y alegría a tantas personas homosexuales y a muchos—como Ray y Juliana—que los amaban.

Tres meses más tarde, un bebé nació y se presentó para adopción, y Christopher y Edward tuvieron el privilegio de llevarlo a casa cuando tenía sólo tres semanas de edad. Ray y Juliana estaban tan encantados que no podían dejar de compartir las noticias con la gente en la iglesia. Pero el silencio era como un manto de nieve nueva. Sin felicitaciones, sólo el susurro de la desaprobación callada. Cuando una mujer frunció el ceño ante la noticia, Juliana no pudo evitarlo. Ella tomó la cara de la mujer entre sus dos manos y dijo: "¡No frunza el ceño! ¡Es una cosa hermosa!" Y luego se alejó para esconder su dolor.

Reconoce Ray que es difícil permanecer en un ambiente así. "Sabemos que nuestros hijos probablemente nunca asistirán a un servicio en esa iglesia de nuevo, y aún así . . . de alguna manera me siento llamado a quedarme porque hay tantas cosas que hacen bien. Además, estoy dispuesto a ser un defensor de las personas homosexuales y me niego a permitir que varios miembros de la iglesia pretendan que su prejuicio no afecta a personas reales de carne y hueso".

Juliana no está tan segura. "Christopher y Edward eligieron comprar una casa no muy lejos de nosotros para que podamos ser abuela y abuelo de Ryan. No pasará mucho tiempo hasta que quieran llevarlo a la escuela dominical y a la iglesia. Pero ciertamente no voy a exponerlo a actitudes que socavan y desprecian a sus padres. No sé qué debemos hacer".

152. Según el mensaje online del pastor para el 28 de junio de 2015.

Capítulo 16
Asuntos discutibles

Mi esperanza está construida sobre nada menos
Que la sangre y la justicia de Jesús.
No me atrevo a confiar en el más dulce planteamiento,
Sino confiar completamente en el nombre de Jesús.

"The Solid Rock"
Edward Mote, 1834, estrofa 1

De los cientos de historias que Neta y yo investigamos a lo largo de los años sobre los héroes cristianos,[153] las más trágicas fueron las que involucraban a los cristianos que perseguían a otros cristianos. Cuando Jesús dijo: "Dichosos serán ustedes cuando por mi causa la gente los insulte, los persiga y levante contra ustedes toda clase de calumnias" (Mateo 5.11), presumiblemente nos estaba advirtiendo acerca de cómo los incrédulos serían capaces de tratarnos. Entre creyentes, sin embargo, oró por la unidad (Juan 17). Por lo tanto, se volvió una agonía estudiar las transcripciones y los registros judiciales de los siglos XVI y XVII donde, una y otra vez, los cristianos llevaron a juicio a cientos de otros cristianos porque creían que sus convicciones eran heréticas. Y no fue sólo entre católicos y protestantes. Hubo muchos protestantes que llevaron a juicio, encarcelaron, torturaron y ejecutaron a otros protestantes. Estas disputas degeneraron en la Guerra de los Treinta Años, que cobró la vida de millones de personas, llegando a representar hasta el 20% de la población de una región cuando se calculan las hambrunas y las enfermedades que la acompañaron.

Sin embargo, ahora que estamos en el tercer milenio, nunca esperé ver a los cristianos volver a poner a otros cristianos en juicio sobre las disputas teológicas, como se describe en el informe de daños colaterales después de este capítulo. Por supuesto, nadie ha

153. Resultando en cinco libros Hero Tales, cuarenta libros de Trailblazer, *On Fire for* Christ y *Fear Not.*

sido torturado o quemado en la hoguera, y ningún ejército literalmente está devastando las fortalezas de puntos de vista opuestos, pero si pudiéramos oler el hedor espiritual de la muerte, podría despertarnos la destrucción causada por haber renunciado a los hermanos creyentes, dividiendo iglesias, denominaciones/confesiones y ministerios relacionados a las iglesias.

No obstante, eso es lo que está sucediendo. A medida que se acercaba la decisión del Tribunal Supremo sobre la igualdad de matrimonio, Al Mohler, presidente del Southern Baptist Theological Seminary [Seminario Teológico Bautista del Sur], advirtió: "Esta cuestión terminará rompiendo las relaciones, personal, congregacional e institucionalmente. Esta es la triste realidad y simplemente no hay manera de evitarlo".[154] Su declaración fue en la misma semana en que Tony Campolo, un líder evangélico de muchos años, anunció su plena aceptación de parejas cristianas homosexuales en la iglesia, mientras que David Neff, el ex editor de *Christianity Today* lo animó con "Dios bendiga a Tony Campolo. Él está actuando de buena fe y está, creo, en el camino correcto".[155] Al mismo tiempo, numerosas denominaciones/confesiones, instituciones cristianas y ministerios relacionados a las iglesias se enfrentaban a la posibilidad de dividirse sobre el matrimonio entre personas del mismo sexo o ya se habían divididos.

Mohler puede lamentar las relaciones rotas, pero no ha estado dispuesto a buscar la unidad con los cristianos con quienes él no está de acuerdo. Anteriormente él había tomado una decisión no negociable cuando condenó a World Vision por decidir permitir que las personas homosexuales casadas sirvieran como parte de su personal, siguiendo el razonamiento de que tener cincuenta denominaciones/confesiones representadas entre todo el personal, hacía que la desafiante cuestión teológica y pastoral del matrimonio homosexual sea mejor manejada por la iglesia de cada perso-

154. Albert Mohler, "Which Way, Evangelicals? There Is Nowhere to Hide", AlbertMohler.com, 10 de junio de 2015, http://www.albertmohler.com/2015/06/10/which-way-evangelicals-there-is-nowhere-to-hide/.

155. Mark D. Tooley, "Tony Campolo and David Neff: From Evangelicals Left to Post Evangelical?" *Christian Post*, 11 de junio de 2015, http://www.christianpost.com/news/tony-campolo-and-david-neff-from-evangelical-left-to-post-evangelical-140288/#8TVBb4FSBI8hYFvt.99.

na.[156] Pero Mohler no estaba de acuerdo: "Ninguna organización puede servir en nombre de las iglesias a través del vasto espectro teológico y moral que incluya claramente denominaciones/confesiones evangélicas, por un lado, y denominaciones/confesiones liberales . . . por el otro". Su razón era: "Reconocer voluntariamente el matrimonio entre personas del mismo sexo y validar abiertamente a [los] homosexual[es] (. . .) en su homosexualidad es un acto grave y trágico que confirma a los pecadores en su pecado—y eso es un acto que viola el evangelio de Cristo"—.[157]

En otras palabras, él piensa que no hay manera que cristianos con diferentes convicciones sobre cómo relacionarse y amar a personas homosexuales puedan trabajar juntos, a menos que estén de acuerdo con su interpretación de la Escritura. Y ésa ha sido siempre la *clase* de línea que ha dividido a los cristianos.

¿Pero tiene razón? ¿No hay manera de permanecer juntos en medio de convicciones diferentes? La parte más triste de la predicción de Mohler es el daño inevitable que su actitud puede tener. En la instancia únicamente de World Vision, su aporte y lo de otros líderes que estuvieron de acuerdo con él, hicieron que los donantes cancelaran el apoyo a 10.000 huérfanos. Las personas reales—muchas personas—se verán lastimadas si no podemos entender cómo relacionarnos respetuosamente. Y la causa de Cristo sufrirá que potenciales buscadores se enfermen por nuestras amargas luchas internas. Jesús declaró: "De este modo todos sabrán que son mis discípulos, si se aman los unos a los otros" (Juan 13.35), pero muchos de nosotros no consideramos el significado de esa pequeña palabra, *si,* porque lo contrario es igualmente cierto. Si es posible que el mundo sepa que somos cristianos por nuestro amor, es igualmente posible para el mundo rechazar el Evangelio debido a nuestra falta de amor de unos a otros e incapacidad para respetarnos unos a otros.

---

156. Vea la historia de "Daños Colaterales" sobre World Vision después del Capítulo 14.

157. Albert Mohler, "Pointing to Disaster—The Flawed Moral Vision of World Vision", AlbertMohler.com, 25 de marzo de 2014, http://www.albertmohler.com/2014/03/25/pointing-to-disaster-the-flawed-moral-vision-of-world-vision/.

La oración de Jesús en Juan 17 presupone que *podemos ser* uno, pero la necesidad misma de esa oración—la oración más larga de Jesús—reconoce que existe el peligro de que nuestra unidad pueda ser fácilmente destruida, como ha sucedido tantas veces a lo largo de los siglos.

El reto de aceptar a aquellos con puntos de vista diferentes

Por tres razones no he dado la misma cantidad de espacio en este libro a los argumentos de las perspectivas tradicionales y neo-tradicionales como destino a la postura inclusiva. (1) Para aquellos de nosotros que somos heterosexuales, es el punto de vista homosexual con el cual *nosotros* estamos menos familiarizados. (2) En nuestros círculos evangélicos hay un montón de apologistas de la perspectiva más tradicional. (3) Estoy convencido de que la perspectiva incluyente es un camino para corregir un terrible error dentro de nuestra familia cristiana evangélica de condenar, rechazar y expulsar a nuestros hermanos y hermanas, hijos e hijas, que son homosexuales. Y mi cambio de actitud no se basa tanto en las interpretaciones alternativas de los textos prohibitivos como en el ejemplo más amplio de cómo Jesús se relaciona con la gente, la primacía de sus mandamientos de amar y no juzgar, y el ejemplo de la iglesia primitiva en la solución de disputas mayores.[158]

Sin embargo, una característica del punto de vista inclusivo es que, si bien llama a aquellos de nosotros que son heterosexuales a incluir y respetar más amorosamente a las personas homosexuales, también llama a la gente homosexual a incluir y respetar a las personas con opiniones tradicionales o neo-tradicionales. Ésta es la razón por la que no he usado el término común, "aceptación". Para algunos, ese término supone una calle de sentido único: todos deben aceptar la igualdad del matrimonio. Pero algunas personas (heterosexuales y homosexuales) con convicciones sinceras no creen que el matrimonio homosexual sea correcto. Sin embargo,

158. Escogí tres términos para describir diferentes perspectivas relacionadas con las personas homosexuales: la opinión "tradicional", la opinión "neo-tradicional" y la opinión "inclusiva". Por favor refiérase a la introducción a este libro para una descripción de cada una.

eso no significa que no puedan respetar y tener compañerismo con (es decir, incluir a) las personas que aceptan el matrimonio homosexual, y viceversa. Cada uno puede aceptar al otro mientras deja que Dios sea el juez. Como dijo Pablo: "Por tanto, acéptense mutuamente, así como Cristo los aceptó a ustedes para gloria de Dios" (Romanos 15.7). El término "inclusivo" cumple esa expectativa bíblica cuando cada persona está dispuesta a incluir y respetar al otro. Pero no es fácil.

La comodidad de las personas de ideas afines

En su libro *Benefit of the Doubt* [*El Beneficio de la duda*], el pastor y teólogo Greg Boyd señala que los humanos deseamos la comodidad de la certeza de que *tenemos razón*, y nada refuerza más la certidumbre que rodearnos de personas con ideas afines y aislarnos de las personas que podrían desafiarnos, ya sea verbalmente o por su mera presencia. A lo largo de la historia de la iglesia, los cristianos hemos tendido a separarnos de los que consideramos mal en cuestiones tan pequeñas como qué modo de bautismo es válido o si los instrumentos musicales son aceptables en el culto o cuestiones tan importantes como quién es la cabeza de la iglesia o si una cabeza terrenal es incluso legítima, además de todo tipo de cuestiones doctrinales en el medio. Hoy, aunque no vayamos a la guerra por esas diferencias, hay muchos entre nosotros—y denominaciones/confesiones enteras—que aún no tienen comunión con los que tienen diferentes convicciones.

Si es legítimo ignorar la oración de Jesús por nuestra unidad y dividirnos sobre estos temas, no es de extrañar que muchos crean que la moralidad del matrimonio entre personas del mismo sexo es un asunto por el que vale la pena separarnos. Pero, ¿es justificable romper la relación por una diferencia de convicción? Algunos dirán que podemos separarnos mientras aún permanecemos amigos. Pero cualquiera que lo haya probado, sabe que incluso entre los mejores amigos, es difícil mantener una relación si no se puede aceptar lo que es más importante para cada uno de ustedes . . . no la visión de la otra persona sino la pertenencia de la otra persona al cuerpo de Cristo. Si no reconocemos a nuestro hermano o hermana como miembros válidos con los cuales podemos compartir la comunión y servir a Cristo juntos como iguales, rompemos la relación a un grado que no puede ser superada sin arrepentimiento.

El antídoto de Dios para la división

Lo notable es que Dios, en su sabiduría, anticipó este problema y proporcionó una manera de manejar esos asuntos que comúnmente nos dividen. En Romanos 14, Pablo escribió:

> Reciban al que es débil en la fe, pero no para entrar en discusiones. A algunos, su fe les permite comer de todo, pero hay quienes son débiles en la fe, y solo comen verduras. El que come de todo no debe menospreciar al que no come ciertas cosas, y el que no come de todo no debe condenar al que lo hace, pues Dios lo ha aceptado. ¿Quién eres tú para juzgar al siervo de otro? Que se mantenga en pie, o que caiga, es asunto de su propio señor. Y se mantendrá en pie, porque el Señor tiene poder para sostenerlo (versículos 1-4).

En la superficie, los "asuntos discutibles" que dividieron la iglesia en Roma pueden parecer triviales para los lectores modernos. Se trataba de comer carne, observar días sagrados y beber vino. La mayoría de nosotros nos llevamos muy bien con vegetarianos, veganos y omnívoros. Beber un vaso de vino ya no se considera el signo de la carnalidad que una vez fue hace cincuenta años. Y en cuanto a "días santos", los evangélicos usamos raramente ese término. A lo largo del camino, las leyes que regulaban la actividad comercial los domingos se evaporaron y muchos fieles cristianos compran, miran fútbol, se ponen al día con un pequeño trabajo o incluso se dirigen al lago los domingos. Por supuesto, algunas personas todavía no están de acuerdo con estas libertades, pero por lo general nos las arreglamos para llevarnos bien con los demás, porque esas cuestiones no son nuestros valores fundamentales. Incluso el teólogo británico N.T. Wright parece trivializar el significado de las disputas en Roma relegándolas a lo que él llama "moralmente neutral", expresiones de "fronteras étnicas". Dice:

> Si quieres saber por qué Pablo insistió en tolerar algunas diferencias de opinión y práctica dentro del pueblo de Dios y no tolerar a otros, la respuesta es que los que se toleraban eran los que llevaban las connotaciones de líneas limítrofes étnicas, y los que no se toleraban eran los que marcaban la diferencia entre la humanidad genuina, viva, renovada y la humanidad falsa, corruptible y destructiva . . . Necesitamos hacer una distinción clara entre los aspectos de una cultura que Pablo considera moralmente neutral y aquellos que él considera como moralmente, o inmoralmente, cargados.[159]

Wright está en lo cierto al decir que la preocupación principal de Pablo era que la iglesia no se dividiera en líneas étnicas. Pero al caracterizar estos temas como moralmente neutras, parece pasar por alto el elevado peso teológico que realmente tenían para los grupos étnicos involucrados. No estoy seguro si los creyentes judíos y gentiles en Roma hubieran aceptado la declaración de Wright de que sus diferencias eran "moralmente neutrales". De hecho, para los creyentes judíos, el no guardar el sábado violaba el cuarto mandamiento—una gran cuestión moral—. Comer carne que podría haber sido ofrecida a ídolos era equivalente a violar el segundo y tercer mandamiento.

Reforzar la gravedad de estas cuestiones era las consecuencias que Pablo preveía si no aprendían a llevarse bien. No se trataba sólo de unos pocos sentimientos heridos. Las divisiones que estaba ayudando evitar a los creyentes romanos eran tan graves que podían "destruir a tu hermano" (v. 15), "destruir la obra de Dios" (v. 20), "hacer caer a tu hermano" (v. 21) —el mismo fruto malo que hemos visto herir a las personas homosexuales, dividir las iglesias sobre cómo relacionarse con ellos y en demasiados casos, alejar a las personas homosexuales y heterosexuales de seguir a Jesús—.

Estoy muy en deuda con Ken Wilson, quien me explicó la gravedad de las divisiones en la iglesia romana en su libro, *A Let-*

159. N.T. Wright, "Comunión y Koinonia: Reflexiones paulinas sobre la tolerancia y los límites", un documento dado en la Future of Anglicanism Conference, Oxford, 2002. http://ntwrightpage.com/Wright_Communion_Koinonia.htm.

ter to My Congregation [*Una carta a mi congregación*]. Él señala que si eran insignificantes, "la herencia de las divisiones de la iglesia que siguieron a raíz de la Reforma Protestante fue inevitable . . . [Pero] si Romanos 14-15 se aplica a las diferencias muy disputadas hoy en día . . . en realidad nos ayudaría a mantener una unidad en el espíritu".[160]

En otras palabras, si lo que entiende N.T. Wright de que los asuntos discutibles en la iglesia romana eran realmente nada más que diferencias culturales, entonces Romanos 14 no nos ofrece ninguna ayuda real en cómo debemos manejar nuestras más profundas convicciones diferentes acerca del matrimonio homosexual o cualquier otra cuestión difícil. Pero si Wilson está en lo correcto y las diferencias que Pablo estaba planteando implicaban profundos desacuerdos morales, entonces este pasaje puede ser la palabra de Dios para la iglesia a través de los tiempos, y para nosotros hoy.

¿Cuán graves fueron entonces las disputas en Roma?

La congregación incluía creyentes judíos y gentiles, lo que a primera vista podría sugerir que estaban tratando con diferencias meramente culturales, y de hecho las divisiones probablemente se creaban a partir de líneas étnicas. Pero desde el principio, no fue fácil para los creyentes judíos aceptar la validez de las conversiones de los gentiles a menos que estuvieran dispuestos a seguir plenamente la ley, incluida la circuncisión. ¡Éstas eran creencias centrales de la fe!

Durante siglos, estos requisitos habían sido la única forma en que los gentiles fueron admitidos en la "familia de Dios". Por ello, se había realizado un cónclave mayor unos años antes, que se conoció como el Concilio de Jerusalén (descrito en Hechos 15) para que los apóstoles *acordaran* nuevos términos para aceptar a los creyentes gentiles en la iglesia. En aquel tiempo, enviaron una carta a los gentiles diciendo: "Nos pareció bien al Espíritu Santo y a nosotros no imponerles a ustedes ninguna carga aparte de los

160. Ken Wilson, *A Letter to My Congregation: An Evangelical Pastor's path to embracing people who are gay, lesbian and transgender in the company of Jesus*, (Canton, MI: David Crumm Media: 2014, Kindle Edition), ubicación Kindle 1584.

siguientes requisitos: abstenerse de lo sacrificado a los ídolos, de sangre, de la carne de animales estrangulados y de la inmoralidad sexual. Bien harán ustedes si evitan estas cosas" (vv. 28-29).

La crisis que surgió en Roma unos años más tarde fue que algunos creyentes no sólo ofendían a sus hermanos y hermanas judíos comiendo carne presumiblemente ofrecida a ídolos, sino que también estaban *violando el sagrado acuerdo* logrado en su nombre años antes por el Concilio de Jerusalén.

Si eso no demuestra lo moralmente pesado de los "asuntos discutibles" que acosaban a la iglesia romana, la cuestión de comer alimentos ofrecidos a los ídolos volvió a surgir más tarde. Juan relató en Apocalipsis que el mismo Jesús acusó a las iglesias de Pérgamo y Tiatira de "comer comida sacrificada a los ídolos" (2.14, 20).

Uno no tiene que leer entre las líneas en Romanos 14 o 1 Corintios 8 para ver que Pablo no creía *personalmente* que era tan malo comer esta carne, y con el paso del tiempo, dejó de ser un problema en la iglesia (un ejemplo de la legitimidad del ajuste de las normas bajo oración). Pero Pablo estaba extremadamente preocupado por ayudar a los creyentes a respetar e incluirse unos a otros *a pesar de* sus diferentes convicciones morales. Su tono suena casi a regaño mientras escribía con apremio: "¿Quién eres tú para juzgar al siervo de otro? Que se mantenga en pie, o que caiga, es asunto de su propio señor. Y se mantendrá en pie, porque el Señor tiene poder para sostenerlo" (v. 4). "Por tanto, dejemos de juzgarnos unos a otros" (v. 13). "Así que la convicción que tengas tú al respecto, mantenla como algo entre Dios y tú" (v. 22).

¿Pero no hay límites?

Si se supone que debemos mantener nuestras opiniones para nosotros mismos, ¿significa eso que no hay límites sobre la correcta creencia y el correcto comportamiento dentro de la iglesia? Sí, *hay* límites. Pablo exhortó a los Efesios diciendo: "Esfuércense por mantener la unidad del Espíritu mediante el vínculo de la paz. Hay un solo cuerpo y un solo Espíritu, así como también fueron llamados a una sola esperanza; un solo Señor, una sola fe, un solo bautismo; un solo Dios y Padre de todos, que está sobre todos y por medio de todos y en todos" (Efesios 4.3-6). Esta es sólo una de varias declaraciones de resumen en el Nuevo Testamento que establece los parámetros para la creencia correcta. Los apóstoles y líderes de la iglesia del Nuevo Testamento no dudaron en denunciar la herejía que negaba las doctrinas centrales de la fe.

No pasó mucho tiempo hasta que los líderes de la iglesia en expansión geográfica encontraron útil redactar declaraciones precisas tales como el Credo de los Apóstoles y el Credo Niceno para aclarar lo que era esencial para el cristianismo ortodoxo y para contrarrestar cualquier herejía con respeto a esos fundamentos. Desafortunadamente, a lo largo de los siglos, hemos permitido que las diferencias teológicas menores dividieran la iglesia innumerables veces. Por ejemplo, la naturaleza y el significado de la Eucaristía / la Comunión, la escatología (los últimos tiempos), el gobierno de la iglesia, etc. Sin embargo, notarás que ninguno de los problemas que aquejan a los creyentes romanos—aunque fuesen mayores—involucraban la fe más tarde recogida en los primeros credos. Sus disputas eran sobre comportamientos, comportamientos que tenían significación teológica, pero al fin y al cabo, comportamientos.

Así que, puesto que las disputas entre los creyentes romanos se centraban en el comportamiento, y Pablo los consideraba "asuntos discutibles", ¿eso hace que todos los comportamientos sean discutibles? Una vez más, no. Hay límites bíblicos con respecto al comportamiento correcto. Las numerosas listas de vicios[161] que se encuentran en el Nuevo Testamento demuestran enseñanzas audaces sobre lo que es el correcto y el mal comportamiento. Además, varias de las listas de los vicios incluyen una advertencia en el sentido de "que los que practican tales cosas no heredarán el reino de Dios" (Gálatas 5.21). Pero el ejemplo romano demuestra que algunos comportamientos *son* discutibles y deben ser manejados como Pablo lo prescribe.

Al igual que las creencias principales representadas por los más importantes principales credos, muchos vicios no plantean ninguna

161. Las "listas de vicios" se pueden encontrar en Mateo 15.19; Marcos 7. 21-22; Romanos 1.29-31; 13.13; 1 Corintios 5.10-11; 6.9-10; 2 Corintios 12.20-21; Gálatas 5.19-21; Efesios 4.31; 5.3-5; Colosenses 3.5, 8.1 Timoteo 1.9-10; 2 Timoteo 3.2-5; Tito 3.3; 1 Pedro 2.1; 4.3, 15; Apocalipsis 9.21; 21.8, 22.15.

disputa entre cristianos fieles—asesinato, robo, idolatría, adulterio, fornicación, mentira, ebriedad, etc. —. La mayoría de los cristianos no discuten lo malo de estos comportamientos . . . excepto, quizás, para aquellos cristianos de iglesias pacifistas que consideran la guerra como un asesinato. Así entonces se tiene una disputa ciertamente muy volátil como lo que Pablo describe en Romanos 14. Los creyentes modernos incluirán el vicio del comercio de esclavos entre los comportamientos indiscutiblemente erróneos, pero hace doscientos años, ¡esto también fue ampliamente discutido!

Además, hay varios vicios donde los desacuerdos suelen surgir, no tanto sobre los vicios nombrados, sino sobre *cuando se cruce realmente* la raya de hacer algo malo—la avaricia, la envidia, la codicia, la astucia, el chisme, la pelea, los celos, el egoísmo, la calumnia, la lascivia, presunción, amargura, cobardía, falta de fe, etc. ¿Creemos que estos comportamientos—de las cuales la mayoría de nosotros somos culpables en un momento u otro—nos apartan del reino de Dios? Y no por un pequeño desliz en el pecado, sino ¿porque justificamos el grado de participación nuestra? Después de todo, ¿cuándo es la ambición, que a menudo admiramos, en realidad una expresión de la avaricia, la envidia, los celos o la codicia? ¿Cómo es que en los Estados Unidos no defendemos la glotonería (uno de los pecados de Sodoma identificados en Ezequiel 16.49) cuando que el 20% de nosotros somos obesos[162] y arrojamos 200.000 toneladas *diarias* de alimentos comestibles, mientras que hasta mil millones personas no reciben suficiente comida para soportar las actividades diarias normales?[163] Si tuviéramos contactos con creyentes con normas Amish o Menonitas tradicionales, ellos podrían decir que la mayoría de nuestros estilos de ropa son licenciosos, o por lo menos, vanidosos. ¿Y la vehemencia con la que muchos cristianos se expresan hacia las personas homosexuales no califica como el vicio de la amargura y la ira?

El punto es, mientras que cada uno de estos vicios es real, *cuando* se ha cometido tal vicio—el momento que hemos cruzado la raya implica al menos una definición discutible—. Y para el tema

162. http://stateofobesity.org/adult-obesity/.

163. http://public.wsu.edu/~mreed/380American%20Consumption.htm.

de este libro, mientras que la inmoralidad sexual es indiscutiblemente un vicio, si ello incluye el matrimonio fiel y monógamo entre personas homosexuales es lo que está en discusión.

Hemos mencionado anteriormente que la Ley del Antiguo Testamento incluía 613 reglas en un intento de regular el comportamiento correcto e incorrecto en todo momento. Pero, incluso eso no proporcionó los detalles suficientes para cubrir todas las circunstancias discutibles. Fue agregado el Talmud, un comentario de 6.200 páginas, pero todavía los rabinos debaten.

Algunos podrían considerar que las listas de vicios del Nuevo Testamento son una extensión de las reglas del Antiguo Testamento, pero las listas del Nuevo Testamento están más dentro de enseñanzas, ánimo y los consejos hacia una vida justa. Y la naturaleza general de muchos de ellos requiere un sabio discernimiento para que no nos juzguemos unos a otros, como sucedía en la iglesia de Roma.

¿Cuándo es algo legítimamente cuestionable?

Lo que hace que cualquier doctrina o conducta sea discutible es que los cristianos fieles, apelando razonablemente a la Escritura, presentan diferentes interpretaciones. Y es probable que nos enfrentemos con este dilema cada vez que empezamos diciendo: "Mis eruditos son mejores que tus eruditos" o "Estás siendo selectivo y yo no lo soy", tal como ocurre con gran parte del debate actual (según lo demuestran los títulos). Por ejemplo, *What the Bible Really Says about Homosexuality* [*Lo que la Biblia dice realmente sobre la homosexualidad*] por Daniel A. Helminiak y *What Does the Bible Really Teach about Homosexuality* [¿Qué enseña realmente la Biblia sobre la homosexualidad?] por Kevin DeYoung, que toman opiniones opuestas.[164] Con el tiempo, y por la gracia de Dios, podremos resolver este asunto, pero hasta que lo hagamos, tolerar nuestras diferencias por el bien de la unidad tiene sentido.

---

164. Mientras que los dos títulos ilustran cómo estamos "gritando" el uno al otro, los libros no son de igual valor. Helminiak parece desechar las Escrituras con las que no está de acuerdo. Yo no apoyo este enfoque. Aunque las interpretaciones pueden diferir, acepto y creo que *"Toda la Escritura es inspirada por Dios y útil para enseñar, para reprender, para corregir y para instruir en la justicia"* (2 Timoteo 3.16).

Ken Wilson en realidad ofrece tres criterios que incluyen más detalles útiles para determinar cuando algo se califica como discutible. Un tema puede ser discutible. . .

1. Cuando no se trata de un dogma cristiano básico, tal como lo encontramos en los grandes credos ecuménicos (apóstoles, niceno, calcedoniano, etc.).
2. Cuando el debate trae dos o más verdades bíblicas en tensión dinámica (por ejemplo, justicia-misericordia, la ley-la gracia, el libre albedrío-predestinación) para que ambas partes hagan apelaciones razonables a la Escritura.
3. Cuando cristianos fieles toman diferentes puntos de vista sobre el tema.[165]

Ya sea que los cristianos homosexuales puedan o no casarse unos con otros, no cuestionan el dogma cristiano básico recogido en los credos históricos; por lo que la cuestión puede considerarse discutible según el primer principio de Wilson.

Su segundo principio sugiere que debemos tolerar un asunto discutible si invoca temas bíblicos que han sido reconocidos desde hace tiempo cuando aparecen en tensión entre sí. Por ejemplo, dos cristianos pueden estar en desacuerdo sobre las paradojas que implican el libre albedrío y la predestinación, sin juzgar al otro como un pecador o un no cristiano. Y la mayoría de las opiniones divergentes acerca de cómo nos relacionamos con las personas homosexuales se califican como discutibles bajo este criterio. Sin embargo, aquellos que dicen que alguien *no puede* ser *gay* y cristiano están diciendo que solamente la gracia a través de la fe no es suficiente para salvar a alguien que es *gay*. Él o ella también debe mostrar las "obras" (ya sea creencia o comportamiento) de renunciar a su orientación sexual o por lo menos al matrimonio homosexual. Mientras que esto invoca la tensión histórica entre las obras y la gracia, su resultado rompe la comunión al rechazar a la

165. Ken Wilson, *A Letter to My Congregation: An evangelical pastor's path to embracing people who are gay, lesbian and transgender in the company of Jesus*, (Ann Arbor, MI: David Crumm Media, LLC, 2014, Kindle Edition). Ubicación Kindle1756.

otra persona como un hermano o hermana. Es una posición que rompe el pacto.

El tercer principio de Wilson es bastante auto-explicativo. "Cuando cristianos fieles toman diferentes puntos de vista sobre el tema", podemos aceptarlo como un asunto discutible. Recuerda que en este tema no estamos hablando de respaldar la inmoralidad sexual de un estilo de vida promiscuo, ya sea para las personas homosexuales o heterosexuales, las personas que se conviven o pasan de un matrimonio a otro a través de matrimonios en serie, etc. Estamos hablando de cierto grupo de personas, quienes desde cualquier causa no se sienten atraídos hacia el sexo opuesto, pero a quienes les gustaría entrar en un pacto monógamo, de por vida, con alguien de su mismo género. Puede ser que tú no estés de acuerdo en que esto sea correcto, pero sí podemos reconocer que son creyentes genuinos, cristianos fieles y sinceros, debemos ser capaces de tolerar nuestras diferencias dentro de la misma confraternidad.

Si podemos llegar a tal punto, no tendremos que romper relaciones como predijo Mohler. En lugar de ello, podemos sinceramente "aceptar uno al otro mutuamente, así como Cristo los aceptó a ustedes para gloria de Dios" (Romanos 15.7).

Daños colaterales

¿Un juicio de herejía en este siglo, en este milenio? No podía creerlo hasta que leí las transcripciones.

En 2003, el reverendo Lee Irons, quien había sido ordenado por la Iglesia Ortodoxa Presbiteriana e instalado como pastor de la Redeemer Chapel de San Fernando Valley, California, fue llevado a juicio por herejía por el Presbiterio de California del Sur. El juicio se completó con un jurado (el Presbiterio), el fiscal, el acusado (Rvdo. Irons), un abogado defensor, múltiples cargos y estipulaciones, el alegato, las objeciones, los testigos, los argumentos de apertura, el contrainterrogatorio, y así sucesivamente, dando lugar a un veredicto, una apelación y una censura.

Había cuatro cargos. Supuestamente. . .

1. Promovió y alentó públicamente la práctica de la homosexualidad en violación al séptimo mandamiento.
2. En violación al noveno mandamiento, distribuyó una carta calumniando a la iglesia, así como varios individuos.
3. Él violó su voto de ordenación al enseñar que los Diez Mandamientos ya no son obligatorios para los creyentes como estándares de vida santa.
4. Él violó su voto de ordenación al enseñar que el gobierno civil debe ser religiosamente neutral y por lo tanto no sujeto a la autoridad obligatoria de la revelación especial de Dios en la Escritura (incluyendo la ley moral).

La segunda acusación de que había calumniado a la iglesia en una carta que había escrito fue abandonada con bastante rapidez después de que se disculpó.[166]

Si los otros cargos parecen bastante esotéricos, puede ser porque la verdadera queja del Presbiterio contra Lee Irons fue que él había publicado en su propio sitio web una copia de un artículo escrito por su esposa, Misty, titulado "A Conservative Christian Case for Civil Same-Sex Marriage" [Un caso cristiano conservador para el matrimonio civil del mismo sexo], que ella había publicado previamente en su sitio web. Ella dedujo que Calvinistas, de entre todas las personas, deben reconocer la homosexualidad como una condición previa a la elección (haciendo referencia a toda la controversia de predestinación / libre albedrío). Además, los cristianos siempre han sido partidarios inflexibles de las libertades civiles cuando se trata de la libertad de religión. Después de una extensa encuesta que resume su investigación, concluyó diciendo:

> A menudo pensamos que ser testigo de Cristo significa hacer algo extraordinario. Pero a veces, el mejor testimonio del Evangelio es tan simple como ser lo suficientemente civilizado para respetar las legítimas libertades de las

166. Después de que el segundo cargo fue abandonado, los cargos restantes fueron reenumerados 1, 2, 3 en las transcripciones del juicio.

> personas, y ser lo bastante decente como para dejar de lado los insultos y tratar a la gente como seres humanos. Apoyar las libertades civiles de los ciudadanos homosexuales americanos es decente, civilizado y, sí, amoroso. Amar, al menos de una manera que las personas homosexuales y las lesbianas son más propensas a entender.[167]

El artículo fue publicado inicialmente en el sitio web de Misty y más tarde en el de Lee, en una sección reservada para discutir temas polémicos. Hubo una amplia oposición cuando los disidentes publicaron sus objeciones a sus ideas en varios grupos confesionales de discusión. Así que no es obvio por qué publicarla y expresar su opinión generó tanta ira entre la jerarquía de la iglesia. La verdad, tal como la entendían, estaba bien representada. Inicialmente, el Presbiterio pretendía elevar cargos contra Misty, pero cuando su esposo intervino y dijo que era su decisión publicarlo en su sitio web, iniciaron cargos contra él, mientras seguían considerando los cargos contra Misty. Él aceptó publicar una advertencia en su sitio web de que las opiniones de Misty no representaban las opiniones de la iglesia. Pero entonces, exigieron que ella cerrara su sitio web e insinuaron que ella enfrentaría castigo si no lo hacía.

La primera acusación contra Lee—que promovió y alentó la práctica de la homosexualidad—fue abandonada (sin prejuicios, lo que significa que podría ser reintroducida más tarde) cuando redactó un documento titulado "Lo que yo creo sobre la homosexualidad", en el cual él tomó una posición bastante conservadora, lo que hizo difícil para el Presbiterio demostrar que era culpable de promover públicamente la homosexualidad. Entonces, comenzaron a presionarlo para forzar a su esposa a retirar el artículo de su sitio web.

Él trató de cooperar con ellos tanto como pudo, quitando el artículo desde su propio sitio web. Misty estaba dispuesta a realizar pequeños cambios de redacción, pero no estaba dispuesta a retirar el artículo, y mucho menos a cerrar su sitio web, y Lee estaba lejos

167. Misty S. Irons, "A Conservative Christian Case for Civil Same-Sex Marriage", publicado el 19 de noviembre de 2000, http://www.musingson.com/ccCase.html.

de forzarla. Entonces, aparece el Presbiterio, que se centró en disciplinar a Lee a través de los otros cargos basados más en las cosas que había escrito y enseñado. Técnicamente, el cargo de herejía (en este punto reenumerado como Cargo # 2) implicó si el Rev. Irons creía que el Decálogo Mosaico dado a Israel en el Monte Sinaí (los Diez Mandamientos) es equivalente a la ley moral eterna de Dios, y si la Ley Mosaica era justamente dividida en tres categorías—ceremonia, judicial, y los mandamientos morales—y hasta qué grado los creyentes y los incrédulos estaban obligados a cumplir esa Ley.

El veredicto sobre el Cargo # 2, que involucra las opiniones de Lee sobre si el Decálogo Mosaico, es el mismo que la ley moral que une a todos los cristianos de hoy, fue *culpable* por un voto de 17 a 16 y el Rvdo. Irons fue suspendido de su cargo por un período indefinido de tiempo. El cargo # 3 falló por un voto de 17 a 17. Pero ellos lo consideraron condenado. A pesar de una fuerte protesta firmada por seis miembros del Presbiterio sobre procedimientos inapropiados durante el juicio, la condena del Rvdo. Irons fue sostenida en apelación, y por lo tanto . . .

Fue suspendido del ministerio eclesiástico.

Capítulo 17
Jesús nos muestra cómo aplicar las leyes de Dios

Libre de la ley, Oh estado feliz,
Jesús ha sangrado y hay remisión,
Maldito por la ley y herido por la caída,
La gracia nos redimió una vez para siempre.

"Christ Hath Redeemed"
Philip P. Bliss, 1873, estrofa 1

ME DOY CUENTA DE QUE INCLUSO si podemos aprender a manejar un asunto discutible dentro de una congregación, no lo hemos resuelto todo. Es más un recurso temporal para no explotar el cuerpo, deshonrar a Cristo, y alejar a la gente de él. Pero, todavía está la cuestión de la perspectiva de Dios sobre el asunto. Por ejemplo, la crisis en torno a si los creyentes en Roma deben o no comer carne fue evitada por las palabras fuertes de Pablo para dejar de juzgar unos a otros. Pero me preguntaba . . . ¿Acaso la congregación llegó a estar de acuerdo con Pablo que no era necesario abstenerse (ver 1 Corintios 8)? Y si es así, ¿cómo llegaron a esa nueva comprensión?

En nuestros hogares e iglesias, estamos enfrentando una coyuntura similar con respecto al matrimonio homosexual. La mayoría de nosotros proviene de un origen donde el matrimonio entre personas del mismo sexo era impensable. No sólo tuvimos nuestro instinto, ciertamente surgido de nuestra propia orientación, sino que hubo, y todavía permanecen, argumentos fuertemente sostenidos alegando que está en contra de las leyes de Dios. Lo último que quiero hacer es oponerme a Dios o animar a otros a desobedecerle, aunque eso mantenga la paz.

Encontrar una salida de este dilema me llevó de nuevo a estudiar cómo Jesús manejaba situaciones en las que se cuestionaba las viejas reglas.

Dios es para nosotros

Cuando Jesús dijo: "El sábado se hizo para el hombre, y no el hombre para el sábado" (Marcos 2.27), él estaba explicando que las leyes de Dios no son caprichosas. Ellas tienen un propósito, y ese propósito es para nuestro bienestar. Jesús hizo su declaración para justificar por qué sus discípulos estaban violando la ley del sábado . . . al menos según la interpretación de los fariseos. Las confrontaciones en las que los fariseos acusaban a Jesús de violar la Ley ocurrieron reiteradamente. Sin embargo, en realidad fueron los fariseos quienes infringieron Ley al retorcerla para sus propios fines. Jesús les dijo . . .

> ¡Qué buena manera tienen ustedes de dejar a un lado los mandamientos de Dios para mantener sus propias tradiciones! Por ejemplo, Moisés dijo: "Honra a tu padre y a tu madre", y: "El que maldiga a su padre o a su madre será condenado a muerte". Ustedes, en cambio, enseñan que un hijo puede decirle a su padre o a su madre: "Cualquier ayuda que pudiera haberte dado es corban" (es decir, ofrenda dedicada a Dios). En ese caso, el tal hijo ya no está obligado a hacer nada por su padre ni por su madre. Así, por la tradición que se transmiten entre ustedes, anulan la palabra de Dios. Y hacen muchas cosas parecidas (Marcos 7.9-13).

Nuevamente vemos que el propósito de las leyes de Dios es para nuestro bienestar, en este caso, una orden para ayudar a los padres envejecidos. Entonces, ¿qué debemos hacer cuando la comprensión *tradicional* de una ley no sirve al propósito de Dios de avanzar en nuestro bienestar? Parece que Jesús habría infringido por lo menos la interpretación de los fariseos de la ley.

Algunas personas afirman que Jesús nunca podría haber infringido *realmente* la Ley de Moisés basándose en pasajes tales como "No cometió pecado" (1 Pedro 2.22), "Al que no cometió pecado alguno, por nosotros Dios lo trató como pecador" (2 Corintios 5.21), y "Porque no tenemos un sumo sacerdote [Jesús] incapaz de compadecerse de nuestras debilidades, sino uno que ha sido tentado en todo de la misma manera que nosotros, aunque sin pecado" (Hebreos 4.15). Pero eso supone violar la Ley de Moisés es *siempre* pecado. ¿Pero lo es? ¿No hay flexibilidad?

Cuanto más pensaba en ello, me di cuenta de que la pregunta se volvió discutible al final del Nuevo Testamento. Para entonces, varias leyes del Antiguo Testamento habían sido anuladas explícitamente, categorías enteras se habían vuelto obsoletas, porque el propósito general de la Ley había sido cumplido por la muerte y resurrección de Cristo, introduciendo así el Nuevo Pacto: "Al llamar «nuevo» a ese pacto, [el Señor] ha declarado obsoleto al anterior; y lo que se vuelve obsoleto y envejece ya está por desaparecer" (Hebreos 8.13).

Entonces, no todos los mandamientos del Antiguo Testamento se aplican igualmente a nosotros hoy. De hecho, varias leyes fueron anuladas *explícitamente*. Por ejemplo, la "ley de la retribución" (ojo por ojo) fue derogada por Jesús (Mateo 5.8), Dios le dijo a Pedro las restricciones alimenticias del Antiguo Testamento que ya no se aplicaban (Hechos 10.9-16), la circuncisión dejó de ser requerida (Hechos 15), los sacrificios de animales por el pecado terminaron (Hebreos 9.11-15), y un sacerdote Levítico ya no era necesario para representarnos ante Dios (Hebreos 4.14-16). Pero muchas otras leyes del Antiguo Testamento no fueron explícitamente anuladas o restablecidas en el Nuevo Testamento. ¿Así que se aplican, o no? Ciertamente, no de la misma vieja manera, pero bajo el Nuevo Pacto existen distinciones entre la creencia correcta e incorrecta y el comportamiento correcto e incorrecto. Entonces, ¿cómo determinamos cuándo, dónde y cómo se aplican?

Clasificándolo

Algunos de mis profesores bíblicos dividieron la Ley en categorías (generalmente la ley moral, la ley ceremonial y la ley civil) con explicaciones más o menos racionales de por qué cada una de las leyes encaja en qué categorías y por lo tanto si las mismas fueron abolidas por el Nuevo Pacto. Esas categorías son útiles, especialmente donde la Biblia menciona específicamente ciertas leyes, como se mencionó anteriormente. Pero *no son categorías bíblicamente definidas*. Santiago nos dice que el mandamiento de Jesús de amar a nuestro prójimo como a nosotros mismos es supremo—él lo llama la "ley suprema"—recordándonos que si vamos a invocar la Ley de Moisés (de la vieja manera), entonces tenemos que lidiar con *toda* la Ley. No podemos invocarla fragmentada.

> Hacen muy bien si de veras cumplen la ley suprema de la Escritura: "Ama a tu prójimo como a ti mismo" pero, si muestran algún favoritismo, pecan y son culpables, pues la misma ley los acusa de ser transgresores. Porque el que cumple con toda la ley, pero falla en un solo punto ya es culpable de haberla quebrantado toda. Pues el que dijo: "No cometas adulterio", también dijo: "No mates". Si no cometes adulterio, pero matas, ya has violado la ley (Santiago 2.8-11).

En otras palabras, no podemos dividir las leyes y decir que una es ceremonial, de la cual estamos exentos, mientras que otra es moral y sigue siendo obligatoria. Bajo el Nuevo Pacto, nos relacionamos con la Ley de una manera diferente. Santiago dice: "Habla y actúa como los que van a ser juzgados por la ley que da la libertad, porque el juicio sin misericordia será mostrado a cualquiera que no haya sido misericordioso. ¡La compasión triunfa en el juicio! ¡La misericordia triunfa sobre el juicio!" (v. 13).

Volví a Jesús para descubrir cómo "la ley que da la libertad" funciona para ordenar cuándo, dónde y cómo aplicar cualquier otro mandamiento. La respuesta vino de otro caso en el que los fariseos trataban de atrapar a Jesús, esta vez preguntando: "Maestro, ¿cuál es el mandamiento mayor de la ley?"

> Jesús respondió: "«Ama al Señor tu Dios con todo tu corazón, con todo tu ser y con toda tu mente»—Este es el primero y el más importante de los mandamientos. El segundo se parece a este: «Ama a tu prójimo como a ti mismo». De estos dos mandamientos dependen toda la ley y los profetas" (Mateo 22.36-40).

Al decir que *toda* la ley pende de estos dos mandamientos importantes, Jesús mostró que *todos* los otros mandamientos tenían la intención de servir a uno de esos dos objetivos: "Amar a Dios con todo nuestro corazón, alma y mente"[168], y "Amar a nuestro prójimo como a nosotros mismos". ¿Hay momentos y lugares y maneras en que algunas reglas bíblicas *no sirven* a esos objetivos? La respuesta es ciertamente sí. Aunque Dios tuvo un propósito al emitir una ley contra el uso de ropa hecha de dos materiales diferentes cuando inicialmente la dio (ver Levítico 19.19), ¿quién reclamaría que hoy sirve para hacer avanzar nuestro amor a Dios o nuestro prójimo? Pero al explicar los dos objetivos *detrás* de toda la Ley y los Profetas, Jesús cumplió la Ley ofreciendo un medio muy superior para evaluar cuándo, dónde y cómo interpretar y aplicar cualquier ley bíblica . . . o cualquier regla contemporánea que *podamos* proponer (como las leyes anti esclavitud).

Por el contrario, cuando confiamos en nuestras presunciones subjetivas (como lo hizo N.T. Wright descartando las disputas discutidas en Romanos 14 como meramente culturales) o cuando concebimos categorías como "ley moral", "ley ceremonial" y "ley civil" apelamos a los constructos humanos sin fundamento objetivo. ¡La futilidad de estos enfoques es evidente en que no proporcionaron suficiente sabiduría moral para descartar la esclavitud durante más de mil ochocientos años! Para mí, ése no es un método muy bueno para discernir el bien del mal.

San Agustín (354-430), a quien muchos consideran el teólogo cristiano más significativo del primer milenio, describió la preeminencia del amor de esta manera:

> Quien piense entonces que entiende las Sagradas Escrituras, o cualquier parte de ellas, pero pone tal interpretación sobre ellas, que no tiende a edificar este doble amor a Dios y a nuestro prójimo, todavía no las entiende como debería.[169]

168. Este primer mandamiento era parte del Shema, la oración diaria en la tradición judía. El segundo mandamiento también proviene de las Escrituras Hebreas en Levítico 19.18, pero fue enterrado en una lista de reglas a veces oscuras hasta que Jesús lo trajo adelante y explicó cómo resumía todas las demás leyes interpersonales.

169. Augustine, *De Doctrina Christiana* 1.35, ed. Philip Schaff, traducido por J.F. Shaw, bajo el título *On Christian Doctrine*, Nicene and Post-Nicene

El poder del amor a Dios y al prójimo

Algunas personas se oponen a poner tanto énfasis en el amor, como si ése fuera el lado débil del Evangelio, mientras que la aplicación de la Ley fuera el lado más muscular. Pero eso no es verdad. La aplicación de la Ley podría ser hecha por una computadora, pero como Justin Lee señala, "Nadie querría ser juzgado en la corte por una computadora, porque sabemos que sólo un ser humano tiene la capacidad de razonamiento para ver una situación y ver todos los matices y circunstancias atenuantes que deben tenerse en cuenta".[170] En realidad, es una religión *débil* la que crea una regla para todo, por lo que no tiene que hacer el arduo trabajo de discernir cómo es el amor en varias situaciones. ¿Por qué los escritores del Nuevo Testamento habrían enfatizado tanto el amor?

En sus cartas, Juan prácticamente martillaba el mandamiento de Jesús de "amarse unos a otros" (1 Juan 3.11, 23; 4.7, 12; 2 Juan 1.5). Pedro nos anima: "Ahora que se han purificado obedeciendo a la verdad[171] y tienen un amor sincero por sus hermanos, ámense de todo corazón los unos a los otros" (1 Pedro 1.22). Santiago lo llama "ley suprema", diciendo: "Hacen muy bien si de veras cumplen la ley suprema de la Escritura: «Ama a tu prójimo como a ti mismo»" (Santiago 2.8). Pablo se hace eco de la explicación de Jesús, "(. . .) todos los demás mandamientos, se resumen en este precepto: «Ama a tu prójimo como a ti mismo.» El amor no perjudica al prójimo. *Así que el amor es el cumplimiento de la ley*" (Romanos 13.9, 10, énfasis añadido). Si eso no es suficientemente claro, lo vuelve a decir a los Gálatas. "Toda la ley se resume en un solo mandamiento: «Ama a tu prójimo como a ti mismo»" (Gálatas 5.14).

Fathers, vol. 2 (Buffalo, NY: Christian Literature, 1887; impreso de nuevo, Peabody: Hendrickson Publishers, 2004), 532.

170. Justin Lee, "Justin's View", https://www.gaychristian.net/justins_view.php, "The Purpose of Rules."

171. La "verdad" a la cual estos creyentes eran obedientes y por la cual fueron purificados no era por guardar la Ley—"la vida absurda que heredaron de sus antepasados" (v. 18)—sino el Evangelio mismo. Vea los versículos 3-5.

Guardar el primer mandamiento, primero

Mientras meditaba en el resumen de Jesús hacia la Ley, la importancia de su respuesta me impactó en un nivel más profundo. Cada vez que nos involucramos en el proceso de discernimiento de aplicar cualquier ley bíblica—ya sea tan grande como guardar el sábado o tan específico como no tener tatuajes (Levítico 19.28) — el primer mandamiento debe ser considerado *primero* por una razón. Debemos comprobar y reafirmar nuestro amor por el Señor con todo nuestro corazón, alma y mente, *abrazando el corazón de Dios para el asunto.* Y podemos conocer el corazón de Dios de la manera más completa en la vida y el ministerio de Jesús. Colosenses 2.9 dice: "*Toda* la plenitud de la divinidad habita en forma corporal en Cristo" (énfasis añadido). Es por eso que en este libro comencé repasando la vida y ministerio de Jesús, su encarnación de la gracia y la verdad, y el hecho de que *sólo* por su gracia y sacrificio cualquiera de nosotros tiene acceso al Padre. Y es por eso que empiezo cada capítulo con una estrofa de un himno antiguo que afirma la verdad de que sólo la gracia nos salva. Observar las reglas—viejas o nuevas, grandes o pequeñas—nunca conseguirá nuestra salvación. Debemos enfocarnos claramente en el "Primer Mandamiento" preguntándonos si nuestro enfoque a cualquier regla termina sutilmente reemplazando la *fe* con *obras*, un cambio que nosotros los humanos somos tan propensos a hacer porque podemos fácilmente sentir orgullo en nuestras obras.

Sólo después de haber verificado si alguna regla, ley, guía o interpretación acrecienta nuestro compromiso de amar al Señor nuestro Dios con todo nuestro corazón, alma o mente, podemos pasar con razón a preguntarnos, ¿es amoroso hacia nuestro prójimo? Y ¿nos ayuda a amarnos unos a otros, como Jesús mandó?

Discernimientos audaces

Bueno. Pero para ser honesto, todavía tenía preguntas. ¿Tenemos autoridad para hacer tales discernimientos? ¿Es apropiado en algunos casos decidir que una regla tradicional no se aplica en nuestra situación específica? En Mateo 18.18 Jesús dijo: "Les aseguro que todo lo que ustedes aten en la tierra quedará atado en el cielo, y todo lo que desaten en la tierra quedará desatado en el cielo". ¡Uf! Esa es una gran responsabilidad. Pero en Juan 16.13 prometió enviarnos el Espíritu Santo, que "[nos] guiará a toda verdad".

Puesto que Jesús es nuestra revelación más completa del corazón de Dios, ¿cómo lidió con situaciones similares? ¿Alguna vez apartó la ley porque imponerla no era amoroso? Tanto Levítico 20.10 como Deuteronomio 22.22 dicen que cualquier persona atrapada en adulterio *será* condenada a muerte, no sólo *puede ser* condenada a muerte. No era una opción permitida para apaciguar a un cónyuge ofendido si estaba suficientemente indignado. La ley realmente *requería* la muerte; ellos "morirán" dice el versículo de Deuteronomio. Sin embargo, cuando los fariseos trajeron a la mujer atrapada en adulterio ante Jesús en Juan 8.3-11, él dijo: "Aquel de ustedes que esté libre de pecado, que tire la primera piedra" (v. 7). Al hacerlo, tomó el control de la situación de tal manera que ninguno de ellos podía castigarla. Pero él estaba sin pecado, dejándolo como el único calificado para condenarla. Y sin embargo, aunque la Ley *requirió* la muerte, él hizo un discernimiento acerca de cuándo, dónde y cómo aplicarla y eligió—por preocupación por el bienestar de la mujer—no obedecer la ley. Tal discernimiento es en realidad cómo Jesús *cumplió la ley*.

En otra situación leemos:

> Un día Jesús fue a comer a casa de un notable de los fariseos. Era sábado, así que estos estaban acechando a Jesús. Allí, delante de él, estaba un hombre enfermo de hidropesía. Jesús les preguntó a los expertos en la ley y a los fariseos: "¿Está permitido o no sanar en sábado?" Pero ellos se quedaron callados. Entonces tomó al hombre, lo sanó y lo despidió. También les dijo: "Si uno de ustedes tiene un hijo o un buey que se le cae en un pozo, ¿no lo saca en seguida aunque sea sábado?" Y no pudieron contestarle nada (Lucas 14.1-6).

Nota que Jesús no involucró a los fariseos en un debate académico sobre si la Ley prohibía el trabajo en el sábado. El cuarto mandamiento es claro: "Observa el séptimo día como día de reposo para honrar al Señor tu Dios. No hagas en ese día ningún trabajo (. . .) (Deuteronomio 5.14)".[172] Lo que hizo, sin embargo, él ejerció discernimiento en cuanto a cuándo, dónde y cómo debería aplicarse esa ley. Y en este caso—como en otras seis instancias registradas en las que hizo un milagro el sábado—eligió hacer el bien mayor aunque sus acciones parecían violar la Ley.

El hecho de que Jesús exaltó el salvar a un niño[173] por encima de mantener la Ley escrita tiene implicaciones poderosas para decidir si estamos dispuestos a arriesgar "violar la ley" para no impulsar a nuestros hijos e hijas homosexuales a distanciarse de Jesús.

Siguiendo este modelo, el proceso de discernir cuidadosamente cuándo, dónde y cómo aplicar la ley fue demostrado por la decisión del Consejo de Jerusalén en Hechos 15 de liberar a los gentiles convertidos del requisito de la circuncisión. Más tarde, para los cristianos filipenses, Pablo oró para que "el amor de ustedes abunde cada vez más en conocimiento y en buen juicio, para que *disciernan* lo que es mejor, y sean puros e irreprochables para el día de Cristo" Filipenses 1.9-10, (énfasis añadido). El discernimiento es requerido solamente cuando la ley escrita como los fariseos la enseñaron no es obviamente la "mejor" cosa a hacer cumplir.

Este no es un nuevo conjunto de reglas ni una "pendiente resbaladiza"

La solución de Jesús no es un medio para crear un nuevo conjunto de reglas por las cuales podemos decidir quién está dentro y quién está fuera del reino. Pero estoy convencido de que permite una aplicación dinámica del nuevo mandamiento de Jesús de "amarse unos a otros". Del mismo modo, no desencadena la anarquía porque no se requiere de mucho discernimiento para demostrar cómo la mentira, la trampa, la codicia, el adulterio, la usura, la calumnia, la prostitución, el incesto (como el hombre de Corinto), el asesinato, la pelea, los chismes, la fornicación y la mayoría de las cosas en las listas de vicios bíblicos literalmente dañan a la gente.

172. Es tan claro como Levítico 18.22: "No te acostarás con un hombre como quien se acuesta con una mujer".

173. Algunos manuscritos menos confiables usan la palabra griega ὄνος (que significa burro) en lugar de υἱός (que significa hijo), quizás como resultado de un error de un escribo. Pero incluso si Jesús sólo mencionó animales, ciertamente nuestros hijos e hijas son de valor mucho mayor.

Piensa en uno de esos pecados, y no te tomará mucho tiempo discernir *y explicar por qué* nos oponemos legítimamente a esos comportamientos, no simplemente porque hay una regla en contra de ellos, sino porque se puede demostrar fácilmente que lastiman a la gente. Incluso el divorcio suele lastimar a la gente, pero hay momentos cuando la gente es más lastimada si el divorcio está absolutamente prohibido.

Este enfoque de discernimiento también nos permite mirar cosas que no están explícitamente prohibidas en la Biblia—como la esclavitud o segregación o misoginia—y determinar que tampoco son comportamientos cristianos aceptables. Y finalmente, da lugar a discernir que aunque haya pasajes bíblicos que condenan ciertas clases de comportamiento homosexual, como la pederastia, la prostitución y la violación—todo por buenas razones—esas condenas podrían no aplicarse a los matrimonios fieles del mismo sexo.

Ese es un paso grande, pero creo que ésa es la razón por la que Jesús dijo que el primer y segundo mandamientos eran los ejes sobre los cuales pendían todas las demás leyes y profetas. Proporcionan las pautas para cuándo, dónde y cómo interpretar y aplicar cualquier ley específica.

Habrá quienes afirmen que acabo de inventar algún tipo de mecanismo de escape para cambiar la Palabra de Dios. Pero no creo que ese sea el caso. El escritor del libro de Hebreos parecía concebir tal proceso constante de discernimiento diciendo: "El alimento sólido es para los adultos, para los que tienen la capacidad de distinguir entre lo bueno y lo malo, pues han ejercitado su facultad de percepción espiritual" (Hebreos 5.14). Si la vida cristiana pudiera reducirse a una lista de reglas (como hemos intentado hacer a menudo), no habría necesidad de la capacidad madura para discernir entre el comportamiento bueno y el malo. Los inmaduros pueden buscar respuestas. E incluso si el proceso de probar nuevas ideas por el primer y segundo mandamiento de Jesús no se articulaba explícitamente, la tarea práctica del cambio según la ley del amor comenzó en la época del Nuevo Testamento y ha continuado a través de los siglos.

¿Cómo funciona esto?

No estoy sugiriendo que los esfuerzos académicos para determinar la intención original de un pasaje bíblico sean inútiles o que no podamos identificar categorías generales dentro de la Ley del Antiguo Testamento tales como leyes morales, ceremoniales y civiles que puedan ayudar a nuestro discernimiento *general*. Pero tenemos que recordar que son constructos humanos, y cuando no llegamos a un consenso o se hace evidente que el daño es resultado de una interpretación cuestionada, Jesús nos ha proporcionado una salida superior al laberinto. Y la iglesia ha utilizado esa forma superior para obtener un gran beneficio a través de los siglos, aunque a menudo la transición ha sido difícil.

Permítanme ofrecer tres ejemplos de la aplicación de los criterios de Jesús en contextos posteriores al Nuevo Testamento. El primero anula una regla del Nuevo Testamento. El segundo confirma una. Y el tercero añade una regla—todos demuestran la sabiduría dinámica, viviente de Jesús—.

Anular una regla del Nuevo Testamento. Antes de los años 60 y 70, el pelo corto para los hombres había sido tradicional durante más de medio siglo en los Estados Unidos. Luego, de repente, muchos de nosotros empezamos a dejar que creciera, abiertamente como una señal de oposición a lo que veíamos como un sistema corrupto.

Muchos líderes de la iglesia, padres y otros mayores de treinta años presentaron a 1 Corintios 11 (notarás que es un pasaje del Nuevo Testamento) en el cual Pablo dice: "¿No les enseña el mismo orden natural de las cosas que es una vergüenza para el hombre dejarse crecer el cabello (. . .)? Si alguien insiste en discutir este asunto, tenga en cuenta que nosotros no tenemos otra costumbre, ni tampoco las iglesias de Dios" (1 Corintios 11.14-16). Es una regla muy clara e inflexible. Y algunos trataron de argumentarla desde esa perspectiva. Pero a medida que pasaba el tiempo y se hizo evidente que algunos hombres jóvenes con el pelo largo eran fieles seguidores de Jesús—más radicalmente, "fanáticos de Jesús", que algunos viejos—la controversia finalmente decayó y pasaron décadas desde que he oído a alguien oponerse a los peinados de los hombres *basándose en la Escritura,* ya sean peinados largos, cortos, afeitados, rastas, o verdes y con punta.

Afirmar una regla del Nuevo Testamento. El adulterio y la fornicación fueron inequívocamente prohibidos en el Antiguo Testamento (Éxodo 20.14) con ejemplos de consecuencias desastrosas como el adulterio de David con Betsabé (2 Samuel 11). Y Jesús reiteró esta prohibición aún más claramente: "Pero yo les digo que cualquiera que mira a una mujer y la codicia ya ha cometido adulterio con ella en el corazón" (Mateo 5.28). En 1 Corintios 5, Pablo ordenó a la iglesia de Corinto que expulsara al joven que estaba durmiendo con la mujer de su padre (al menos hasta que se arrepintiera por completo). La versión King James de la Biblia traduce la palabra griega, *porneia,* como "fornicación" todas las veintiséis veces que aparece en el Nuevo Testamento. Claramente, el adulterio y la fornicación no fueron aprobados en el Nuevo Testamento. Son la "inmoralidad sexual" condenada por la Biblia.

Pero ahora la gente se pregunta, ¿por qué? En la cultura de hoy, entre los adultos que consienten, con el control de la natalidad eficaz, ¿por qué no? Algunos consideran el sexo extramarital como recreación, una forma de liberación, una diversión. Para otros, llena un agujero emocional, un escape de un matrimonio seco y aburrido o incluso amargo.

¿Está debilitada la claridad de la iglesia sobre el tema sometiéndolo a las pruebas del primer y segundo mandamientos de Jesús? No lo creo. En primer lugar, esto no es un tema sobre el cual los cristianos fieles (o incluso estudiosos de la Biblia) están divididos en cuanto a lo que dice la Biblia. Pero cualquier líder cristiano que no puede explicar *por qué* el sexo extramarital inevitablemente lastima o amenaza con lastimar a la gente es simplemente perezoso. De hecho, la mayoría de las historias laicas o películas que implican relaciones extramaritales, incluso si son retratadas con simpatía, revela el sufrimiento profundo de *alguien* si esas historias son honestas y se desarrollan hasta el final. Puede ser el cónyuge engañado, los niños, o la pareja misma. ¡Pero la gente se lastima! Es por eso que el cónyuge engañado está tan enojado y por qué el que fue infiel trata de evitar ser atrapado. Es por eso que la chica se siente usada y está tan devastada cuando el chico no sigue con el matrimonio después de todas sus promesas seductoras.

Y así como iglesia del siglo veintiuno, podemos seguir diciendo, como Jesús hizo a la mujer adultera, "vete, y no vuelvas a pecar". ¿Le decimos a la gente que van al infierno si desobedecen? No. Pero tenemos una regla clara de conducta sabia y santa que podemos enseñar audazmente, apoyada por razones reveladas con el segundo mandamiento de Jesús.

Agregar una nueva regla. A medida que la sociedad cambia y a medida que nos hacemos más conscientes de las necesidades de la gente y los puntos de dolor, a veces tenemos que llegar a una nueva regla para el comportamiento correcto que nunca fue expresado explícitamente en la Escritura. La abolición de la esclavitud es un buen ejemplo. Tú puedes llegar a esa regla con sólidos principios bíblicos de cómo debemos tratar a otras personas, pero no está específicamente establecido en la Palabra.

Sin embargo, permítanme sugerir una adición aún más reciente de una regla para una vida agradable a Dios. Durante generaciones, muchos cristianos en el sur de los Estados Unidos no vieron problema en cultivar tabaco o usarlo. Lottie Moon, la "santa patrona de las misiones" de los bautistas del sur, creció en la plantación de tabaco de unas 600 hectáreas de su familia, fuertemente bautista, llamada Viewmont. Aunque algunos cristianos consideraban que el consumo de tabaco era un hábito bastante desagradable, otros se entregaban con aplomo, incluyendo notables como C. S. Lewis, R. R. Tolkien, C. H. Spurgeon y Dietrich Bonhoeffer. Pero a medida que los riesgos para la salud se volvían más obvios, los creyentes sinceros—aplicando el segundo mandamiento de Jesús a amar a nuestro prójimo—llegaron cada vez más a la conclusión de que el cultivo del tabaco, aunque fuera rentable, no era algo que un cristiano debía hacer.

De hecho, en 1984, la Southern Baptist Convention [Convención Bautista del Sur] aprobó una resolución disuadiendo a sus miembros de usar o cultivar tabaco. Incluso pidió al gobierno que acabe con los subsidios al tabaco. Era lo correcto, aunque muchos miembros habían confiado en el cultivo del tabaco como medio de vida para las generaciones.

El punto es que Jesús nos dio la autoridad y los medios para reevaluar nuestras pautas para la vida santa, no apartándose de la Biblia sino en sintonía con los principios bíblicos mientras discernimos si una interpretación antigua debe ser confirmada, ajustada o incluso si una nueva "Ley" debería agregarse.

Problemas en busca de soluciones

Algunos tradicionalistas critican este proceso diciendo que estoy empezando con un problema y luego buscando justificaciones para revisar las soluciones tradicionales. En cambio, dicen, que debemos comenzar con la Biblia (como si existiera en un vacío) y aplicar sus leyes independientemente de cómo afectan a las personas. Debemos conformarnos con Dios antes que esperar que las leyes de Dios se acomoden a nuestras circunstancias: "¡Él es Dios, y nosotros no!"

Expresado de esa manera, sí, pero los extractos raras veces transmiten la imagen completa. Y tal inflexibilidad no suele caracterizar cómo se hacían las cosas en el Nuevo Testamento. Los problemas surgieron *primero* y *luego* se tomaron decisiones políticas para resolverlos. Considera los siguientes ejemplos.

- Las viudas griegas en la primera iglesia no recibían su parte justa.
- Los creyentes gentiles que deseaban la aceptación total sin la circuncisión.
- Patriarcas de la Iglesia que formularon los credos históricos para combatir la herejía.
- Los reformadores contrarrestando la corrupción que había invadida la iglesia.
- Pruebas científicas que desafiaron las teorías de un universo geocéntrico.
- Abolicionistas que buscaron el fin de la esclavitud.
- Sufragistas que buscaron derechos para las mujeres.
- Defensores de los derechos civiles que se oponían a la segregación racial y a las leyes que la apoyan.
- Pacifistas que se oponían a la guerra.
- Oposición a una prohibición absoluta del divorcio en todas las circunstancias.

- Aceptación de las mujeres en todos los cargos de liderazgo de la iglesia.
- Pruebas científicas que desafían las teorías de la creación de la tierra joven y en seis días.
- Cristianos homosexuales que buscan la aprobación de la iglesia para casarse unos con otros.

Cada uno de estos ejemplos comenzó como un "problema en busca de una solución", mientras que los que ejercían la autoridad a menudo se resistían con el argumento de que el status quo era la "posición bíblica" a la que todos los demás debían ajustarse. He incluido deliberadamente ejemplos que tú aún puedes considerar que van en contra de la posición bíblica. Pero intenta verlos en comparación con los otros ejemplos que muestran que el status quo tenía que adaptarse a un nuevo entendimiento bíblico o una nueva aplicación de la libertad bíblica.

Considera el ejemplo de la experiencia de los discípulos con la crucifixión de Jesús. Basados en las Escrituras, ellos (y la mayoría de los demás judíos) esperaban que el Mesías viniera en triunfo. Ése era su punto de "comenzar con la Biblia". Y si se hubieran aferrado al punto, la crucifixión de Jesús lo descalificó completamente como el Mesías. Pero en el camino a Emaús, permitieron que el *problema* de sus experiencias durante los tres años anteriores fuera su nuevo punto de partida, para que Jesús pudiera *reinterpretar* esos pasajes y abrir los ojos a la verdad: "¿Acaso no tenía que sufrir el Cristo estas cosas antes de entrar en su gloria?" (Lucas 24.26). Por lo tanto, comenzar con un problema no es necesariamente incorrecto. Todo depende del proceso de discernimiento y entrega al Espíritu Santo.

La tenacidad de nuestro propio punto de vista

Todos tendemos a olvidar que nuestras propias intenciones ocultas, ya sean en pro o en contra de un asunto, juegan un papel más importante en nuestras consideraciones de lo que nos damos cuenta. Nosotros, que somos heterosexuales, tenemos un gran impulso para oponernos a la igualdad de matrimonio para personas homosexuales. Durante mucho tiempo pensé que eso era objetivo, inconsciente de la fuerza con que mis ideas se veían impulsadas por el "factor asco", la noción para mí inimaginable de que alguien fuera atraído sexualmente hacia una persona del mismo sexo. Me sentí así hasta que mi amor por mi hija me obligó a intentar dejar de lado mi prejuicio y mirar la cuestión desde su punto de vista. Cuando se trata de ello, no estoy seguro de que nuestra preferencia sea un problema tanto para discernir el camino correcto como lo es nuestra negación de la preferencia. Si admitimos que tenemos intenciones ocultas, ya sea que defendamos o desafiemos la antigua tradición de la iglesia, podríamos ser capaces de proceder con más humildad.

El pastor y autor Greg Boyd recuerda a un hombre que en una discusión teológica sostuvo categóricamente: "No *interpreto* la Biblia. Simplemente la *leo*". Pero todos interpretamos la Biblia. Nos esforzamos por interpretarla con precisión, pero nuestro "mapa"—nuestra comprensión de la realidad—no es *el* "mapa", no es la Biblia misma, y ciertamente no es el "territorio" real, la mente entera de Dios.[174] "«Porque mis pensamientos no son los de ustedes, ni sus caminos son los míos»—afirma el Señor—. «Mis caminos y mis pensamientos son más altos que los de ustedes; ¡más altos que los cielos sobre la tierra!»" (Isaías 55.8-9). Es tan cierto para nosotros como lo fue para Israel.

Por eso siempre debemos probar cualquier "ley" con respecto al comportamiento cristiano mediante el primer y segundo mandamiento de Jesús para discernir cuándo, dónde y cómo podemos amar a nuestra familia y amigos homosexuales como lo haría Jesús.

Daños colaterales

Roger Cunningham ha servido como pastor adjunto en su iglesia bautista del sur durante veinte años. Él ama al Señor. Él ama la Palabra. Él ama a su iglesia y a los otros pastores del personal. Pero también ama a su hijo *gay*. Le dejaré contar su historia con sus propias palabras.

174. Gregory A. Boyd, *Benefit of the Doubt: Breaking the Idol of Certainty*, (Grand Rapids, MI: Baker Publishing Group, 2013, Kindle Edition), 148.

* * * *

Fui criado en un hogar muy tradicional de los bautistas del sur, fui a un colegio bautista y un seminario bautista del sur, y pasé dos años como misionero, así que estoy tan empapado en la tradición y teología bautista del sur como se pudiera lograr.

Yo no había estudiado la homosexualidad tan profundamente, pero no pensé que fuera el diseño de Dios, y ciertamente consideré a la actividad homosexual como pecaminosa. La idea del matrimonio entre personas del mismo sexo, en mi opinión, fue un asalto a la sociedad. Pero no soy una de esas personas muy dogmáticas, por lo que esos supuestos formaron parte de mi pensar toda mi vida a pesar de que mi carrera eclesiástica a través de la música y el teatro me puso en contacto con numerosas personas homosexuales fuera de la iglesia. Ellos no me parecían personas repugnantes, ni les juzgaba abiertamente, ni sentí ninguna necesidad de mantenerme lejos de ellos. De hecho, yo quería a muchos de ellos. Así que mi corazón estaba en un lugar diferente que mi cabeza.

Mi esposa Gail y yo empezamos a notar que nuestro hijo, Robert, tenía dificultades con las relaciones interpersonales cuando estaba en la escuela secundaria. Es muy inteligente, se graduó con las mejoras calificaciones de su promoción y siempre fue un pensador, no dispuesto a tragarse nada sin hacer preguntas. Pero también podría ser bastante obstinado y rígido con respecto a sus conclusiones. No era raro que sus ideas lo llevaran a alguna clase de tensión con otras personas.

En un momento, durante la escuela secundaria, Robert estuvo saliendo con una joven—una hija de pastor, verdaderamente hermosa, dulce y amable—Gail y yo notamos que su relación con ella parecía incómoda. Simplemente parecía no saber cómo navegar en una forma que pareciera cómoda. Una noche, cuando Gail y yo nos tumbamos en la cama, pensando en Robert, le dije: "¿Crees que haya alguna posibilidad de que esté luchando contra la homosexualidad?" No dijimos mucho más, pero más tarde traté el tema con el pastor de nuestros jóvenes, que había estado en la iglesia casi tanto tiempo como yo y que quería profundamente a Robert.

Él le restó importancia. "No. Él es sólo un joven distinto, todavía está buscando su camino".

Después de la escuela secundaria, Robert se tomó un año sabático para trabajar en una misión en el centro de la ciudad. Siempre tuvo un corazón para el servicio, particularmente para los más necesitados. Nuestra denominación/confesión tiene un retiro para personas con necesidades especiales en esta parte del estado, y cada año Robert había ido, reclutando a menudo a un grupo de amigos para ir con él.

Después de su año sabático, obtuvo una beca completa en una universidad de primer nivel, y ahora, cuatro años más tarde, se está preparando para graduarse. Pero un octubre me llamó y me dio la noticia: "Papá, siento atracción hacia el mismo sexo". Luego comenzó a compartir conmigo que desde que tenía doce o trece años había luchado contra la atracción hacia los muchachos. Durante mucho tiempo trató de negarla y esperaba que al madurar se le quitara. Cuando esto no sucedió, se dedicó a orar para que Dios lo librara de ella. Pero lo que me partió el corazón fue que tuvo que pasar por la lucha solo y sin nuestro apoyo.

Tal vez él anticipó lo atónito que estaría . . . y lo estaba. A pesar de pensar que no tenía prejuicios, esta noticia fue una de las cosas más difíciles que pude haber escuchado de mi hijo. Partieron lejos todas mis expectativas para su vida, y pasé una buena cantidad de tiempo llorando sobre esta situación.

Robert había estado hablando con un consejero que le recomendó leer el libro de Wesley Hill, *Washed and Waiting* [*Lavado y esperando*], que Robert dijo que representaba su intención de comprometerse a una vida de celibato. Lo leímos también, en un intento de entender. Pero no pasó mucho tiempo antes de que las creencias de Robert avanzaran a un punto tal que él consideró al matrimonio entre personas del mismo sexo algo que Dios podría bendecir. Leímos varios otros libros, incluyendo el libro de Justin Lee, *TORN*, que nos ayudó a entender la diferencia entre el lado A (aquellos que creen que Dios bendice el matrimonio entre personas del mismo sexo) y el lado B (que creen que Dios llama a los cristianos homosexuales al celibato). Nos costaba, pero estábamos agradecidos de que Robert todavía se estaba volviendo hacia Dios.

En otros lugares, sin embargo, había estado recibiendo algunos golpes pesados. Mientras estaba en la universidad, había comenzado a trabajar en el programa juvenil de una iglesia grande. Ahí estaba su corazón. Él estuvo abierto desde el principio con los líderes acerca de su homosexualidad, y básicamente dijeron que mientras él se mantuviera en silencio, podría servir. Pero cuando avanzó a la opinión de que el matrimonio homosexual era posible y compartió eso con ellos también, le pidieron que dimitiera del liderazgo. Eso realmente le partió el corazón.

Hizo algunos intentos de encontrar una buena iglesia inclusiva, pero finalmente se rindió.

Poco tiempo después de todo lo ocurrido, él había trabajado todos los veranos como consejero en un campo de verano cristiano, él era muy amigo de los líderes y se le habían pedido que sirviera ese verano también. Después de reunirse con el director de personal para compartir su historia, le dijeron que no podía servir. Llegó a casa y lloró durante dos días.

Hacía unos seis meses, salió del clóset un músico muy talentoso, un joven de unos veinte años en nuestra banda de alabanza. El personal decidió pedirle que renunciara a ese papel de liderazgo. Así que le pregunté si podía ser la persona que le hablara porque pensé que al menos podría hacerlo con empatía y simpatía. Le sugerí que necesitaba encontrar otra iglesia donde pudiera servir y usar sus dones dados por Dios. Pero cuando le conté a Robert sobre nuestra conversación, él estaba tan enojado conmigo. "¿Cómo pudiste hacer eso, papá?" Según él había otros adolescentes homosexuales escondidos en la iglesia, lo cual es razonable con un grupo de jóvenes de más de cien personas, así que entiendo por qué piensa que los defraudé.

Durante todo este tiempo, Gail y yo habíamos mantenido en secreto todo lo relacionado con la orientación sexual de Robert, en secreto para los miembros de mi familia. Yo sabía que eran muy tradicionales y rígidos, y yo simplemente no quería arriesgar lo que podría ser su respuesta. Mi madre vive muy cerca de mi hermana. Tienen una iglesia en casa donde el esposo de mi hermana y sus dos hijos realizan toda la predicación y enseñanza. Llegó un momento en que Robert compartió con mi madre que era *gay*. ¡Ay!

Allí voló todo. Poco después, mi sobrino, el hijo de mi hermana, escribió a Robert un largo mensaje diciendo que ya no era bienvenido en las reuniones familiares y que no podía tener ninguna relación con sus hijos hasta que se arrepintiera.

Tuve una serie de largas conversaciones con mi hermana y madre básicamente explicándoles que tengo algunas prioridades en mis relaciones. La número uno es mi relación con Cristo, y no voy a dejar que mis otras relaciones interfieran con eso. En segundo lugar, mi esposa y luego mis hijos. Le dije: "Mamá, estás entre los cinco primeros, pero mis hijos vienen antes que tú. Y no voy a abandonarlos".

Antes de eso, habíamos compartido cada Día de Acción de Gracias y Navidad juntas como una familia extensa. Pero no había forma alguna de que dejara a mi hijo solo en casa. Al menos, tenía que defenderlo.

Pero, debido en parte a todo este rechazo de personas que afirman firmemente que representan a Cristo, Robert nos dijo que había perdido su fe y ya no creía.

¡Ese fue nuestro mayor desamor de todos!

Lucho con qué hacer como pastor en mi iglesia. He sido abierto con los pastores cabecillas y otros pastores en el personal y, aunque han sido cariñosos y dado su apoyo personal, han mostrado poca apertura a abordar el tema de cualquier otra manera menos tradicional, que es la de simplemente esperar que desaparezca. Esa es probablemente una de las razones por las que Robert se sintió tan solo y como si tuviera que ocultarse.

Pero este último enero, Robert y yo asistimos a la conferencia de la Gay Christian Network [Red cristiana *gay*] juntos. Estaba tan agradecido porque por una vez estuvo con cientos de personas homosexuales que verdaderamente aman al Señor. Tuve que salir temprano para volver a la iglesia para el domingo por la mañana, pero Robert preguntó si podía cambiar sus reservas de avión y quedarse para el resto de la conferencia, lo que logramos realizar. Y ha mantenido en contacto con algunos de los amigos que hizo allí. Así que tal vez Dios está disponiendo de todas las cosas . . .

Capítulo 18
El "Factor asco", mito y temores persistentes

Pues nada bueno tengo
Por lo cual tú gracia puedo yo reclamar,
Lavaré blanca mi ropa
En la sangre del Cordero del Calvario.

"Jesus Paid It All"
Elvina M. Hall, 1865, estrofa 3

LA OTRA NOCHE NETA Y YO estábamos viendo un episodio de *Last Tango en Halifax*. Se trata de una serie de la BBC sobre Alan y Celia, ambos viudos y con unos setenta años, que se encontraron de nuevo después de cincuenta años de separación, se enamoraron y se casaron. Esa historia reconfortante abrió la serie. Pero pronto, las muchas crisis en sus extensas familias disfuncionales proporcionaron el forraje principal para la serie en curso…y prácticamente arruinó el encanto pintoresco de una pareja de ancianos encontrando el amor de nuevo. En cierto modo, la hija adulta de Celia, Caroline, era uno de los personajes más equilibrados. Es lesbiana, casada con Kate. Pero una prolongada escena de ellas besándose profundamente nos avergonzó. Se sentía como la última gota, y nos dimos por vencidos con la serie.

Después, estuve pensando en ello. He llegado a respetar a las personas homosexuales como hechas a la imagen de Dios tal como yo soy, y para quienes "no es bueno que . . . estén solos", y cuya búsqueda de una pareja "adecuada" es tan legítima como la de Adán (Génesis 2.18-20). Pero "adecuada"—como la mayoría de las historias de amor bíblicas demuestran—incluye atracción. Por lo tanto, las parejas adecuadas para las personas homosexuales deben tener en cuenta sus atracciones innatas. Entiendo eso. Entonces, ¿por qué ver a dos personas del mismo sexo besando aún desencadena un "factor asco" tan fuerte en mí?

¿Qué pasa con el factor asco?

Hay quienes podrían decir que me repelen porque es tan *antinatural*, va contra la naturaleza, y mi reacción son los últimos restos de mi conciencia diciéndome que está mal. Pero espera un momento. Esa línea de pensamiento encadena varias cosas que no necesariamente se relacionan. Sí, no es natural para *mí*, pero eso no significa que va en contra de *su* naturaleza, y mi reacción, ciertamente, no establece una medida objetiva de lo correcto y lo incorrecto.

Un plato con setas silvestres puede parecer atractivo, aunque algunos podrían dejarte violentamente enfermo o matarte. Por otro lado, tú puedes rechazar la idea de comer gusanos e insectos, aunque muchos son altamente nutritivos y consumidos por el 80% de la población mundial. Así que el factor asco puede captar la atención, pero ciertamente no es un estándar objetivo.

Sin embargo, ¿de dónde viene?

Me di cuenta de que lo había oído antes con respecto a las relaciones íntimas. No recuerdo que nuestros niños lo dijeran, pero he oído a otros niños pequeños expresar su disgusto cuando sus padres se besaban o abrazaban demasiado intensamente. "¡Vamos! ¡Son asquerosos!" Personalmente, puedo incluso recordar mis primera comprensión de la procreación traducidos en la idea impactante que mis padres deben "haberlo hecho" por lo menos dos veces ya que teníamos dos niños en nuestra familia. Y yo estaba horrorizado de que los padres de mi amigo debían haberlo hecho por lo menos siete veces ya que él viene de una familia grande.

Pero en algún momento de la adolescencia, la mayoría de los niños empiezan a considerar más positivamente el sexo. No estoy hablando de la lujuria o de un complejo de Edipo, sino simplemente el reconocimiento interno de la atracción personal del sexo, y los besos y abrazos románticos o incluso la idea del sexo mismo pierden su factor asco. Así que el deseo innato puede anular el "asco".

Ninguno de nosotros, que somos heterosexuales, debemos sorprendernos si continuamos experimentando un grado de "asco" cuando se trata del comportamiento del mismo sexo incluso si hemos reconocido que el matrimonio homosexual puede ser legítimo cuando sigue los mismos estándares bíblicos que el matrimonio heterosexual. Somos como niños que entienden algo de lo que mamá y papá hicieron para "tener un bebé", pero todavía encuentran la idea "asquerosa" porque no mueve ninguna resonancia arquetípica positiva dentro de nosotros.

Si la falta de deseo innato contribuye al factor asco ¿entonces la gente homosexual experimenta la misma reacción cuando se enfrenta a una escena de amor "caliente" en una película? Algunos no, pero muchos sí lo experimentan, de acuerdo con cualquier página de Google en el tema. Tal como dijo un hombre *gay*: "Te propongo que no pienses en nuestras vidas sexuales, y nosotros no pensaremos en las tuyas. Listo. Todo está mejor ahora".

Un buen consejo para nosotros los cristianos que probablemente no queramos que otras personas imaginen a nuestra vida sexual, tampoco. ¿Correcto? Cuando pensemos en nuestros amigos casados y familia, debemos centrarnos en apreciar el amor y el apoyo, el compromiso y el sacrificio, el servicio y la cooperación, el cuidado a largo plazo y el compañerismo, la diversión y la riqueza evidente en su relación, no en lo que pasa en sus dormitorios.

Mitos a los que no hemos renunciado claramente

El factor asco como una medida fiable del bien y el mal es sólo uno de los muchos mitos que afectan nuestras actitudes hacia las personas homosexuales. He comentado directa o indirectamente sobre varios otros mitos ya. Pero si eres como yo, a veces cuando estoy luchando con un tema difícil, uso un proceso mental. A través del proceso considero los componentes sin comprometerme claramente a una conclusión a lo largo del proceso. En mi cabeza digo: "De acuerdo, *supongamos* que la conclusión es cierto. ¿A dónde nos llevará?"Al final, puedo estar de acuerdo con la conclusión, pero todavía inseguro porque no he podido examinar explícitamente las premisas subyacentes.

Por lo tanto, camina conmigo a través de los siguientes mitos. He ofrecido algunos comentarios adicionales después de cada uno, pero incluso antes de leer esos comentarios, detente un momento y pregúntate: "¿Es esto lo que pienso? ¿Por qué o por qué no? ¿Cómo afecta esto a mi manera de ver y relacionarme con personas homosexuales?"

- *La mayoría de las personas homosexuales han elegido ser* gay *y por lo tanto podrían elegir cambiar.*

Muchas personas dirán que si pudieran haber cambiado, habrían cambiado. Todos elegimos nuestro comportamiento sexual—si vamos a tener relaciones sexuales, ir a bares u otros lugares para buscar personas para tener sexual casual, ver pornografía, disfrutar de fantasías extendidas, coquetear, etc. —pero ninguna de esas son elecciones de orientación. Entonces, ¿todavía asumes que las personas tienen una opción con respecto a su orientación sexual subyacente?

- *La "terapia reparadora" (oración, consejería y compromiso) es una manera eficaz de superar la atracción hacia el mismo sexo.*

Si la orientación hacia el mismo sexo fuera un pecado, entonces el poder de la sangre de Cristo debería ser capaz de romperlo. Pero como Alan Chambers, que durante diez años sirvió como presidente de Exodus International, una organización paraguas de más de 250 ministerios "ex *gay*", dice: "La mayoría de las personas que he conocido, y yo diría que la mayoría significa 99.9% de ellos, no ha experimentado un cambio en su orientación". Más tarde, él explicó: "En los años que han pasado [desde formular la declaración], a pesar de que muchas personas amarían desacreditarme, ni una persona se ha presentado para estar en desacuerdo conmigo".[175]

Por ser una persona *gay*, habiendo conocido a miles de personas homosexuales, y a través del paraguas de Éxodo habiendo estado en condiciones de recibir noticias sobre muchos miles más, las conclusiones de Alan están bien informadas y están de acuerdo con la mayoría de los estudios científicos. Toda su misión podría haber sobrevivido si hubiera habido evidencia genuina de cambio de orientación. Pero mientras sigue habiendo *rumores* de "éxito", cuando se rastrean las historias, resultan falsas o—como en el caso

175. Alan Chambers, *My Exodus from Fear to Grace,* (Grand Rapids, MI: Zondervan, 2015), 196.

de mi amigo Ed Hurst, a quien ayudé a escribir *Overcoming Homosexuality* [*Superando la homosexualidad*]—las definiciones cambian.

Ya hace más de cuarenta años que Ed ha estado tratando de "superar" la homosexualidad. Después de someterse a una terapia reparativa y de trabajar en una organización cristiana "ex *gay*" durante diez años, admitió en su libro que todavía tenía atracciones hacia el mismo sexo, pero creía que la "Homosexualidad es una condición aprendida y por lo tanto puede ser desaprendida".[176] Ahora Ed ha redefinido el superar para que signifique evitar actuar sobre sus impulsos del mismo sexo, por lo cual lo respeto genuinamente. Pero estoy tan seguro de que esto no fue lo que Ed imaginó hace cuarenta años, y no es el significado obvio del título de su libro ni la esperanza que les ofrecía a los lectores.

Algunos argumentan que bajo las circunstancias adecuadas, cualquiera de nosotros podría enfrentar la tentación de cualquier pecado, y dicen que eso es todo lo que está sucediendo a las personas "ex *gay*" que todavía experimentan la atracción hacia el mismo sexo. Pero hay una diferencia. Sí, *bajo las circunstancias adecuadas* cualquiera de nosotros podría sucumbir a cualquier pecado. Es por eso que evito las circunstancias que darían poder a cualquier tentación de cometer adulterio, estar solo durante un tiempo prolongado con una mujer atractiva que no es mi esposa, por ejemplo. Y pido a Dios que me mantenga alejado de tan desesperado estremecimiento como sería estar tentado a robar sólo para sobrevivir.

Pero darnos cuenta de que *podríamos* cometer un pecado no significa que estamos constantemente inclinados a hacerlo. De hecho, no conozco ningún pecado del cual la sangre de Cristo no pueda librar a una persona de su intrusión persistente en su vida. Algunos preguntarán: "¿Qué pasa con las adicciones al alcohol y las drogas? ¿Acaso algunas personas no luchan con ellas toda su vida?" Sí, por una variedad de razones psicológicas subyacentes. Pero es lo inverso lo que prueba mi punto. Hay muchos que han experimentado un verdadero cambio en términos de abuso de sustancias, lo que significa la tentación de abusar de esas sustancias ya

176. Ed Hurst with Dave and Neta Jackson, *Overcoming Homosexuality* (Elgin, IL: David C. Cook Publishing Co., 1987), 7.

no se cierne sobre sus vidas. Están libres de la adicción. Pero esto no se puede decir para la mayoría de las personas "ex *gay*".

Incluso el tratado de Pablo en Romanos 6-8 acerca de la lucha dentro de nosotros con respecto al pecado incluye la promesa constante de una nueva vida en Cristo donde hay libertad del pecado y la muerte—no la "perfección sin pecado" sino la libertad básica y genuina de su dominación. Una y otra vez en Romanos y en 1 Corintios, Pablo usa un lenguaje similar a Romanos 6.17-18: "Pero gracias a Dios que, aunque antes eran esclavos del pecado, ya se han *sometido de corazón* a la enseñanza que les fue transmitida. En efecto, *habiendo sido liberados* del pecado, ahora son ustedes esclavos de la justicia" (énfasis añadido).

Esta verdad está bien puesta en el viejo himno, "O for a Thousand Tongues to Sing", [O por mil lenguas para cantar], de Charles Wesley (1739). La estrofa 4 reza,

> *Él rompe el poder del pecado anulado,*
> *Libera al prisionero;*
> *Su sangre puede limpiar al más infame,*
> *Su sangre a mí me sirvió.*

La sangre de Cristo no sólo anula nuestro pecado—nos da un veredicto de "inocente"—sino que nos libera del poder inminente del pecado que de otro modo nos seguiría el resto de nuestra vida. Si la atracción hacia el mismo sexo es el pecado, entonces la sangre de Cristo no sólo declara a la persona *gay* "inocente", también debe liberarlo de su presencia turbante. Es sólo por la fe que creemos que estamos justificados ante Dios, pero la ausencia de esa presencia debe ser observable en los miles de cristianos homosexuales que se han angustiado y orado por la liberación. El hecho de que la atracción hacia el mismo sexo persista, y en algunos casos ni siquiera se vea disminuida en la gran mayoría—más del 99%, según Alan Chambers—debería decirnos algo. Y no creo que nos diga que el poder de Cristo es inadecuado para cambiar a la gente, ni impugna la sinceridad de todos esos creyentes. La única alternativa parece ser que nosotros estábamos tratando de cambiar algo que Dios nunca pensó o prometió cambiar.

Entonces, ¿qué piensas ahora de la orientación hacia el mismo sexo? Si todavía piensas que es una condición pecaminosa, ¿cómo entiendes el hecho de que los creyentes sinceros que intentan toda forma de liberación en cualquier período de tiempo han sido incapaces de alterar su orientación de homosexual a heterosexual? Si, por otro lado, aceptas que ser *gay* no es una condición pecaminosa, ¿qué implicaciones tiene el cómo tú consideras y te relacionas con la gente homosexual?

- *Una persona* gay *podría responder al sexo opuesto si él o ella así eligiera.*

Las personas bisexuales pueden responder a las personas de ambos sexos, y hay innumerables puntos en el espectro de orientación sexual, desde homosexual a heterosexual. Pero muchas personas homosexuales son exclusivamente atraídas hacia personas del mismo sexo. Incluso pueden encontrar la idea de tener sexo con alguien del sexo opuesto repulsivo y antinatural. Si bien es posible que algunos puedan aprender a responder con tiempo, eso no termina con su atracción hacia el mismo sexo. Alan Chambers, quien fue mencionado anteriormente, reconoce que nació *gay* e informa que mientras él está profundamente enamorado y físicamente atraído por su esposa, le tomó casi nueve meses consumar su matrimonio con ella.[177] Me alegro de que Alan y Leslie Chambers lo estén logrando y yo le pido a Dios que lo hagan siempre, pero los desafíos que han enfrentado han sido demasiado grandes para muchas parejas de orientación cruzada.

Piensa en ello—mi esposa sabe que puedo sentirme físicamente atraído hacia otras mujeres, pero también sabe que ella es mi elección de la realización de mi orientación básica—. Eso es tan diferente de si mi orientación fuera hacia algo que ella jamás podría satisfacer.

¿Qué te dicen estas realidades sobre tus expectativas sobre cómo deben vivir las personas homosexuales?

---

177. Alan Chambers, *My Exodus from Fear to Grace*, (Grand Rapids, MI: Zondervan, 2015), 144.

- *El SIDA es el juicio de Dios a las personas homosexuales.*

En 2013, el 24% de los evangélicos blancos creían que esto podría ser cierto (10% más alto que la población general).[178] Pero mientras que toda enfermedad, desde el resfriado común hasta el cáncer, es parte de la maldición del pecado y la muerte en este mundo, probablemente conozcas más personas que hayan tenido cáncer que el SIDA y probablemente no declararías que su cáncer es el juicio de Dios. La promiscuidad entre las personas homosexuales *y* heterosexuales puede tener numerosas consecuencias trágicas, y el VIH puede ser una de ellas. Pero los niños y otras personas inocentes también contraen la enfermedad. Jesús nos advirtió en Lucas 13.4 que no se presuma que ninguna tragedia sea el resultado del juicio de Dios.

¿Has renunciado claramente a la presunción de que el SIDA es el juicio general de Dios sobre las personas homosexuales?

- *Los homosexuales son más propensos que los heterosexuales a abusar de niños.*

En 1977, cuando Anita Bryant hizo campaña con éxito para derogar una ordenanza del Condado de Dade, Florida, que prohibía la discriminación anti-homosexual, nombró a su organización "Save Our Children" [Salva a nuestros hijos] y advirtió que "un maestro [homosexual] particularmente desviado podría abusar sexualmente de niños".[179] Mucho más recientemente, el Family Research Counsel [Consejo de Investigación de la Familia] redactó un artículo que afirmaba que "los hombres homosexuales abusan de niños en tasas desproporcionadamente mayores a las tasas con que los hombres heterosexuales abusan de niñas".[180]

178. Antonia Blumberg, "Fourteen Percent of Americans Believe AIDS might be God's Punishment: Survey", *Huff Post Religion*, 02/28/2014. http://www.huffingtonpost.com/2014/02/28/aids-hiv-gods-punishment_n_4876381.html. La tabla dentro del artículo fijó el número en el 24% para los evangélicos blancos.

179. Anita Bryant, *The Anita Bryant story: The survival of our nation's families and the threat of militant homosexuality*, (Old Tappan, NJ: Fleming H. Revell, 1977), 114.

180. Timothy Dailey, "Homosexuality and Child Sexual Abuse", Family Research Council 07/02/2002, http://www.frc.org/get.cfm?i=IS02E3.

Sin embargo, extensas revisiones por pares concluyen que la investigación del FRC simplemente no se sostiene. El profesor Gregory Herek, de la Universidad de California, señala: "La mayoría de los estudios a los que hicieron referencia ni siquiera evaluaron la orientación sexual de los abusadores".[181] Señala muchos otros estudios que muestran que las personas homosexuales *no* están más inclinadas a abusar de niños que a las heterosexuales. Por ejemplo, entre 175 hombres adultos que fueron condenados en Massachusetts por agresión sexual contra un niño, ninguno de ellos tenía una orientación homosexual adulta. En lugar de sexo—ya sea lo mismo o lo contrario—su atracción sexual se fijó en los niños.[182]

En conclusión, Herek dice: "La investigación empírica no muestra que los hombres homosexuales o bisexuales sean más propensos que los hombres heterosexuales a abusar de niños. Esto no es argumentar que los hombres homosexuales y bisexuales nunca molestan a los niños. Pero no hay ninguna base científica para afirmar que son más propensos que los hombres heterosexuales a hacerlo".[183]

Sin embargo, la presunción de que los abusadores abusan de los niños de su mismo sexo recibe mucha atención de los medios, cuando los sacerdotes católicos son acusados de abuso o alguien expresa temores de que los Boy Scouts acepten a jefes de tropa homosexual. Pero el abuso ocurre trágicamente más a menudo con los niños del sexo opuesto, a menudo dentro de familias o de amigos cercanos. ¡La pedofilia es real! Los niños deben ser siempre enseñados y capacitados para reportar a cualquier persona que sugiera o intente un toque inapropiado. Y *cualquier persona* que trabaje con niños debe ser obligada a pasar una verificación completa de antecedentes y seguir siendo responsable de su conducta con los niños.

---

181. Gregory Herek, "Facts About Homosexuality and Child Molestation", http://psychology.ucdavis.edu/rainbow/html/facts_molestation.html.

182. A.N. Groth and H.J. Birnbaum, "Adult sexual orientation and attraction to underage persons", *Archives of Sexual Behavior, 7* (1978, 3), 177.

183. Gregory Herek, "Facts About Homosexuality and Child Molestation", http://psychology.ucdavis.edu/rainbow/html/facts_molestation.html.

Por lo tanto, incluso si no estás en condiciones de evaluar las declaraciones de los investigadores, ¿estás dispuesto a dejar de lado el sospechar que todas las personas homosexuales ponen en peligro a los niños a cambio de exigir garantías adecuadas de parte de todas las personas que trabajan con niños?

Temores persistentes

A diferencia de varios mitos con respecto a la homosexualidad, muchos de nosotros llevamos vestigios de miedos con respecto a la homosexualidad que terminan influyendo en cómo consideramos y nos relacionamos con las personas homosexuales. Algunos de esos miedos pueden basarse en mitos o malentendidos, pero a menudo implican simplemente conceptos que no hemos pensado. Por lo tanto, haz lo mismo con estos miedos. Lee cada uno y pregúntate lo que realmente piensas, o lo que alguna vez pensaste y ahora entiendes de otra manera pero realmente no has permitido que tu nueva comprensión cambie tu comportamiento y actitudes con respecto a las personas homosexuales.

- *Si no nos oponemos a la homosexualidad, ¿se expandirá en nuestra iglesia y sociedad?*

Lo que parece ser un aumento en el porcentaje de personas homosexuales alrededor de nosotros resulta más probable por dos cosas: la honestidad y la reacción. A medida que los derechos civiles se han asegurado para las personas homosexuales y la discriminación (incluso dentro de la iglesia) ha disminuido, más personas homosexuales han estado dispuestas a salir del clóset, para reconocer públicamente que son homosexuales. En reacción a ello, los que se oponen firmemente a las personas homosexuales se han vuelto más expresivos, por lo que se convierte en un tema mucho más frecuente de la disputa pública.

Basado parcialmente en la investigación defectuosa de Alfred Kinsey en sus libros de 1948 y 1953, se afirmaba comúnmente que el 10% de la población era homosexual. Pero una investigación más precisa muestra que en lugar de aumentar, la estimación ha bajado. En el Williams Institute de la Facultad de Derecho de la UCLA, un grupo de reflexión sobre la orientación sexual, publicó un estudio en abril de 2011 que dice: "Basándose en información de cuatro encuestas poblacionales nacionales y dos estatales, los análisis sugieren que hay más de 8 millones de adultos en los Estados Unidos que son lesbianas, homosexuales o bisexuales, que comprenden el 3,5% de la población adulta".[184]

- *Quizás yo causé esta "condición" en mi ser querido.*

Nuestros padres influyeron profundamente en la mayoría de nosotros a medida que crecimos, esperemos que para bien. Pero el abuso, la negligencia o simplemente la falta de una sabia dirección pueden perjudicar a los niños. Tales niños pueden crecer con profundos resentimientos, ideas retorcidas sobre la vida y Dios, y numerosas desventajas sociales. Cuando esas lesiones le ocurren a un niño homosexual, es fácil pensar que las deficiencias de los padres y el abuso lo condujeron a ser homosexual. Durante décadas, muchos científicos sociales hicieron esta presunción e inventaron elaboradas teorías para apoyar la conexión[185] . . . causando la consternación y profunda angustia de miles de padres decentes. Neta y yo luchamos con la culpa cuando nuestra hija, Leah, salió del clóset, en gran medida porque habíamos estudiado a muchos de esos teóricos mientras ayudaba a Ed Hurst a escribir su libro. Afortunadamente, esas teorías han sido ampliamente desacreditadas, liberando a los padres como nosotros de una nube de culpa. Pero desde el principio, Leah trató de tranquilizarnos con que no fue culpa nuestra. "Así no es como funciona", decía.

Por supuesto, no éramos padres perfectos, pero por lo que sabíamos—aun después de escrudiñar los años pasados—éramos buenos padres. Nuestros amigos, muchos de los que nos conocían día a día, en cualquier circunstancia, de día o de noche, nos aseguraron que éramos buenos padres. Fue sólo después de descubrir que estas teorías habían sido desmentidas, y después de escuchar los testimonios de numerosos cristianos homosexuales que ellos

184. http://williamsinstitute.law.ucla.edu/research/census-lgbt-demographics-studies/how-many-people-are-lesbian-gay-bisexual-and-transgender/#sthash.clQ60FoJ.dpuf.

185. Esos teóricos incluyen Paul Cameron, Robert Kronemeyer, Elizabeth R. Moberly, Joseph Nicolosi, Leanne Payne, George A. Rekers, Walter Schumm, John White y Frank Worthen.

también habían crecido en buenos hogares cristianos, que empezamos a creer lo que nuestra hija había tratado de decirnos.

Esto no quiere decir que no haya muchas personas homosexuales que hayan sido dañadas por los errores de sus padres de la misma manera que lo han sido los hijos heterosexuales. Detrás de esos errores pueden subyacer la ira, la rebeldía, la depresión o el comportamiento autodestructivo de los niños. Y es concebible que el abuso o el trauma durante la niñez podrían conducir a alguien a buscar consuelo con una persona del mismo sexo como el único lugar seguro para tener relaciones sexuales, pero ¿eso los hace verdaderamente homosexual en su orientación básica? En realidad, conozco a una mujer que se ajusta a ese perfil. De una niñez de abuso, terminó siendo prostituta y adicta a la heroína, pasando varios años en prisión. Se sentía segura sólo con otras mujeres y se consideraba una lesbiana. Pero después de liberarse, se convirtió en cristiana, conoció a un cristiano que verdaderamente la amaba, y se aventuró al matrimonio. Han estado felizmente casados por muchos años. Ella es lo más cercano que he conocido a alguien que dice que su orientación sexual "cambió". Así que podría decir que sus experiencias infantiles "la hicieron homosexual", pero sólo Dios lo sabe. Y su experiencia ciertamente no representa a las muchas personas homosexuales que testifican que crecieron en hogares buenos y cariñosos, pero siempre supieron que eran "diferentes".

- *Si me vuelvo demasiado tolerante, podría desarrollar una atracción hacia el mismo sexo.*

Si uno pudiera volverse homosexual, entonces significaría que romper cualquier barrera que te hubiera "mantenido heterosexual" podría resultar en un aparente cambio de orientación sexual. Pero esa forma de pensar falla. Del mismo modo que no hay evidencia de que las personas homosexuales pueden llegar a ser heterosexuales, puedes estar segura de que tu orientación heterosexual tampoco irá a la inversa.

Por supuesto, como hemos observado anteriormente, la orientación sexual humana se produce en un espectro, y por lo tanto puedes descubrir que no eres tan puramente "heterosexual" como creías que era. Tal vez estás un poco hacia el medio bisexual. Pero descubrir eso—por espantoso que parezca—no significa que hayas cambiado. Y si tú descubres tal realidad, eso no te da la libertad de actuar en base a ella. Y aquí está por qué—yo no sé mucho acerca de la bisexualidad, pero creo que una persona bisexual debe elegir—*la misma clase de elección* que cualquier persona heterosexual u homosexual debe elegir—ser casta como persona soltera o sexualmente fiel en el matrimonio con una sola persona. Siendo heterosexual, podría ser atraída hacia muchas mujeres, pero como dicen los votos matrimoniales, "abandonando a todas las demás", he elegido a una sola para casarme. Una persona bisexual debe elegir también y no puede excusar a su "ojo errante" más de lo que yo pueda, simplemente porque él o ella puede sentirse atraído hacia personas de ambos sexos.

Tienes que saber quién eres. No te asustes de quién eres. Y sé fiel al llamado de Dios en tu vida, que en el área del comportamiento sexual es la castidad antes del matrimonio y la monogamia después del matrimonio . . . Con muy buenas razones de acuerdo con el segundo mandamiento de Jesús.

- *Si miro muy profundamente este tema, los secretos de mi curiosidad y la experimentación infantil pueden ser expuestos.*

Es posible. Los míos podrían ser. Los de otra persona también podrían ser expuestos. Pero ese miedo no es excusa para no "hacer lo correcto" ahora.

O, si tú fuiste abusado o manoseado inapropiadamente siendo niño, esos recuerdos pueden parecer demasiado dolorosos para enfrentar, pero en lugar de evitar el pasado, quizás este sea el momento que Dios tenga la intención de que busques terapia y seas sanado.

- *Si permito que un miembro* gay *de la familia traiga a casa a su pareja, ¿estaría fomentando su relación?*

Primero, pregúntate cómo responderías a una pareja heterosexual que te visita, y haz lo mismo con la pareja *gay*. Eso no hace que la pregunta sea fácil. Podría ser muy delicada, pero si eres honesto al tratar a la pareja *gay*, igual que una pareja heterosexual, tendrás la oportunidad de ser entendido. Aceptamos que Leah y Jane durmieran en el mismo dormitorio una vez que se casaron, aunque todavía no era legal en Illinois. Habían formado una familia permanente, habían comprado juntas una casa y habían formalizado su alianza la una a la otra en una ceremonia pública de la boda. Pedirles que durmieran separadas hubiera sido inútil, a pesar de que Dios aún no había cambiado completamente nuestra opinión.

- *Si asisto a un casamiento homosexual, ¿estaré respaldándolo?*

Esa fue una de nuestras grandes preguntas acerca de la boda de Leah y Jane. Albert Mohler, presidente del Southern Baptist Theological Seminary [Seminario Teológico Bautista del Sur], dice que tú debes boicotear bodas homosexuales porque una boda implica un respaldo de la unión. Cita la frase de las ceremonias tradicionales en las que se pide a los invitados: "Si alguien sabe de alguna causa que deba impedir el matrimonio—hable ahora o calle para siempre"—.[186]

Otro pastor no está de acuerdo, a pesar de que no apoya el concepto de matrimonio homosexual. Él dijo: "He ido a muchas bodas que no creía que fueran una buena idea. Pero mi presencia era una expresión de mi amor y apoyo a los participantes como personas, independientemente de si pensaba que el emparejar era correcto".

Estoy de acuerdo. Y una vez que una pareja está casada, la mayoría de nosotros, sin embargo, haríamos lo que pudiéramos para fomentar esa relación para que sea saludable. Jesús nunca supuso que su asociación con la gente era un respaldo a lo que hicieron, ya fueran prostitutas, borrachos o recaudadores de impuestos. (No estoy comparando esas prácticas con las personas homosexuales que se casan.) Me alegro de haber asistido a la boda de Leah y Jane. En ese momento, recibieron nuestra asistencia como evidencia de nuestro amor por ellas, aún más porque sabían que no lo aprobábamos. El Espíritu Santo ya nos había dicho: "No quemen puentes", y me alegro de que no hayamos añadido nada al nivel de rechazo y daño que el boicot de su boda habría creado.

---

186. Albert Mohler, *We Cannot Be Silent*, (Nashville, TN: Thomas Nelson, 2015), 164.

La receta de Dios para nuestros errores

Ya sea que te hayas opuesto abiertamente o de forma indirecta a personas homosexuales, si has marchado contra ellas con signos de odio o simplemente te has mantenido callado cuando políticas que alejan a las personas homosexuales han sido promulgadas en tu iglesia o ministerio pastoral, ya sea que la fuente de tu respuesta o la falta de ella fuera el factor asco o un mito no resuelto, o el miedo, Dios tiene una receta para la reconciliación con las personas que hemos herido.

Una de las cosas que he aprendido a lo largo de los años sobre la reconciliación racial es el valor de pedir perdón. Pedir perdón es a menudo obstaculizado por el miedo, el miedo a ser dueño de nuestra responsabilidad y el miedo de absorber la ira de la otra persona. Es difícil para mí admitir que he estado equivocado y que he contribuido y (particularmente en el caso del racismo) me he beneficiado de las acciones y actitudes erróneas de otras personas.

Pero es la verdad en este caso también, especialmente para mí por haber ayudado a escribir el libro, *Overcoming Homosexuality* [*Superando la homosexualidad*]. Y no es el grado de nuestro mal (ese libro no tuvo una circulación muy grande). En cambio, es como el pecado. ¿Cuánto se necesita para hacernos pecadores? Realmente, me siento triste por haber herido a personas homosexuales, especialmente a mi hija. Y lo siento cómo la iglesia—mi rincón de la iglesia, la iglesia que amo, la iglesia que me ha nutrido—ha herido a la gente homosexual.

Así que por favor perdóname. Por favor perdónanos. Si tú eres homosexual o heterosexual, si tú has huido porque ya no aguantaste, por favor no des la espalda a Jesús. Él es el Buen Pastor, que está dejando a las noventa y nueve ovejas para venir y rescatarte.

Daños colaterales

Por Matthew Williams[187]

Mi primer recuerdo de sentirme atraído hacia el mismo sexo fue cuando tenía once años. Estaba enamorado por un chico de sexto grado. En ese momento, no me di cuenta que yo estaba enamorado. Pensaba: "Realmente me gusta este chico, y quiero ser su amigo". No había nada más que eso. Pero fue sólo unos meses más tarde que me di cuenta de que yo podría ser diferente a los demás.

Durante los próximos años, escondí esta parte en lo más profundo de mí ser. No me atreví a decirle a nadie acerca de estos sentimientos. Crecí escuchando que a los chicos les gustan las chicas . . . fin de la historia. Había tanta vergüenza asociada a ser diferente, especialmente durante un tiempo en mi vida cuando los niños podían ser increíblemente malos e hirientes. (¡Diablos! Los adultos pueden ser malos e hirientes.) No había nadie que conociera en la escuela secundaria que fuera abiertamente *gay*, y yo no quería ser el primero. Además de no querer ser diferente a lo largo de mis años de pubertad, inmensamente incómodos, había oído cosas de la escuela católica a la que asistía, que ser *gay* era un pecado. Esto cimentó aún más la idea de que yo no aceptaría esta parte de mí, y con bastante oración, podría cambiar. Dios podría cambiarme.

Mis días de escuela secundaria fueron confusos. Yo no salía ni tenía interés en las chicas. La mayor parte de tiempo me quedaba conmigo mismo y realizaba actividades seguras (fotografía, anuario, sociedades de honor). No quería hacer nada que atrajera demasiada atención. ¿Qué pasaría si alguien sospechase algo y me preguntara? ¿Y si ya lo sabían? ¿Y si empezaran a difundir rumores? No quería darle a nadie herramientas para decir algo sobre mí, aunque eso ocurrió varias veces.

Tengo algunos recuerdos dolorosos de esos años de adolescencia. Un día un chico en la escuela secundaria escribió la palabra

187. "The Real Matthew", Matthew David Williams blog, Feb. 24, 2016, http://matthewdavidwilliams.org.

"maricón" en la parte de atrás de mi camisa sin que yo sepa. Estaba tan avergonzado cuando llegué a casa que la lavé antes de que mi mamá pudiera verlo. En la escuela secundaria, había una chica que constantemente me llamaba maricón en clase y en el pasillo entre las clases, y yo no podía evitarla. Me molestó que a pesar de que yo quería encajar, aun me acosaban por algo que pensaba que otros no podían ver. Me enorgullecía en ocultar cualquier signo de que yo era diferente, pero creo que algunas personas vieron más allá de eso y querían exponerme.

Avancé rápido a la universidad donde yo sabía que todavía me gustaban los chicos, y si había algo, se había intensificado. Sin embargo, no sabía qué hacer. Ansiaba una relación (cualquiera que me conoce bien, sabe que amo las relaciones), pero solo salía con chicas para encubrir mis sentimientos. Yo era inflexible en que ser *gay* era un pecado y pronto Dios me cambiaría. La iglesia continuó reforzando estas expectativas por la manera que interpretaba la Escritura para decir que la homosexualidad era un pecado. Así, con eso, suprimí más esta parte. Traté de "quitarme lo *gay* rezando" por casi todos mis años adolescentes y de los veinte. Consultaba con consejeros y pastores, participaba en programas y oraba todas las noches para que Dios me quitara esto. Tengo pilas de diarios míos que relatan los dolorosos sentimientos de querer que Dios me cambiara y me quitara esto. Pero nada ocurrió, y yo temía que tampoco ocurriera.

Es difícil expresar cual frustrante y humillante es que los demás te digan que ores para que Dios te quite algo y así te acepte. Ellos decían: "Si *oraras más* o *creyeras más*, no serías *gay*". Me sentí tan fracasado como cristiano. Yo lo estaba intentando con todo, pero no tenía frutos que evidenciaban mis intenciones. Nunca pedí ser *gay* y nadie parecía entender eso. ¿Por qué pediría ser *gay* si eso significaba más dificultades en mi vida? Si alguna vez has cuestionado si es una elección, ciertamente no lo es. No fue hasta después de terminar un período en el trabajo misionero y estar en el mundo real por un tiempo, que aprendí mucho más sobre mí mismo.

Fui a Atlanta para una boda y nos alojamos con un amigo mientras estuve allí. Él es uno de mis amigos más cercanos, como un hermano mayor para mí. Siempre hemos tenido grandes conversaciones y compartimos partes profundas de nuestras vidas. Esta vez, sin embargo, no estaba preparado para lo que terminamos hablando. Me dijo que era *gay* y que aún es cristiano. Lo miré fijamente. No sabía qué decir. Por un tiempo él había sabido que luchaba con mi sexualidad, pero nunca pensé que él saldría completamente del clóset. No es sorprendente que tuviera muchas preguntas . . . sobre la Escritura, sobre el designio de Dios, y sobre que iglesias lo aceptaban. Fue un fin de semana muy difícil de procesar. Muchas lágrimas y confusión. Como se puedes imaginar, volví a Charleston con muchas ideas en mi cabeza.

Durante los cinco meses siguientes estuve muy deprimido. No sabía qué hacer; tuve una decisión delante de mí: aceptar quién soy o seguir reprimiendo mis sentimientos y esperar que algún día se resuelvan. Parece sencillo recordarlo ahora, pero fue uno de los puntos más difíciles y más bajos de mi vida. Tenía ataques de pánico semanalmente, lloraba casi todos los días y la vida parecía estar cayendo a pedazos. Para darte una idea de lo que estaba pasando, aquí copio un extracto de un diario de varios meses del inicio de la depresión:

> No reconozco al Matthew que soy en este momento. No se ríe. Se hace a sí mismo sonreír cuando no quiere. Él está más emocional y deprimido que nunca, y está cansado de todas las preguntas girando (en su cabeza). No es agradable estar cerca de él y él sólo quiere quedarse solo. ¿Quién es este chico, y qué ha hecho con el hombre que amaba la vida? ¿Dónde está el chico al que le gustaba hablar de viajes, queriendo ver a sus amigos en lugares lejanos y explorar cosas nuevas? Aquel chico parece estar muerto ahora mismo. Parece distante. Este Matthew ahora mismo. . . apenas está bien. Siempre desordenado, a menudo conflictivo, y constantemente triste.

Después de lo que parecían años, finalmente desperté una soleada mañana de noviembre de 2014 y me di cuenta de que Dios me había hecho así. Es difícil expresar cómo sabía eso, pero yo sabía que Dios me conocía antes de que yo naciera. Él sabía las cosas que yo enfrentaría. Él me conocía a MÍ. Él me conoce a MÍ. Soy una creación admirable y sus obras son maravillosas (Salmo 139). La mejor parte y más hermosa es que tan pronto como me acepté como *gay*, toda mi depresión y ansiedad desaparecieron. Por primera vez, me sentí como el Matthew que Dios había hecho intencionalmente.

El proceso de "salir del clóset" es algo que nunca estaba preparado para pasar. Tú no sabes cómo alguien va a reaccionar o abiertamente rechazarte. Afortunadamente, mi experiencia con amigos y familia fue increíble. Estoy rodeado de la gente más increíble (estoy lagrimeando al escribir esto ahora). Mi hermana y mis padres son geniales. Me aceptan como soy, y tan sencillo como eso suena, hay más historias desgarradoras de muchos de mis amigos sobre los padres que rechazan a sus hijos e hijas homosexuales. No me malinterpretes, tuve un puñado de malas experiencias, pero me di cuenta de que la mayoría de la gente quiso amarme incondicionalmente. No les importaba que yo fuera *gay*. Ellos me amaban. Así de fácil.

El viaje ha sido interesante, y estoy seguro de que habrá más pensamientos y reflexiones en el camino. Todo lo que sé ahora es que soy Matthew, amo a Jesús, y soy *gay*. Y no preferiría ser otro.

Capítulo 19
Jesús, ayúdanos a vivir en paz

Su amor no tiene límites, Su gracia no tiene medida,
Su poder no tiene límites conocidos por personas;
Porque de Sus infinitas riquezas en Jesús
Él da y da y da de nuevo.

"He Giveth More Grace"
Annie J. Flint, serie "Casterline Carda",
alrededor del año 1910

RECIENTEMENTE, NUESTRA IGLESIA ESTUVO TRABAJANDO en la reconciliación racial, un esfuerzo continuo para desarrollar la vida comunitaria entre nuestros miembros de más de cincuenta países diferentes. Al contar su historia de vida, una mujer explicó el impacto de venir de una sociedad basada en la vergüenza. La suya era asiática, pero me horroricé al oír con qué frecuencia y de cuántas maneras la amenaza de vergüenza la manipulaba para hacer lo que otros querían que hiciera.

Excepto entre las minorías étnicas como esta mujer, el miedo a la vergüenza ya no ejerce tanto control sobre la mayoría de los estadounidenses como antes. Piensa en la facilidad con que los jóvenes desvían la presión vergonzosa con un gesto vulgar o las palabras "¿Qué c___ quieres?" Pero la vergüenza era un elemento importante en la cultura judía, demostrado más tajantemente contra las mujeres que eran declaradas "impuras" durante siete días después de cada ciclo menstrual—no debido a alguna mala acción por la cual tenían que arrepentirse—, sino simplemente por lo que eran. Pero la amenaza de vergüenza afectó a todos. Cuarenta y dos veces en los Salmos, leemos versos tales como: "Mi Dios, en ti confío; no permitas que sea yo humillado, no dejes que mis enemigos se burlen de mí. Quien en ti pone su esperanza jamás será avergonzado; pero quedarán en vergüenza los que traicionan sin razón" (Salmos 25.2-3). Proverbios 13.18 dice: "Pobreza y vergüenza tendrá el que menosprecia el consejo; Mas el que guarda la corrección recibirá honra" (RVR1960). Si rescribiéramos el mismo proverbio, probablemente omitiríamos la advertencia sobre la vergüenza, pensando que el miedo a la pobreza es el único motivador relevante en estos días.

Los escritores del Nuevo Testamento ocasionalmente presentan el concepto de la vergüenza, pero usualmente enfatizan nuestra liberación de ella.[188] Hablando del Mesías, tanto Pedro como Pablo citan Isaías 28.16: "Él que creyere en él, no será avergonzado".[189] Eso es porque Jesús, el "Siervo sufriente", soportó nuestro sufrimiento, siendo despreciado, rechazado, "como uno de quien la gente oculta sus caras" y mantenido "en baja estima"—todos sinónimos para la vergüenza— (Ver Isaías 53).

Pero por causa de Jesús, "Ahora, pues, ninguna condenación [o vergüenza] hay para los que están en Cristo Jesús" (Romanos 8.1). Además de estas verdades teológicas, existía la realidad social que los primeros cristianos se convirtieron en ajenos tanto para el mundo judío como el romano y no podían permitir que ninguna vergüenza acumulada en ellos ahogara su vida o misión. Aprendieron a mantenerse en alto, por así decirlo, ante el rechazo y el ridículo.

En la cultura contemporánea, estamos más inclinados a hablar de responsabilidad o incluso de culpa en respuesta a maldades específicas, pero la vergüenza es mucho más radical. Coloca a los receptores constantemente en desequilibrio produciendo dentro de ellos juicios y emociones negativas y degradantes acerca de *quiénes son*. Aplicada lo suficiente, es probable que la persona comience a creer que cualquier estrés social en torno a ellos es su culpa, y se vuelven dispuestos a hacer cualquier cosa para restablecer el equilibrio y volver a obtener el favor de los que les rodean.

Esta es la razón por la cual la vergüenza puede ser una herramienta tan poderosa para manipular y controlar a la gente en cualquier cultura, sobre todo si es tan unida como la familia o la iglesia. Lamentablemente, muchos de nosotros hemos encontrado irresistible la herramienta de la vergüenza en el intento de contro-

188. En un caso, Pablo invoca la vergüenza. En 2 Tesalonicenses 3.14 dice que no se debe asociar con aquel que se niega a obedecer sus instrucciones "para que se avergüence". Pero note que la vergüenza es sobre una acción *específica*, no a causa de *quién* es la persona en forma innata.

189. Ver Romanos 9.33; 10.11 RVR1960; 1 Pedro 2.6 RVR1960.

lar a la gente homosexual. Manteniéndolos fuera de la iglesia o manteniéndolos ocultos, pero con certeza, desalentando su "salida del clóset", porque ésa es la primera señal de que están rechazando el poder de la vergüenza en sus vidas.

Lo opuesto a la vergüenza

Se podría decir que lo contrario a la vergüenza es el orgullo, pero no estoy seguro de que sea correcto. El diccionario define el orgullo como "un sentimiento de profundo placer o satisfacción derivado de los propios logros, los logros de aquellos con quienes uno está estrechamente asociado, o de cualidades o posesiones que son ampliamente admiradas". Y de hecho, los desfiles de orgullo *gay* han sido un medio por el cual las personas homosexuales han intentado contrarrestar la vergüenza acumulada en ellos en nuestra sociedad. Y tal vez el orgullo ayuda a reducir el aguijón de la vergüenza para algunas personas heridas.

Sin embargo, la paz es un mejor antídoto para la vergüenza. Tal vez por eso la "paz" es un saludo tan prominente en la Biblia. De los muchos pasajes que podrían ser citados, considera estos ejemplos:

> "El Señor te bendiga y te guarde; el Señor te mire con agrado y te extienda su amor; el Señor te muestre su favor y te conceda la paz" (Números 6.24-26).
>
> "Vayan en paz. Su viaje tiene la aprobación del Señor" (Jueces 18.6).
>
> "¡La paz del Señor permanezca para siempre con David y sus descendientes, y con su linaje y su trono!" (1 Reyes 2.33).
>
> "Gloria a Dios en las alturas, y en la tierra paz a los que gozan de su buena voluntad" (Lucas 2.14).
>
> "Vete en paz y queda sana de tu aflicción" (Marcos 5.34).
>
> "La paz les dejo; mi paz les doy" (Juan 14.27).
>
> "¡La paz sea con ustedes!" —repitió Jesús— (Juan 20.21).
>
> Que Dios nuestro Padre y el Señor Jesucristo les concedan gracia y paz (1 Corintios 1.3).

Estos ejemplos podrían continuar sin parar, con cada uno demostrando lo contrario a la vergüenza. Anunciando el antiguo saludo cristiano (generalmente antes de la comunión en las iglesias litúrgicas), "La paz esté con ustedes", y la respuesta, "Y también contigo", comunica aceptación, no hostilidad y una oración por el bienestar de la otra persona. Al igual que el antiguo saludo hebreo, "Shalom", no hay vergüenza entre hermanos y hermanas cuando la paz de Cristo es intercambiada genuinamente. En consecuencia, la gente no siente la necesidad de esconderse o huir. Este debe ser nuestro objetivo al relacionarnos con cualquiera.

La preocupación por las "ovejas" esparcidas

Una encuesta realizada por *USA TODAY* en abril de 2015 encontró que el 46% de los estadounidenses tenía un miembro *gay* o lesbiana de su familia o amigo cercano que ya está *en un matrimonio homosexual.*[190] Y sin embargo, muy pocas iglesias evangélicas han pensado en lo que harán cuando las personas en matrimonios homosexuales lleguen a sus puertas. ¿El mensaje que esas personas oyen comunicará vergüenza? ¿Utiliza la iglesia la amenaza de la vergüenza para mantener célibes a los solteros homosexuales? ¿Nuestra postura invita a las personas homosexuales a Jesús o las aleja?

En el capítulo 6, "¿Qué puede separar a las personas homosexuales del amor de Dios?", notamos cómo nuestro comportamiento hacia las personas homosexuales *puede* alejarlas de experimentar el amor de Dios. Y hermanos y hermanas, lo hemos hecho justamente a miles y miles de personas homosexuales que estaban—y algunos aún lo están—en nuestras iglesias evangélicas. Hemos transmitido tal hostilidad hacia ellos por radio, Internet, en libros y artículos y desde nuestros púlpitos, que muchas personas homosexuales que alguna vez buscaron a Dios o pudieron convertirse en buscadores no se atreverán a pisar nuestras iglesias. ¡Si todavía hay un lugar para la vergüenza, somos nosotros quienes necesitamos caer de rodillas y arrepentirnos!

---

190. "Poll: U.S. has turned the corner on gay marriage", *USA TODAY*—Chicago Sun-Times, April 20, 2015, p. 29. Fuente: *USA TODAY*/Suffolk University Pol of 1,000 people, taken April 8-13. Margen de error +/- 3 puntos porcentuales.

¿Por qué piensas que Jesús estaba tan enojado que podía decir: "Más le valdría que [a tal persona] le colgaran al cuello una gran piedra de molino y lo hundieran en lo profundo del mar" que hacer que un niño o una persona vulnerable pierden su fe (Mateo 18. 6-7)? Esta conducta estaba en el centro de la indignación de Jesús hacia los fariseos: "Abruman a los demás con cargas que apenas se pueden soportar, pero ustedes mismos no levantan ni un dedo para ayudarlos" (Lucas 11.46). "¡Ay de ustedes...! Les cierran a los demás el reino de los cielos, y ni entran ustedes ni dejan entrar a los que intentan hacerlo" (Mateo 23.13).

Por el contrario, nuestro Jesús es el Buen Pastor, que deja las noventa y nueve ovejas para salir y encontrar a *una* oveja perdida (Lucas 15.3-8). Para comunicar algo más de la analogía de Jesús, ¿crees que esto hizo felices a las noventa y nueve? ¿Habrían preferido que él se quedara para afirmar qué buenas ovejas eran, diciéndoles lo que "querían oír" (2 Timoteo 4.3)?

Pero este problema no comenzó con los fariseos de los tiempos de Jesús. Hablando a través del profeta Ezequiel, Dios tuvo la misma queja acerca de los líderes religiosos en los días de Ezequiel:

> "¡Ay de ustedes, pastores de Israel! . . . No fortalecen a la oveja débil, no cuidan de la enferma, ni curan a la herida; no van por la descarriada ni buscan a la perdida. Al contrario, tratan al rebaño con crueldad y violencia. Por eso las ovejas se han dispersado . . . dispersas por toda la tierra, sin que nadie se preocupe por buscarlas. Yo estoy en contra de mis pastores. Les pediré cuentas de mi rebaño" (Ezequiel 34.2-6,10).

Y no es sólo a los pastores que el Señor responsabiliza:

> "En cuanto a ti, rebaño mío . . . Por cuanto ustedes han empujado con el costado y con la espalda, y han atacado a cornadas a las más débiles, hasta dispersarlas, voy a salvar a mis ovejas, y ya no les servirán de presa" (Ezequiel 34.17, 21-22).

Esta profecía a Israel termina con la promesa de Dios de rescatar a sus ovejas dispersas y "poner sobre ellos un pastor, mi siervo David", una clara profecía mesiánica que se refiere a Jesús. "Yo soy su Dios y. . . ustedes son mis ovejas, las ovejas de mi prado" (Ezequiel 34.31). El discurso de Ezequiel a Israel expone claramente el corazón de Dios para cualquiera que haya sido dispersado y se haya perdido.

No es de extrañar que cuando Jesús vino, tuvo palabras tan duras para los fariseos, palabras que deberían ser eco de advertencia en nuestros oídos de que hoy, para amar como Jesús ama, tenemos que empezar por no proyectar esa vergüenza que disuade y dispersa a sus ovejas, especialmente a los débiles que apenas se aferran a su fe por las uñas.

Si eres un pastor de una iglesia de 200 personas y no has ahuyentado a los que son homosexuales entonces, estadísticamente, seis o siete miembros de tu rebaño lo son, están sentados allí delante de ti, escuchando todo lo que predicas. ¿Sabes quiénes son? ¿Has eliminado la vergüenza para que no tengan miedo de salir del clóset? ¿O acaso es lo que tú dices lo que probablemente los desanime tanto que en última instancia, se irán? Si tú eres pastor de 1.500 personas, tú eres responsable del bienestar de posiblemente cincuenta personas homosexuales.[191] ¿Necesitas salir y traer de vuelta a los extraviados? *¿Tú, y tu congregación* se regocijarán con los ángeles por el regreso de cada uno . . . o sólo si ellos pudieran volverse heterosexuales como el resto de ustedes?

Una iglesia verdaderamente amable con buscadores

En la medida en que las iglesias que dan la bienvenida a los "buscadores" se basan en un modelo comercial de entretenimiento/consumo para el crecer, merecen ser criticadas. Pero los esfuerzos auténticos para renunciar a la vergüenza como una manera de mantener y controlar a la gente, y un deseo de amar a los marginados, pueden ayudar a hacer una iglesia ser tan acogedora como lo fue Jesús en persona y por motivos completamente diferentes.

191. Estas cifras se basan en la investigación de encontrar que el 3,5% de la población adulta es LGBT.http://williamsinstitute.law.ucla.edu/research/census-lgbt-demographics-studies/how-many-people-are-lesbian-gay-bisexual-and-transgender/#sthash.clQ60FoJ.dpuf.

Alejarse de las posturas dañinas requiere más que poner un escrito en el boletín del domingo diciendo: "Sean todos bienvenidos", o agregar eso al letrero afuera de la iglesia. Requiere más que el uso de un lenguaje amable y más delicado, al tiempo que se carga la vergüenza sobre la gente. El cambio efectivo debe ser intencional y, puesto que las viejas posturas tóxicas estaban tan ampliamente diseminadas, deben ser abordadas mediante el arrepentimiento público y la educación pública para instruir a la congregación por qué y cómo los enfoques tradicionales son un fracaso y no representan a Jesús.

Y todo necesita ser acompañado por *escuchar* a las personas homosexuales y lo que han experimentado.

La experiencia dolorosa de nuestra hija ocurrió en una iglesia esencialmente neo-tradicional. De hecho, los dos pastores habían estado "de acuerdo en no estar de acuerdo" con respecto a las personas con orientación hacia el mismo sexo; uno creía que el matrimonio igualitario era algo que Dios podía permitir y el otro sostenía que era incorrecto. Ese compromiso podría incluso sonar como un enfoque "inclusivo", pero no lo era. Durante los años previos a que la familia de mi hija se mudara a su ciudad, yo me había familiarizado con los pastores, reuniéndome con ellos periódicamente, ya que su iglesia quería implementar elementos de comunidad cristiana que fueran fuertes en nuestra iglesia mientras nosotros queríamos aprender de importantes fortalezas en la suya. Así que, después de que Leah salió del clóset y se mudó a la misma ciudad, me sentí esperanzado cuando empezó a asistir a su iglesia. Aparte de unos pocos intercambios breves cuando las visitamos, no me entrometí en cómo ellos la estaban guiando, confiando en que si alguien pudiera traer una "corrección" amorosamente, serían ellos. Sin embargo, como se describió anteriormente, la relación, en última instancia, se estrelló y quemó—en gran medida, creo, porque nunca se habían ocupado de cómo vivir y respetarse unos a otros en medio de cuestiones discutibles—. De hecho, teniendo en cuenta lo que sucedió a Leah y Jane, la iglesia ni siquiera había descubierta aun cómo ser neo-tradicional amorosamente.

Para ser una familia o una iglesia que las personas homosexuales encuentren inclusiva, el primer paso es *ser intencional* acerca de ser inclusivo. Si te das cuenta de que no eras así en el pasado, entonces el segundo paso es arrepentirte. En muchos casos, es útil comunicar esto de manera directa. Sin embargo, el arrepentimiento se recibirá mejor cuando esté acompañado de maneras concretas en que se pretendes cambiar. La adopción de los siguientes hábitos nos puede ayudar. Algunos son para las personas con una convicción neo-tradicional, algunos se aplican más a los de una tendencia inclusiva, y algunos se aplican a ambos.

- Si tu hijo confía en ti lo suficiente como para salir del clóset a ti, asegúrale de entrada ¡que tú lo amas pase lo que pase!
- Escucha sus historias.
- Si tu amigo o familiar *gay* tiene una relación con Dios, nunca hagas declaraciones que le hagan sentir que tiene que elegir entre su orientación sexual y su fe.
- Da gracias a Dios por el privilegio de conocer a personas homosexuales y por lo que Dios te enseñará a través de ellas.
- No tengas miedo de la gente homosexual.
- Oponerte a cualquier política o puntos de vista que difundan el temor hacia personas homosexuales.
- Acepta y no condenes a las personas homosexuales que salen del clóset. Dios siempre prefiere la verdad.
- Ten cuidado con tu lenguaje. Llamar a las personas homosexuales "sodomitas" es anti-bíblico, e incluso la etiqueta "*gay*" puede ser usada con una intención muy despreciativa.
- No supongas que por el hecho de que alguien se declara homosexual que él o ella es sexualmente activo/a.
- ¿Qué es lo que Dios parece estar haciendo en la vida de su familiar o amigo homosexual?
- Celebrar la abstinencia entre ambos, los solteros homosexuales *y* heterosexuales, como algo *igualmente* importante.
- Reconocer el llamado genuino de alguien a una vida de celibato. Una llamada genuina no está impulsada por el miedo o la vergüenza.
- Aceptar el fruto del Espíritu en la vida de los cristianos homosexuales.

- No hay mayor halago que la necesidad de alguien. Expresa tu necesidad de tener tus amigos y familia *gay*, incluyendo tu aprecio por su amistad, sabiduría y áreas de especialidad.
- El celibato es un desafío. Las personas homosexuales célibes necesitan relaciones en que puedan confiar que estarás presente para ellos: en la enfermedad, en la salud, en la vejez y en la muerte. Si tú eres su familia, *sé la familia* durante todas las etapas de la vida. Si tú estás en su iglesia, motiva a amistades cercanas y al compañerismo en grupos pequeños para gente homosexual.
- En tu iglesia, propón una respuesta redentora a las parejas homosexuales, especialmente a las que tengan hijos. Tú puedes estar en desacuerdo con las elecciones que hayan tomado, pero todavía hay muchas maneras de amar, respetar y apoyar.
- No seas dogmático. Tan raro como el cambio genuino de la orientación pueda ser, adoramos a un Dios de milagros que resucita a los muertos. Así que no niegues la afirmación de una persona de haber cambiado a menos que *sepas* que es falso.
- Sé respetuoso con las personas heterosexuales u homosexuales que no sean "inclusivas".
- No confundas el apoyo al matrimonio igualitario con la permisividad sexual fuera del matrimonio.
- Asegúrate de proporcionar a las parejas homosexuales el mismo apoyo que necesitan las parejas heterosexuales: capacitación y ayuda para los padres, asesoría financiera y relacional, etc.
- Pide a las personas homosexuales que te ayuden en los trabajos de la iglesia. Pide su sabiduría.

El pastor Tim Otto[192] es una de las personas célibes homosexuales más relajadas que he conocido, quizás porque él no cree que sería pecaminoso para él entrar en un matrimonio *gay*, aliviándolo así del miedo y la amenaza de la vergüenza. Y, sin embargo, ha elegido permanecer célibe por el bien de su ministerio actual, el

192. Tim Otto es pastor de la Church of the Sojourners en San Francisco y autor de *Oriented to Faith, Transforming the Conflict over Gay Relationships*, (Eugene, OR: Cascade Books, 2014).

cual disfruta con un corazón agradecido. Pero los amigos (o iglesias) inclusivas pueden presumir erróneamente que todas las personas homosexuales quieren ser sexualmente activas. Se convierte en "el asunto" que los distingue de las personas tradicionales y neo-tradicionales, pero no siempre es así. De hecho, a muchas personas homosexuales casadas les gustaría bajar la temperatura en el tema del sexo. Sus vidas no necesariamente se centran más en el sexo que las vidas de heterosexuales casadas. Tienen problemas de dinero, problemas relacionales, problemas como padres y problemas de programación de horarios como todos los demás y también les gustaría ser apoyados en esos aspectos.

Recientemente, cuando se nos pidió compartir nuestra historia en una iglesia que estaba adoptando una postura inclusiva, uno de los líderes se nos acercó después para decir: "Sabes, las «personas marginadas» que ahora tenemos que tratar de incluir son aquellas que personalmente tienen un punto de vista neo-tradicional. Son las que están en minoría en este momento y lo más probable es que se sientan rechazadas". Si vamos a ser inclusivos, tiene que ir en ambos sentidos.

Necesitamos aprender a vivir en paz, como lo expresa esta canción de J.D. Martin:

Jesús, ayúdanos a vivir en paz
De nuestra ceguera libéranos.
Llénanos con tu amor sanador
Ayúdanos a vivir en unidad.

Muchas veces no estamos de acuerdo
En lo que es bueno o malo hacer.
Es tan difícil ver realmente
Desde el punto de vista de otra persona.

Cuánto anhelamos poder y fama
Buscando cada cosa terrenal.
Nos olvidamos de quien vino
Como un siervo y no como un rey.

Jesús, ayúdanos a vivir en paz
De nuestra ceguera libéranos.

*Lléna*nos *con tu amor sanador*
Ayúdanos a vivir en unidad.[193]

Daños colaterales

Por Ambir Contorna

Tenía veintisiete años cuando finalmente reuní todo el valor para tener "la charla" con mi familia. Había estado reflexionando, planeando y orando durante meses. Mi corazón se puso pesado y la ansiedad condujo mi mente a todos los posibles resultados. Sabía que, como hija de un ejecutivo de Enfoque a la Familia, los resultados de mi verdad podrían ser devastadores. Pero había llegado al punto en el que vivir una mentira era peor que todo lo que estaba al otro lado, el de la verdad. Después de mucho consejo, preparación y oración, sentí que había llegado el momento de decir mi verdad. Así que el 14 de abril de 2012, invité a mis padres y mi hermano y les conté del viaje que había estado realizando en los últimos años. Entonces pronuncié las tres palabras cortas que cambiarían para siempre mi futuro . . .

* * * *

Aunque nací en Kalispell, Montana, para mi tercer cumpleaños nos mudamos a Glendora, California, donde mi padre aceptó un trabajo con Enfoque a la Familia. Cuando la compañía se trasladó a Colorado Springs en 1991, mi familia lo hizo también, y esa es la ciudad donde crecí.

Por el hecho de tener los valores y las enseñanzas del Dr. James Dobson en el núcleo de la fundación de nuestra familia, mis padres decidieron enseñar a mi hermano y a mí en el hogar, del principio

---

193. "Unity (Jesus Help Us Live in Peace)", Letra y música por M. Gerald Derstine (J.D. Martin), © 1971, 2003 (versión en inglés). La traducción del inglés autorizada por el autor por mensaje de texto el 30 de julio de 2017 al traductor.

hasta el fin de nuestra escolaridad. Para ellos los devocionales bíblicos diarios y cultivar una relación con Dios eran una prioridad desde muy joven edad. Con programas como AWANA,[194] memorizamos las Escrituras tanto en el programa como en la familia. Una chica típica: crecí jugando con muñecas American Girl y teniendo frecuentes fiestas de té. Creí que mi caballero de brillante armadura vendría por mí, si tan sólo lo esperara. En mi décimo tercer cumpleaños, incluso tuve una "Ceremonia de Pureza" en la que firmé un voto de permanecer casta hasta el matrimonio y se me dio un anillo para ser usado hasta que el día en que fuera reemplazado por un anillo de bodas. Abracé todas estas características de los aspectos que el amor y el matrimonio tradicional deben tener.

Mi madre vino de una familia musical, así que casi desde el vientre ella nos entrenó también, invirtiendo mucho tiempo en fomentar nuestros talentos musicales. Con frecuencia, cantábamos en hogares para personas jubiladas y escuelas cristianas. Realizábamos conciertos completos en pequeñas iglesias y siempre estábamos listos para actuar para familias o huéspedes que nos visitaban. Yo tenía la bendición de recibir trece años de formación de piano clásico, y cuando tenía catorce años, hice un tour por Europa con un coro juvenil y, poco después, con los Young Continentals. Actuar fue una gran parte de mi vida, y yo me deleitaba en eso. Como una perfeccionista de alto rendimiento, constantemente me presiono para llegar a la cima.

Sin embargo, no toda esa presión vino desde dentro. Cuando alcancé mi adolescencia, empecé a sentir la presión exterior para mantener la reputación de mi familia. Como hija de un hombre que ocupaba un puesto destacado en Enfoque, sentía el peso para mantener la apariencia de esa "familia perfecta de Enfoque". Los amigos, a menudo, comentaban lo afortunada que yo era. Pero detrás de la máscara de la perfección, me encontré luchando con la depresión y la ansiedad.

Cuando llegué a mis veinte años, todavía no había salido con un chico. A veces, pensé que tal vez había algo mal conmigo, pero

194. *Nota del traductor*: "AWANA es un organización global sin fines de lucro comprometido con la creencia de que el mayor impacto para Cristo comienza con los niños que lo conocen, lo aman y lo sirven". (Traducido del inglés de la página principal del sitio: https://www.awana.org/about/.

mayormente sólo creía lo que me habían enseñado: Si tú te preparas espiritualmente y esperas sexualmente, el hombre correcto vendrá en el momento adecuado. El hecho de que yo pudiera ser *gay* nunca cruzó realmente mi radar. A decir verdad, creía que Dios estaba protegiéndome de la angustia de los romances de la escuela secundaria que mis amigos tenían. Yo creía que el primer hombre con quien saldría con intenciones serias, sería mágicamente "el indicado".

Pero a la edad de veintitrés años, las cosas tomaron un giro drástico cuando de repente me encontré enamorándome de mi compañera de cuarto . . . ¡una mujer! Lo que comenzó como una simple amistad, se transformó en algo más. ¡Estaba tan horrorizada la primera vez que nos besamos! Ni siquiera estaba segura de lo que estaba sucediendo. ¡Me mareaba! Traté de descifrar esta atracción misteriosa. Aunque yo no lo sabía en ese momento, esa experiencia terminó siendo el comienzo de una lucha más profunda, el comienzo de la búsqueda y, finalmente, el comienzo de la salida del clóset.

Sabía que simplemente no podía ocultar este "problema", pero estaba aterrorizada. Por un lado, temía que al estudiar e indagar más profundamente la Palabra de Dios, podría encontrar lo que me habían enseñado toda mi vida: que Dios desaprobó la homosexualidad y, por lo tanto, me desaprobaba. Por otro lado, debido a que Enfoque a la Familia enseña que el matrimonio es estrictamente entre un hombre y una mujer, yo estaba igualmente aterrorizada de que si descubría que la Biblia no apoyaba su punto de vista y Dios realmente me había hecho como era, entonces yo me convertiría en parte de la minoría estigmatizada en mis círculos cristianos. De cualquier manera, mi vida nunca sería la misma.

Pero, cuando me senté una noche con mi diario en la mano, desconsolada por la pérdida de mi primer amor y totalmente confundida en cuanto a cómo y por qué en primer lugar sucedió, recobré mi valentía y le dije a Dios que estaba lista para empezar a andar por el camino difícil. Oraba, estudiaba e investigué durante meses, ofreciéndole todo lo que había para volver a examinarlo. Hablé con personas en viajes similares y, al hacerlo, encontré a aquellas que estaban completamente enamoradas de su cónyuge del mismo sexo y también completamente enamoradas de Dios, sin ningún conflicto entre los dos. Fue entonces cuando comencé a darme cuenta de que no tenía que haber una dicotomía entre mi fe y mi sexualidad como me habían llevado a creer. Finalmente, después de una larga y difícil subida, las Escrituras en cuestión fueron resueltas en mi corazón. Encontré las respuestas que necesitaba y sabía que, a los ojos de Dios, no sólo era aceptada sino también amada por ser exactamente cómo Él me había hecho.

Sin embargo, las probabilidades eran altas de que mi familia no estuviera de acuerdo. La ansiedad, los ataques de pánico y las pesadillas aumentaban al acercarse al día en que decirles mi verdad decepcionaría y rompería la ilusión de esa "familia perfecta de Enfoque". Mientras reunía toda la fuerza que tenía en aquel frío día de abril, miré mi familia a los ojos, y dije esas tres palabras pequeñas, pero que cambiaron mi vida, "Yo soy *gay*".

Con mi corazón expuesto flotando en el aire, esperé.

"No tengo nada que decirte ahora mismo". Mi papá se levantó y salió por la puerta.

A partir de ese momento, las cosas fueron de mal en peor. En una conversación de seguimiento, semanas más tarde, mis padres me compararon con asesinos y pedófilos, me dijeron que era egoísta por hacer esto a la familia y me pidieron que entregara mis llaves de su casa, mi casa de la infancia. Con el tiempo, debido a su creencia inquebrantable en la enseñanza del Enfoque a la Familia y la interpretación de las Escrituras, fui silenciosamente apartada un lado y rechazada por mi familia. Sólo en mis peores pesadillas, las consecuencias eran tan drásticas como lo que probó ser en la vida real. Perdí no sólo a mi familia inmediata, sino también a mis parientes, mi iglesia, muchos de mis amigos, e incluso, hasta mi ciudad natal.

Debido a la toxicidad que sentía en una ciudad donde parecía que todos mis movimientos eran vigilados, terminé mudándome a Denver. Aunque casi cuatro años han pasado, todavía siento ansiedad cada vez que conduzco a Colorado Springs. Desafortunadamente, aunque muchos de mis seres queridos afirmaron tener amor incondicional, lo que descubrí es que su amor realmente vino con condiciones.

Mi mundo se sentía como si se descontrolara. Me sentía perdida, sola y experimentaba pesadillas constantes. La idea de la auto-lesión asomó su feo rostro como una distracción para el dolor interno. Y por primera vez, realmente no pude ver la luz al final del túnel. El suicidio me tentaba como una salida viable.

Durante los meses siguientes, varias personas claves invirtieron en mi vida, añadiendo lentamente valor a mi vida y rescatándome de ese oscuro abismo. No recuerdo un punto de inflexión exacto, pero finalmente decidí que quería vivir . . . unos diez meses después de salir del clóset. Una vez que el curso cambió verdaderamente, compartí mi historia de vida durante la hora de confraternidad en la iglesia de Denver a la que asistía. Aunque no lo sabía en ese momento, ese fue el día en que conocí a la mujer que se convertiría en mi esposa.

Al principio no le presté mucha atención, pero Carla me notó desde el principio. Después de varios meses de búsqueda intencional por su parte, empezamos a salir. Ambas supimos rápidamente que la otra era "la indicada", y aproximadamente un año y medio después, se realizó nuestro matrimonio.

Pero a medida que mi relación con Carla se solidificaba, mi relación con mis padres se volvía aún más sombría. Cuando nos comprometimos, se dieron cuenta de que no era sólo una fase que pasaría, y la espada cayó cuando ellos cortaron todos los lazos.

No tener familia en mi boda fue una de las cosas más difíciles por las que he tenido que pasar, y sin embargo fue el mejor día de mi vida. Frente a las personas que estaban a mi lado cuando más importaba, conseguí consagrar mi amor a mi esposa en una alianza sagrada ante Dios. En ese momento, todas las etiquetas se borraron, y pude ser completamente yo misma, totalmente enamorada de Carla y también completamente enamorada de Dios.

Nuestro matrimonio ya tiene un año y medio, y nuestro viaje sigue adelante. Todavía hay baches en la carretera y días difíciles donde echo de menos a mi familia. La verdad es que todavía aprecio mis valores familiares tanto hoy como antes, pero sólo he tenido que aprender a re-enfocar a mi familia. Realmente tengo mucho por lo que estar agradecida. Dios me ha dado belleza en vez de cenizas y continúa siendo fiel a su promesa de hacer todas las cosas nuevas y hermosas en su tiempo.

Capítulo 20
El costo de arriesgar la gracia

¡Qué tu gracia rica brinda
Fuerza a mi corazón desmayado e inspire mi entusiasmo!
Tal como tú has muerto por mí, Oh, que mi amor para Ti,
¡Sea puro, cálido e inmutable, un fuego viviente!

"My Faith Looks up to Thee"
Ray Palmer, 1830, estrofa 2

¡GUAU! LEE DE NUEVO LAS PALABRAS DE ESE VIEJO HIMNO. Mejor aún, cántalo si puedes. Si eres como yo, eso es lo que necesitas: una infusión de la gracia de Dios para fortalecer con entusiasmo mi corazón desmayado, un fuego viviente, la voluntad de seguir los pasos de mi Señor y Salvador, quien murió por mí. ¿Estoy dispuesto a ponerlo todo en juego sin importar el costo?

Estoy convencido de que aceptar a la gente *gay* "como Cristo [me] aceptó" (Romanos 15.7), sin agregar requisitos adicionales al Evangelio, representa el corazón de Dios hacia la gente *gay*. Pero no soy tan ingenuo como para ignorar a los muchos cristianos que no están de acuerdo, y desafiar sus puntos de vista, sin duda, dará lugar a la desaprobación, la hostilidad, y posiblemente incluso la presión para que me retracte.

A pesar de que nadie quiere ser complaciente con la gente, sólo los arrogantes no se ven afectados por la desaprobación y la falta de respeto de las personas a quienes ellas estiman. Y no es suficiente ser sincero. Podría estar sinceramente equivocado. Entonces, ¿cómo me atrevo a desafiar lo que ha sido la enseñanza tradicional de la iglesia durante casi dos mil años?[195]

195. Históricamente, la oposición de la iglesia a las relaciones homosexuales no tuvo en cuenta a los individuos con una orientación hacia personas del sexo que podían entrar en compromisos permanentes de manera paralela a los heterosexuales. Aunque esas personas siempre han existido (generalmente de manera encubierta), el fenómeno que ellas representan solo comenzó a entenderse en la segunda mitad del siglo XX a la medida que

El apóstol Santiago escribió: "Hermanos míos, si alguno de ustedes se extravía de la verdad, y otro lo hace volver a ella, recuerden que quien hace volver a un pecador de su extravío lo salvará de la muerte y cubrirá muchísimos pecados" (Santiago 5.19-20). Hay ciertamente algunos que quisieran "traerme de vuelta" a mi posición anterior. Pero creo que es la iglesia (o una gran parte de ella) la que se ha alejado de la verdad de la gracia de Dios y necesita estar de vuelta. ¿Podría ser que traer nuestra iglesia evangélica de vuelta al enfoque de Jesús sea la cosa que "los salvará de la muerte y cubrirá una multitud de pecados" (Santiago 5.20)?

Auto-examen

Es un asunto sombrío el desafiar a líderes reconocidos de la iglesia. Al fin y al cabo, ¿cuál es el valor de los dones espirituales de apóstol, pastor y maestro si no los escuchamos? Pero también existe el papel de profeta. En la Biblia vemos a los profetas como aquellos que hablan la palabra de Dios usualmente para animar y reforzar, pero también para corregir. Cuando la gente o incluso los líderes se desviaron, Dios empujó a alguien para que se levantara y representara (o sea re-presentar) su palabra. A veces era personas bastante modestas. Por ejemplo, el evangelista Felipe "tenía cuatro hijas solteras que profetizaban" (Hechos 21.9). En otras ocasiones, la profecía era más audaz, como cuando los apóstoles se enfrentaron a los líderes religiosos establecidos y reconocidos de Israel: "¡Es necesario obedecer a Dios antes que a los hombres!" (Hechos 5.29). Al hacerlo, estaban simplemente . . . obedeciendo a Dios.

Pero la pregunta sigue siendo: ¿Estamos *nosotros* obedeciendo a Dios? ¿Estoy *yo* obedeciendo a Dios? ¿Él está contento con mi cambio de opinión?

No puedo contar la cantidad de veces, que fui invadido de dudas mientras escribía este libro, y espero que las dudas similares también te hayan preocupado. Ése es el único camino honesto hacia la verdad. Pero también puedo decir que cada vez que elevé

---

los homosexuales "salían del clóset". No obstante, la iglesia dudó en verlas de manera diferente que idólatras, promiscuas, explotadoras o abusivas que son expresiones de homosexualidad (y heterosexualidad) que la Biblia claramente condena. Poco a poco, sin embargo, la miopía está empezando a cambiar.

mis preguntas al Señor, como el salmista lo hacía y gritaba: "Examíname, oh Dios, y sondea mi corazón; ponme a prueba y sondea mis pensamientos. Fíjate si voy por mal camino, y guíame por el camino eterno" (Salmo 139.23-24), Dios me respondió.

Su respuesta, a menudo, fue señalarme los pasajes de las Escrituras que se aplicaban precisamente al siguiente tema que necesitaba abordar. Estas ideas no fueron anunciadas en el sentido de que aparecieron de manera programada en mi lectura bíblica o fueron mencionadas en un sermón dominical en un tema completamente diferente, pero aclararon lo que debía decir en mi siguiente capítulo. Yo sacaba mi iPhone y rápidamente me enviaba a mi mismo un mensaje de texto para buscar esos versículos antes de continuar.

Otras veces la tranquilidad vino a través de alguien que escuchaba lo que estaba haciendo y me alentaba comentando que este libro era urgentemente necesario para ayudar a esa persona misma u otra persona.

Por supuesto, tales afirmaciones subjetivas no prueban nada a la persona que exige pruebas de que Dios me estaba guiando. Tal vez los versículos que encontré fueron simplemente el resultado de mi subconsciente buscando y anotando versículos o posturas que no había considerado previamente. Tal vez las personas que apoyaron mi trabajo no estaban expresando tanto ánimo de parte de Dios como aprobación de acuerdo a sus propias necesidades. Pero *probar* que Dios estaba hablando conmigo no es el punto. Sólo estoy siendo transparente aquí sobre mi proceso de redacción, pues puede tener relevancia para tu proceso de lectura y cómo digieres lo que he escrito. Siendo optimista tal vez tú también hayas estado constantemente preguntándote, "¿Te estoy siguiendo, Jesús? ¿Qué te agrada, Jesús?"

Espero que hayas estado reflexionando sobre las ideas de este libro con la misma incertidumbre que lo he abrazado porque, al final, tenemos que "Vivi[r] por fe, no por vista" (2 Corintios 5.7). "Vista" se refiere a lo que puede ser probado. Lo que viene por fe no puede ser probado. Después de todo, "la fe es la garantía de lo que se espera, la certeza de lo que no se ve" (Hebreos 11.1). Si bien la fe verdadera no está exenta de *apoyo*, su verdad se confirma en nuestro espíritu gracias a una relación viva con Dios en la que el Espíritu Santo nos responde cuando pedimos sinceramente la guía de Dios. Este enfoque se hace eco de la confianza de Pablo en Cristo: "El Espíritu mismo le asegura a nuestro espíritu que somos hijos de Dios" (Romanos 8.16). Y como Jesús prometió, el Espíritu Santo "los guiará a toda la verdad" (Juan 16.13).

Esta fe basada en la relación con Jesús es la única que he encontrado y a la que vale la pena aferrarse cuando la vida se pone dura. Es la misma clase de relación que Jesús tuvo con su Padre, la clase de fe que lo sostuvo a través de la muerte en la cruz y lo resucitó de entre los muertos.

El ejemplo de la vida de Jesús

Hay una especie de religión que trata de descifrar la voluntad de Dios como el elaborar una oración. Y aunque hay mucho que aprender de la exégesis crítica, a menudo conduce a disputas orgullosas. Por otro lado, hay una fe que se basa en la relación. Jesús dijo, "[Mis] ovejas [me] siguen porque reconocen [mi] voz. Pero a un desconocido jamás lo siguen; más bien, huyen de él porque no reconocen voces extrañas . . . .Mis ovejas oyen mi voz; yo las conozco y ellas me siguen" (Juan 10.4-5,27).

Si conoces a Jesús, si has estudiado la Palabra para conocer el *carácter* del personaje principal, si has caminado con Jesús durante años, entonces conoces su voz y sabes cómo ama a las personas, especialmente a las marginadas y abusadas. Síguelo. Haz lo que Jesús haría. No es una trama tan indescifrable. Y cuando te enfrentas a un dilema, usa las dos pautas que él nos dio para averiguar qué debemos hacer: "Ama al Señor tu Dios con todo tu corazón, con todo tu ser y con toda tu mente [y] ama a tu prójimo como a ti mismo" (Mateo 22.37-40). No permitas que la preservación de la "razón" sea la prioridad máxima. Arriesga la gracia. Pon tu dinero en la gracia. Eso es lo que hizo Jesús, aunque lo llevó a la cruz.

Por eso estoy tan agradecido de que la Biblia sea más que una lista de preceptos y hechos que pueden ser usados o mal utilizados como jugosas citas políticas. En su lugar, incluye una narración en la que Dios es profundamente revelado en la vida y el corazón de

Jesús. Al comienzo de este libro, mencioné que una de las cosas que me inició a esta búsqueda fue el hecho de que, como autor, vi una grave desconexión entre el *carácter* de Jesús revelado en la Biblia y el modo en que los cristianos hemos estado tratando a la gente homosexual. Esta desconexión no era tan obvia si sólo miraba los aislados "textos prohibitivos", porque yo había estado acostumbrado a verlos a través de una "lente" tradicional e incuestionable que apoyaba nuestra respuesta tradicional a las personas homosexuales. Pero cuando miré la vida de Jesús y cómo se relacionó con la gente y reflexioné sobre cómo he sido salvo por la gracia y no por mis obras de justicia (de ser correcto), entonces algo terriblemente inconsistente comenzó a surgir. Y las inconsistencias seguían apareciendo.

Cualquier desconexión entre el carácter de Jesús y la manera en que nos comportamos como un cuerpo de iglesia o como individuos que se llaman cristianos, indica que algo está mal con la historia que estamos contando—y viviendo también—y que trae "des-gracia" (la ausencia de gracia) al Evangelio.

Siempre es importante volver a Jesús. WWJD (¿Qué haría Jesús? por sus siglas en inglés) puede parecer un lema trivial, pero siempre me ha interpelado: ¿Qué *haría* Jesús? Y eso debe ser lo que tratamos de hacer para ¡amar a nuestros familiares y amigos gais como haría Jesús!

El amor sacrificial no es sentimental

Mi búsqueda de las razones detrás de esa desconexión entre las cualidades del carácter de Jesús y cómo nosotros como iglesia hemos tratado a la gente homosexual comenzó con mi hija. Tenía que empezar allí. Dios usó el lugar más tierno de mi corazón para ganar mi atención. No fui atraído por teorías enredadas o un deseo enorme de saltar a la última controversia.

¡Pero tengo una hija!

Todos los argumentos que hemos abordado brevemente en este libro merecen ser considerados. Pero son más o menos conversaciones de fondo que constituyen las preguntas "¿Qué de eso o qué de aquel?" que tú tienes que depurar antes que puedas abrazar plenamente una nueva perspectiva. Ninguna de ellas, sin embargo, es tan importante como las personas que afectamos. Así es como Jesús vivió, y fue el amor de Jesús por mi hija, por cada persona *gay*, cada persona marginada, lo que me obligó a reconsiderar mi perspectiva y los límites que había puesto en mi amor. ¿Amaba yo como Jesús ama?

Glenn Stanton, del Enfoque a la Familia, rechaza este enfoque del cambio de corazón como mero sentimentalismo:

> No hay ningún teólogo que llegue a la conclusión de que la Biblia abraza la homosexualidad, a no ser que él o ella misma sea *gay* o lesbiana, o tenga un ser querido *gay* o lesbiana. No hay ningún teólogo que yo conozca, que en él se haya dado ese caso y lo haya escrito y discutido al respecto, que haya llegado a esa conclusión únicamente por su mirada honesta y objetiva a la Escritura. Hay un conflicto de intereses inherentes que debe existir para llegar a esa conclusión . . . Hay una motivación personal debido a mi sexualidad o porque alguien a quien amo mucho, por lo general un miembro de la familia o un niño, a menudo, ha salido del clóset como atraído hacia el mismo sexo. Ajustan su teología basada en el sentimentalismo, por así decirlo.[196]

¿Es eso lo que se supone que debemos hacer, cerrar los ojos para herir a la gente para que podamos ser "objetivos" en la búsqueda de la guía de Dios? Tal vez ese tipo de dureza de corazón desempeñó un papel en los padres de Amber Cantorna para repudiarla como ella lo describió en la historia anterior de Daños Colaterales ya que su padre era un ejecutivo desde hace mucho en Enfoque a la Familia.

En el capítulo 17, discutimos si "los problemas que buscan soluciones" es una manera válida en la que Dios nos guía, señalando que muchos pilares de nuestra fe cristiana fueron establecidos de tal manera. Eso se debe a que el amor de Cristo responde a problemas reales y humanos y realmente busca aliviar a las personas

---

196. Warren Cole Smith, "Glenn Stanton on loving your LGBT neighbor", World News Group, Nov. 17, 2015. http://www.worldmag.com/2015/11/glenn_stanton_on_loving_your_lgbt_neighbor/page2.

que sufren, ya sean viudas griegas, gentiles convertidos, esclavos o personas homosexuales. Mientras Stanton impugna los mismos motivos de quien ama a una persona homosexual lo suficiente como para rechazar el status quo, ¿debemos dejar que sus críticas nos disuadan?

El hecho de que alguien te acuse de actuar sólo por sentimentalismo es un pequeño precio comparado con el precio que Jesús pagó para amarnos. ¡Y el verdadero amor de Cristo nunca es sentimental! Si hay algo de sentimentalismo en nosotros, será purgado a medida que suba el precio del amor. "Porque tanto amó Dios al mundo que dio a su Hijo unigénito" (Juan 3.16). Le costó a Dios, es probable que me cueste, y podría costarte a ti también.

Amar a tus familiares y amigos gais es arriesgado

De acuerdo con 1 Corintios 3.10-15, si me equivoco y simplemente estoy construyendo con leña, heno u hojarasca, mis esfuerzos serán quemados aunque—por mi fe en Jesús—yo "seré salvo, pero como quien pasa por el fuego". El mayor riesgo es si estoy desagradando a mi Señor, y no quiero hacerlo. Por otra parte, permanecer en silencio podría desagradarle aún más.

Al final, tengo que orar, buscar las Escrituras y vivir tan fielmente como sea posible según el carácter de Jesús que las Escrituras describen . . . y luego estar dispuesto a pagar cualquier precio que pudiera venir.

Ya no creo que los cristianos homosexuales que desean un matrimonio monógamo para toda la vida con la única persona a la que están atraídas estén eligiendo un camino pecaminoso. Más bien, personas homosexuales que se casan están aceptando las mismas cualidades que el matrimonio ordenado por Dios debería desarrollarse en nosotros: perder el interés propio en el amor sacrificial hacia otro, aprender las virtudes de la gracia, el perdón, la paciencia, la fidelidad, el compromiso y la disciplina que vienen con la vulnerabilidad de compartir la vida con otro. Pero incluso si estoy cometiendo un error al apoyar a mis hermanos y hermanas homosexuales en su creencia honesta, incluso si estoy cometiendo un error aún mayor al sugerir que la gracia de Dios les perdonará, ¿dijo Jesús algo sobre tomar tales riesgos?

En Mateo 25.14-30 él contó la "Parábola de los Talentos" en la cual el maestro confió a un siervo cinco mil monedas (o bolsas de oro), otro con dos mil, y el tercero siervo con mil. Y luego salió a un largo viaje. Cuando volvió y pidió cuentas, aquel a quien había confiado cinco mil los había multiplicado en diez. El que había dado dos, los convirtió en cuatro. A cada uno de ellos, el maestro dijo: "¡Hiciste bien, siervo bueno y fiel!"

Es el elogio que todos esperamos escuchar de Jesús, nuestro maestro. Pero en cuanto al tercer siervo. . .

> Después llegó el que había recibido solo mil monedas. "Señor —explicó—, yo sabía que usted es un hombre duro . . . Así que tuve miedo, y fui y escondí su dinero en la tierra. Mire, aquí tiene lo que es suyo". Pero su señor le contestó: "¡Siervo malo y perezoso! . . . Quítenle las mil monedas y dénselas al que tiene las diez mil. Y a ese siervo inútil échenlo afuera, a la oscuridad, donde habrá llanto y rechinar de dientes (vv. 24-30).

No estoy seguro de haber considerado previamente el gran riesgo que corrían los dos primeros siervos, sobre todo si este maestro era "un hombre duro". Tal vez se hubieron equivocado al invertir su oro y lo hubieron perdido todo. Podrían haber perdido el codiciado elogio: "¡Hiciste bien, siervo bueno y fiel!" El amo podría incluso haber estado enojado con ellos. Pero al final, el siervo que el maestro echó fuera era el que temía asumir el riesgo.

¡Si vamos a amar como Jesús, esto es lo que *Jesús* nos enseñó sobre tomar o evitar riesgos!

Debemos abandonarnos a la misericordia de Dios, arriesgando que su gracia nos cubra. Hacerlo me recuerda las palabras de la canción de Rich Mullins, "If I Stand". Él confiaba en que Dios lo ayudaría a cumplir las promesas que había recibido, pero también admitió: "And if I can't, let me fall on the grace that first brought me to You". [197] ["Y si no puedo, déjame caer sobre la gracia que primero me trajo a Ti"].

197. "If I Stand", by Rich Mullins and Steven Cudworth, © Universal Music Publishing Group.

Afortunadamente, tenemos un Dios que es "bueno y perdonador; grande es tu amor hacia todos los que [le] invocan" (Salmo 86.5). Ser humildemente conscientes de que tal vez no tengamos razón no necesita paralizarnos. Esto es lo que significa "arriesgar la gracia", un reconocimiento de que no podemos confiar en nuestra propia justicia (ser correcto), nuestro propio intelecto, nuestros propios grados académicos o becas, sino que debemos salir en integridad, creencia honesta y fe para amar como vemos que Jesús ama.

Si estás preocupado por el riesgo, entonces ten en cuenta el costo que ya está subiendo más alto de lo que podamos imaginar desde el enfoque tradicional. En nuestras iglesias evangélicas, nuestra falta de amor hacia nuestros hijos homosexuales y nuestros hermanos y hermanas en Cristo ha ahuyentado demasiado a muchos lejos de la iglesia e incluso de la raíz de su fe en Jesús. Ya no podemos cerrar los ojos y los oídos a esta tragedia espiritual o sentarnos a retorcernos impotentes cuando se filtran los informes. Debemos permitir que nuestros corazones sean quebrantados como el corazón de Dios para ser inspirados por el amor y la vida y el ministerio de Jesús. Por qué vino a la tierra, cómo se relacionaba con la gente, por qué se hizo cargo de los teólogos religiosos de su tiempo y lo que finalmente sacrificó . . . ¡Su propia vida!

Acepta el mandato moral

Si tienes un amigo o un miembro de tu familia *gay*, ¿por qué crees que Dios permitió que esa relación—esa "complicación"—llegara a entrar en tu vida? ¿Será que Dios te considera a *ti* la mejor persona para amar a tu familiar o amigo *gay*? ¡Qué privilegio! ¡Qué mandato, un mandato moral para hacer un cambio! Y para lo que Dios encarga, él te equipará y te mantendrá si sigues el ejemplo de Jesús.

Hay tantas maneras de ser voluntario para esta fuerza de trabajo moral. Presentarte y hablar del amor directamente a personas homosexuales. Orar por ellos. "Salir tu mismo del clóset" reconociendo que tú también tienes un ser querido *gay* (si él o ella ya ha salido del clóset). Tradicionalistas y reaccionarios—los que incitan al miedo y generan vergüenza (incluso aquellos que usan un lenguaje refinado) —aumentan nuestro silencio afirmando que *ellos* representan "la posición cristiana" o "la posición bíblica". No dejes que tal arrogancia permanezca incuestionable. *Tú* eres un cristiano con una posición esperanzadamente diferente. Al [fijar] "la mirada en Jesús, el iniciador y perfeccionador de nuestra fe" (Hebreos 12.2), *tú* también representas una posición bíblica. Habla cuando otras personas calumnian a personas homosexuales. La gente espera que los más jóvenes sean francos —y a veces, los desprecian por ello—. Pero si eres "mayor", tal vez sea hora de intensificar y usar el respeto que ha ganado para escribir o hablar a los que tienen autoridad en tu iglesia, en la radio, en tu alma mater o en las organizaciones cristianas que apoyas. Pon tu dinero donde creas que el corazón de Dios esté.

No estamos solos. Dios está del lado del amor, y un número creciente de creyentes comprometidos y valientes líderes evangélicos se están dando cuenta de que, como iglesia, nos hemos extraviado y debemos arrepentirnos por la manera en que hemos tratado a personas homosexuales. En algunos casos, el arrepentimiento requiere pedir perdón, pero, por lo menos, significa cambiar de opinión: Las personas homosexuales son en primer lugar amadas por Dios, dignas de nuestro cuidado y respeto, una parte esencial de la familia de Dios. Dentro de cada iglesia, *necesitamos* gente homosexual que no tenga que esconderse o sentir vergüenza.

Es por eso, por tu amigo o miembro de la familia *gay* que vale la pena estar "arriesgando la gracia".

Ciudades de refugio

Asistimos a la conferencia de la Gay Christian Network [Red cristiana *gay*] del 7 al 10 de enero de 2016, cuando la lectura bíblica diaria de Neta describía las "ciudades de refugio" que Dios instruyó a Moisés que estableciera en la Tierra Prometida—tres en el lado este del río Jordán y tres en el oeste—. Cualquier persona acusada de homicidio involuntario podía huir a esas ciudades y vivir con seguridad, hasta que el sumo sacerdote muriera y luego podía regresar a su hogar, exento de todo proceso. (Ver Números 35.6-15). Desde el siglo VI hasta el XVII, muchas iglesias fueron reconocidas legalmente como lugares de asilo para cualquiera acusado de un crimen, huyendo de una multitud o necesitando seguridad contra alguien que quería hacerles daño. (Ver Números 35.6-15). De hecho, muchas iglesias afirman ser "santuario" para los refugiados, incluso hoy en día.

Esta fue la duodécima conferencia anual de la organización que Justin Lee fundó para apoyar a los cristianos que son homosexuales. Y fue realmente una "ciudad de refugio" para la mayoría de los 1.500 asistentes y para muchas de las 20.000 personas que siguieron las sesiones generales online. De hecho, más de 30.000 personas en todo el mundo se han inscripto con el GCN.

¿Por qué las personas homosexuales necesitan una ciudad de refugio? Eso fue demostrado profundamente en los testimonios de decenas de asistentes cuando compartieron en un micrófono abierto la última noche de la conferencia. Aquí están algunos ejemplos.

* * * *

Yo crecí en una denominación/confesión evangélica donde había mucho énfasis en la oración de intercesión, pero la oración puede usarse como una manera de señalar los pecados de otras personas. Había salido del clóset como un chico *gay* desde antes de la escuela secundaria, así que casi todas las semanas alguien me imponía las manos y oraba para que Dios me quitara la homosexualidad y me envolviera en justicia. Sucedió tantas veces, me sentí como si tuviera PTSD [TEPT-trastorno de estrés postraumático] religioso. En nuestro primer servicio de adoración aquí en la conferencia, cuando comenzamos a cantar, "Yo Te Exalto", empecé a entrar en pánico por si alguien me impusiera las manos de nuevo. Pero casi de inmediato la paz de Dios se apoderó de mí, y me di cuenta de que nadie aquí me haría eso.

Voy a una iglesia que acoge pero no afirmativa. Las personas homosexuales pueden venir a la iglesia pero no pueden ser quienes son. Mi pastor dice que todas las personas homosexuales van al infierno, y durante mucho tiempo me sentí como si yo fuera el único. Pero en setiembre pasado salí del clóset en mi blog y descubrí a otros cristianos homosexuales. Y aquí en GCN no tengo que sentirme como un bicho raro. Sin embargo, Dios me ha llamado para quedarme en mi iglesia porque hay otras personas homosexuales allí, y él quiere que yo ayude a avanzar la conversación para que las cosas no sean tan difíciles para ellas. Entré en esta conferencia con mucha ira, pero Dios dijo: "¿Has terminado de estar enojado con la gente que te ha herido? Porque yo también los quiero". Así que de eso es lo que me estoy alejando con este fin de semana. Y ya no estoy cansado, y ya no me siento enojado.

Me crié en una comunidad misionera y no supe que era *gay* hasta la secundaria. Vine aquí con homofobia internalizada, pero he aprendido mucho en los talleres a los que he asistido. Alguien me sugirió que invitara a mis padres, y ahí está mi papá, sentado en la primera fila. Lo amo mucho.

Esta es mi séptima conferencia. Vivo en los bosques del norte de Wisconsin. Ya no asisto a la iglesia porque cuando estaba en una iglesia, me dieron un ultimátum: permanecer en la iglesia o ser *gay*. Ya que no podía cambiar lo que soy y tenía que ser auténtico, me fui y nunca puse los pies allí de nuevo. Esta es la única vez al año que voy a la iglesia.

La pregunta número uno. He preguntado a todos de una manera u otra, ¿soy lo suficientemente bueno? Le pregunté a Dios si yo fuera heterosexual, ¿sería lo suficientemente bueno?

Esta es mi primera conferencia. Mi hijo salió del clóset hace dos años. Para mí, uno de los acontecimientos más profundos de la conferencia sucedió hace unas horas. Había perdido mi llave de la habitación, y yo estaba sentada en un sofá en el pasillo cerca de mi habitación esperando que viniera alguien y me dejara entrar. Desde otra habitación, oí la conversación muy dolorosa mientras una chica salía del clóset con su madre por teléfono. Me partió el alma no golpear la puerta y rogarle que me dejara entrar y ser su madre en ese momento. Pero lo que realmente era necesario era irme junto a su madre y ayudarla con esto. Cuando mi hijo salió del clóset, encontré un grupo de apoyo con 150 mamás, pero cada día se agregan más madres, y ahora hay 850 mamás de apoyo. Es por eso que llevamos puestas estas insignias "Free Mom Hugs" [Abrazos gratis de madre].

En mi universidad de los bautistas del sur, a menudo me sentía privada de lo que todas las parejas heterosexuales tenían ya que no podía bailar con mi novia sin hacer una declaración política enorme y ofender a cientos de personas. Así que anoche, en el concierto de Mary Lambert, cuando bailé con la mujer que amo, era la certeza que Dios no se olvidó de nosotras y que nuestro amor es verdaderamente válido y normal.

He sabido que yo era gay desde el momento en que tenía catorce años, pero el año pasado terminé en un hospital mental después de escribir una nota de suicidio y atar un lazo alrededor de mi cuello en mi armario. Mi pasado era tan oscuro que no tenía ninguna esperanza y pensaba en lo que sería terminar con todo. Entonces encontré el GCN, y realmente me ha salvado la vida. Tengo ganas de quitarme los zapatos porque estamos parados en tierra santa.

Me crié en una iglesia pentecostal COGIC (Iglesia de Dios en Cristo) y luego fui a Liberty University, donde pasé por un exorcismo y fui enviado a un programa para personas ex homosexuales. Fue devastador. Finalmente hice una búsqueda en Google donde encontré la Gay Christian Network.

Me gradué en una universidad evangélica hace un año y medio. Mientras estuve allí, pasé tres años luchando con mi fe porque me costó tanto creer que Dios me amaba. Luego fui a un viaje misionero, y ese viaje me abrió la mente al poder de la gracia de Dios—tanto que podía creer que la gracia de Dios era suficiente para darme la valentía de salir del clóset como quien soy—. Pero, ya no me sentía seguro en la iglesia y dejé de asistir. Hace seis meses, decidí volver porque sabía que había gente en la iglesia que se sentía como yo, y no puedo dejarlas allí solas.

ME HE ESCONDIDO TANTO, incluso de mí mismo. Pero este fin de semana tomé la decisión de salir del clóset como lesbiana a mi familia y a mi iglesia.

SOY HIJO DE UN PASTOR DE LA ASAMBLEA DE DIOS y también un sobreviviente de la terapia ex *gay*. Eso significa que intenté la terapia reparativa y no funcionó, pero todavía estoy vivo. Había dicho que nunca saldría del clóset a mi mamá. Pero esta es la primera conferencia en la que estoy regresando a ustedes finalmente como un hombre *gay*, y estoy aquí con la bendición completa de mi madre. De hecho, hubiera estado aquí ella misma, pero tiene miedo de subir a un avión.

DIOS ME HA LLAMADO AL MINISTERIO PASTORAL, y ahora sirvo como pastor metodista unido. Es una cosa maravillosa, y me encanta ser pastor. Por desgracia, mi denominación/confesión no es inclusiva, así que he permanecido en el clóset mientras sirvo a los trescientos miembros de mi congregación todos los domingos. Estoy bastante seguro de que la mayoría de ellos no sabe que soy *gay*. Pero en mayo, voy a casarme con el hombre que amo. No le he dicho a mi iglesia porque todavía no estoy completamente ordenado. Puedo perder mi trabajo de pastor, pero la razón por la que estoy compartiendo esto es porque Dios me ha recordado por qué él quiere que yo sea valiente. No sé qué va a pasar por el resto de mi vida. No sé si alguna vez seré ordenado, pero sé que Dios está aquí y Dios está conmigo, y eso es todo lo que necesito.

POR OFICIO SOY UN LEÑADOR. Y el año pasado mi esposa vino conmigo a la conferencia. Pensé que todo estaba bien entre nosotros, pero luego me dijo que quería el divorcio, y tuve que darme cuenta de que el matrimonio de orientación mixta (homosexual y heterosexual) que habíamos tenido durante treinta y tres años no era más que un castillo de naipes. Así que hace unos seis meses, decidí salir del clóset con más gente y con mi iglesia. Mi mayor problema era conseguir que me creyeran. Siendo un hombre tipo Paul Bunyan, era fácil cubrir mi realidad *gay*. Pero ahora estoy fuera del clóset, y hablaré con una voz fuerte a favor de todas las personas LGBT. Sin embargo, tenemos que estar seguros de que no tomemos el mismo manto de odio que nuestros detractores han usado. El amor ganará. El amor ganó en el Calvario cuando ellos martillaron los clavos en las manos de Jesús y él dijo: "Padre, perdónalos, porque no saben lo que hacen".

Vengo de una familia de dos pastores. Así que en mi familia siempre ha sido o ser lesbiana o ser cristiana. Ni siquiera sabía que podrías ser un cristiano *gay*. Mi propia madre me dijo que lo escondiera. Pero ayer, una de las madres aquí en la conferencia se acercó a mí en el pasillo y dijo: "Te ves perdida, ¿puedo ayudarte?" Luego me abrazó mientras me desmayaba. Dios me ha dado esperanza, tanta esperanza. Poco antes de la conferencia del año pasado, escribí una carta a la iglesia de la que salí del clóset. Por eso, fui excomulgada, pero volví a la iglesia de mi juventud, que tampoco es una iglesia plenamente inclusiva, pero al menos no excomulgan a las personas. Y ahora algunas otras parejas homosexuales han comenzado a venir, junto con algunas personas que son aliadas. Es increíble para mí. Si tú estás sirviendo a Cristo, él es el jefe, y no necesariamente la institución de la iglesia. No tengo que preocuparme por lo que suceda en el futuro. Ese es su trabajo.

Mi viaje ha sido momentos de trauma y momentos de crecimiento. Pero Dios está respondiendo a mis oraciones desde hace doce años de estar presente para las mujeres que ahora están pasando por lo que yo he pasado. Fui a Liberty University donde luché tanto para reprimir mi orientación lesbiana que di un paseo por el alcohol. Luego un pastor abusó sexualmente de mí, y la gente que se enteró estaba segura de que el abuso sexual me llevó a ser *gay*, pero eso no es cierto. Yo era una lesbiana en el clóset mucho antes de eso. Sus ideas eran tan confusas que tuve que estar lejos de la iglesia por un tiempo para descubrir a Dios de nuevo. Le agradezco que ahora tenga siete años sobrios. Finalmente he terminado mi MSW [Maestría en Asistencia Social] y tengo un nuevo empleo en una agencia para mujeres con abuso de sustancias. Incluso revelé mi orientación sexual antes de ser contratada, y no tuvieron ningún problema con eso. Fue revolucionario.

Fui un líder de adoración en nuestra iglesia. Pero eso terminó cuando salí del clóset. Ha pasado tanto tiempo, quiero cantar con mi corazón aquí con los otros, pero termino ahogando las lágrimas durante un par de versos.

Soy una exmisionera y la hija un pastor. Un día mis padres me preguntaron si pensaba que estaba enamorada de mi mejor amiga (que por casualidad era una chica). Les dije que no sabía, pero pensaba que sí. Mi madre dijo que preferiría tener cáncer a que yo fuera *gay*. Ahora estoy aquí con mi hermosa novia. Una de las madres aquí me dijo que tuviera paciencia con mis padres porque se necesita tiempo. Espero que ella tenga razón.

Era una líder de música en mi iglesia Afroamericana. Un día, incluso antes de salir del clóset, uno de los líderes me empujó a un lado y me dijo: "Hermana, algunas personas están predestinadas a caminar la vida cristiana, pero no creo que seas una de ellas". Acepté su señal presagio, salí de allí y me alejé de mi fe cristiana. Pero venir aquí es como entrar en una habitación llena de unicornios. Ustedes ni siquiera deben existir—homosexuales *y* cristianos—pero aquí están ustedes. Tal vez, tal vez Dios no me ha olvidado.

Por años he sido un pastor evangélico en una iglesia acogedora. Pero he venido aquí para decir que lo siento porque no hemos sido amables. Hace tres años, Dios me dio un regalo increíble cuando mi hijo de diecisiete años compartió conmigo que es *gay*. Me sacudió el mundo. Cambió mi mundo, y desde entonces he estado tratando desesperadamente de ayudar a mi congregación a vivir en la tensión y escuchar y tratar a los demás como personas y no como problemas. Pero a la gente religiosa no le gusta la tensión, así que desafortunadamente, el día antes de venir aquí, tuve que renunciar a mi pastorado. Pero ustedes han estado aquí y me han rodeado con amor, apoyo y aliento. Gracias por eso. Anhelo el día en que la iglesia ya no sea solo "acogedora", sino también aceptadora, amorosa e inclusiva.

Soy hijo de un pastor, y cuando dejé que se supiera que me gustaba un joven, tuve un gran conflicto con la iglesia. Era tan doloroso que ya no podía orar en la iglesia. Me fui y terminé consumiendo drogas, renuncié a mi fe y me uní a cualquier cosa que me aceptara porque yo no podía aceptarme. Mis padres me enfrentaron y me dijeron que estaba enfermo, mi brújula estaba rota y necesitaba ver a un consejero para arreglarme. De hecho, me enviaron lejos. Unos años más tarde, se dieron cuenta del hecho ser *gay* no iba a cambiar. Pero Dios lo usó para bien, y hace un par de meses, le dije: "Hola Dios". Y hace un par de minutos, yo dije: "Hola Jesús". Y sé que él me aceptó incluso cuando no pude aceptarme a mí mismo.

Lo que Dios ha hecho por mí aquí como una mujer es darme una familia de mil quinientas personas, y aunque pensé que había perdido a mi madre, ahora podría tener centenares.

Me crié en una casa muy conservadora. Mi papá era el pastor de los jóvenes de nuestra iglesia, y mi mamá era la pastora de los niños. Pero no podía satisfacer sus expectativas sobre de mí. Hace un poco más de un año, estaba en mi habitación, llorando para dormir. Me aterraba que si dejaba de luchar contra mi orientación natural, perdería mi relación con Dios. Yo estaba tan asustado todo el tiempo. Pero el año pasado en esta conferencia, las cosas empezaron a cambiar. Escuché a los oradores y mis lágrimas se convirtieron en lágrimas de alegría porque no tenía que temer que Dios me rechazara. Y cada día desde entonces, Dios me ha mostrado la felicidad de confiar en él. Salí del clóset a mi familia, y Dios nos ha acercado más. Mi madre está aquí conmigo este año. Dios me ha mostrado que seguirlo y ser genuino pueden ir juntos. Nunca me he sentido más querido por mi familia. Nunca me he sentido más amado por Dios.

Por varios años estuve enojado conmigo mismo por lo que era, y con Dios por abandonarme. Pero, hace poco me he dado cuenta de que Dios no me ha abandonado, ni siquiera cuando lo empujé. Todavía está ahí para mí.

Hace dos años cuando me fui a casa para la Navidad, tuve una conversación con mi abuelo en la que me dijo que odiaba a todas las personas homosexuales, y si yo era lesbiana, también me odiara. No lo he visto desde entonces, pero el mes pasado fue llevado de urgencia al hospital, y una semana después, falleció. He estado lidiando con tanto dolor y culpa. En el taller que tuvimos el otro día, fuimos invitados a orar y a pedirle a Jesús por la sanación que necesitábamos. Doy gracias a Dios por proveer este lugar de sanación para tanta gente porque es tan importante.

Yo crecí en al Oeste de Texas donde no es fácil ser un cristiano *gay*, así que aunque sabían que era *gay*, lo puse en el estante para tratarlo más tarde. Hace unos cinco años, cuando estaba en mi primer año de seminario, decidí que era hora de lidiar con mi orientación. Doy gracias a Dios; su respuesta fue la palabra gracia. Dentro de una semana, estaré predicando en una iglesia en California, y ellos estarán votando si me convierten en su primer pastor *gay*. Así que, por favor, oren por mí.

* * * *

Testimonios como éstos duraron dos horas y media. Nunca he estado con tanta gente homosexual, y mucho menos con tantos cristianos homosexuales. Ver cuánto aprecian el lugar seguro donde su fe pudo resucitarse me enseñó humildad.

Aunque la edad de los asistentes a la conferencia osciló entre los últimos años de la adolescencia y los adultos mayores, es posible que hayas notado que muchos de los que compartían parecían jóvenes, después de haber encontrado un lugar seguro, después de rechazos dolorosos por parte de la familia, la universidad o la iglesia. La gente mayor parecía más establecida, muchos habiendo encontrado una paz duradera en el Señor y la comunión cristiana en la aceptación de las iglesias. Pero hay una razón por la que los sentimientos de los jóvenes son tan abiertos. Los jóvenes lesbianas, homosexuales y bisexuales tienen cuatro veces más probabilidades de suicidarse que sus pares heterosexuales.[198] Los que reportaron altos niveles de rechazo familiar durante la adolescencia fueron 8,4 veces más propensos de haber intentado suicidarse, con 5,9 veces más de probabilidades de reportar altos niveles de depresión, 3,4 veces más de probabilidades de usar drogas ilegales y 3,4 veces más probabilidades de haber participado en relaciones sexuales sin protección, comparadas con compañeros de familias con ningún o bajo nivel de rechazo familiar.[199] Cada episodio de victimización LGBT, como el acoso o abuso físico o verbal, aumenta en promedio la probabilidad de lastimarse a si mismo 2,5 veces.[200]

Aunque no todos los asistentes a la conferencia estaban tan heridos, demasiados habían pasado por la desesperación total. Estos son nuestros hijos, los menores que hemos rechazado, expulsado u ofrecido sólo el amor condicional.

¡Algo tiene que cambiar!

Me recuerda lo que sucedió después de la conversión de Cornelio y los otros gentiles con él en Hechos 10:

> Los apóstoles y los hermanos de toda Judea se enteraron de que también los gentiles habían recibido la palabra de Dios. Así que cuando Pedro subió a Jerusalén, los defensores de la circuncisión lo criticaron diciendo: "Entraste en casa de hombres incircuncisos y comiste con ellos". Entonces Pedro comenzó a explicarles paso a paso lo que había sucedido (Hechos 11.1-4).

Tenemos que contar toda la historia. Me uno a los muchos testigos que informan que hay decenas de miles de creyentes homo-

---

198. CDC. (2011). "Sexual Identity, Sex of Sexual Contacts, and Health-Risk Behaviors Among Students in Grades 9-12: Youth Risk Behavior Surveillance." Atlanta, GA: U.S. Department of Health and Human Services.

199. Family Acceptance Project™. (2009). "Family Rejection as a Predictor of Negative Health Outcomes in White and Latino Lesbian, Gay, and Bisexual Young Adults", *Pediatrics*. January 2009, Vol. 123(1), 346.

200. IMPACT. (2010). "Mental Health Disorders, Psychological Distress, and Suicidality in a Diverse Sample of Lesbian, Gay, Bisexual, and Transgender Youths." *American Journal of Public Health*. 100(12), 2426-32.

sexuales que merecen nuestro honor, respeto y plena aceptación como hermanos y hermanas en Cristo. ¡No más rechazo! ¡No más miedo! ¡No más vergüenza! ¡No más amor condicional! Y mientras que esta multitud de creyentes no se limita a los que se asocian con la Gay Christian Network, es un buen lugar para empezar si deseas comprobarlo por ti mismo. Por supuesto, entre ellos se encuentran las personas heridas que apenas se sostienen de su fe por las uñas. Pero muchos otros son seguidores maduros y fieles de Jesús que han recuperado su equilibrio espiritual y atrevidos en su testimonio de Cristo, evangélicos en su fe y llenos del Espíritu Santo para que puedan decir con toda sinceridad que "Jesús es el Señor", como Pablo describe en 1 Corintios 12.3.

Cualquiera que sea su situación, todos necesitan "ciudades de refugio", y la tragedia es que no han encontrado ese refugio en la mayoría de nuestras iglesias y en muchos de nuestros hogares. Vamos a cambiar eso, y como solíamos decir hace tiempo: "Extender la mano derecha de la comunión a estos hermanos y hermanas". Porque sabemos, "En realidad, Dios colocó *cada* miembro del cuerpo como mejor le pareció (. . .)" [Y no debemos decir a ninguna de las partes], "No te necesito" (1 Corintios 12.18, 21, énfasis añadido).

Bibliografía Anotada[201]

Barr, Adam T. y Ron Citlau. *Compassion Without Compromise.* Bloomington, MN: Bethany House Publishers, 2014. Su descripción dice: "Cómo el Evangelio nos libera a amar a nuestros amigos homosexuales sin perder la verdad". Los autores son pastores que dicen que regularmente se relacionan con personas que "luchan con la homosexualidad". Su historia personal de abuso sexual, el caos entre la orientación homosexual y heterosexual y el uso de drogas. En 1997, conoció a Jesús y experimentó el perdón, la pureza sexual, y finalmente "comenzó a ver el reordenamiento de mis deseos sexuales". Ahora es un cristiano, esposo, padre de cuatro hijos y pastor, pero todavía admite: "He tenido sentimientos homosexuales durante la mayor parte de mi vida". Mientras Citlau ya no vive en el caos sexual, los autores tienen cuidado de no prometer cambios de orientación. En su lugar, usan frases como "transformados en su sexualidad", centrándose más en el comportamiento y el alivio de las compulsiones. Para el cristiano *gay* que no está "luchando contra su homosexualidad", pero con el rechazo de la iglesia de ellos, los autores no comprometen su mensaje. Simplemente exhortan más "sensibilidad y encanto" en presentarlo.

Brown, Michael L. *Can You Be Gay and Christian? Responding with Love and Truth to Questions About Homosexuality.* Lake Mary, FL: Frontline, una imprenta de Charisma House, 2014. Prometiendo dar respuestas bíblicas al "gran problema moral y espiritual de esta generación", Brown plantea preguntas. "¿Cómo respondemos a las personas que nos dicen cuánto aman al Señor y experimentan el poder de Dios? ¿Cómo les respondemos cuando dicen que la ley más grande es la ley del amor, y que el amor nos obliga a abrazarlos como son? ¿Qué hacemos con el

201. *Nota del traductor*: No se traducen los nombres de los libros que están en inglés con el fin de identificarlos correctamente

argumento de que las leyes del Antiguo Testamento (como la prohibición contra la homosexualidad y las leyes dietéticas) ya no se aplican? "En última instancia, la respuesta de Brown es: "Si tú dices [que eres] un *gay* practicante . . . y siguiendo a Jesús al mismo tiempo, digo, no. Según las Escrituras, los dos son mutuamente incompatibles".

Brownson, James V. *Bible Gender Sexuality: Reframing the Church's Debate on Same-Sex Relationships.* Grand Rapids, MI: Eerdmans Publishing Company, 2013. Aunque sea académico en su enfoque, este libro presenta un caso bíblico a favor de permitir la igualdad de matrimonio. Brownson se embarcó en el proyecto después de que su hijo de diez y ocho años salió del clóset como *gay*. Él es el profesor de Nuevo Testamento en el Western Theological Seminary, en Holland, Michigan, por lo que su trabajo es muy erudito, y gran parte de su libro se centra en la naturaleza y el significado del matrimonio en la Biblia.

Cottrell, Susan. *Mom, I'm Gay*. Louisville, KY: Westminster John Knox Press, edición revisada y ampliada, 2016. La descripción del libro dice: "Cuando tu hijo revela que él o ella se siente atraído hacia el mismo sexo, cómo respondes tiene mucho que ver con tu fe. ¿No dice la Biblia que está mal? ¿Tendremos que dejar nuestra iglesia? Lo peor de todo, tú puedes cuestionar si "Tengo que elegir entre mi fe cristiana y mi hijo". Susan Cottrell es una madre que ha vivido eso y quiere que sepas que amar y aceptar a tu hijo *gay* no significa abandonar ni siquiera hacer concesiones a tu fe". Ella es la fundadora de FreedHearts, un ministerio para familias de individuos LGBTQ.

DeYoung, Kevin. *What Does the Bible Really Teach about Homosexuality?* Wheaton, IL: Crossway, 2015. DeYoung es pastor principal en la University Reformed Church en East Lansing, Michigan. Ha sido autor y coautor de numerosos libros conocidos como *Just Do Something* y *The Hole in Our Holiness,* así como los galardonados libros *Why We're Not Emergent y Why We Love the Church* (con Ted Kluck). La homosexualidad se describe: "Después de examinar los pasajes bíblicos claves tanto en el Antiguo como en el Nuevo Testamento y en la doctrina general de la Biblia respecto a la sexualidad, DeYoung responde a las objeciones populares planteadas tanto por cristianos como por no cristianos, haciendo de este un recurso indispensable para pensar en uno de los las cuestiones más apremiantes de nuestros días". Pero DeYoung se enfoca en probar que la homosexualidad es pecado sin prestar mucha atención a cómo uno debe amar y relacionarse con las personas homosexuales.

Gushee, David P. *Changing Our Mind.* Canton, MI: Read the Spirit Books, una imprenta de David Crumm Media, LLC, 2014. Como el profesor distinguido de Ética Cristiana y Director Ejecutivo del Centro para la fe y la vida pública de Mercer University, él recibió el premio de la Evangelical Press Association para Christian Journalism en 1991, 1992 y 1997 y ha sido escritor para la Associated Baptist Press y *Christianity Today*, que premió su libro *Kingdom Ethics: Following Jesus in Contemporary Context*, como el Theology / Ethics como Libro del Año en el 2004. En ese libro, que es un texto estándar en muchos seminarios evangélicos, presenta una visión neo-tradicional de las cuestiones LGBT y se opuso a la igualdad de matrimonio. Sin embargo, como él explica en Changing our Mind, cuando su hermana reveló que era lesbiana, se sintió obligado a regresar a las Escrituras para una mirada más cercana y ha cambiado su opinión a una perspectiva más solidaria.

Harper, Brad y Drew Harper. *Space at the Table: Conversations Between an Evangelical Theologian and His Gay Son.* Portland, OR: Zeal Books, 2016. Si amas a un miembro homosexual de la familia, este libro retrata en el pathos vulnerable y honesto el dolor, los malentendidos y las heridas que ocurrieron entre un padre, Brad, y su hijo Drew, quien—porque era homosexual—creció para desafiar al Dios de su padre en la forma clásica de una tragedia griega.

Durante un tiempo, esta grieta destruyó su relación y casi mató a Drew. Era sólo el amor subyacente que tenían entre sí que finalmente trajo la reconciliación. El drama de la vida que relatan de un lado a otro está marcado por advertencias y consejos al lector—a veces en forma de confesiones—acerca de las palabras y acciones que dañan a las personas homosexuales. Todo esto es bueno.

Pero a lo largo de los años, Brad vaciló entre admitir, "Cuando todo estaba dicho y hecho, había una parte de ti que nunca podría aceptar plenamente", para decirle a Drew: "Sería una lucha para nosotros, pero nosotros lo aceptamos, totalmente". Al final, la curación ocurrió cuando Brad realmente aceptó a su hijo incondicionalmente, y eso los trajo de vuelta juntos a la mesa.

Sin embargo, Brad nunca parecía capaz de afirmar claramente que Dios aceptó Drew incondicionalmente como una persona *gay*. De hecho, la insistencia del padre de que mientras amaba a su hijo, tenía que permanecer fiel a sus convicciones acerca de las opiniones de Dios sobre la homosexualidad, inevitablemente comunicaba la profunda desaprobación de Dios. Incluso antes de que Drew se volviera sexualmente activo, Brad lo envió a la terapia reparativa, así que no era sólo comportamiento, sino que Drew realmente era lo que necesitaba "arreglar". Brad nunca dijo: "Oh, entonces eres *gay*. Eso es genial. Hablemos de cómo vivir como un cristiano *gay*". No, él quería "arreglar la homosexualidad", no sólo influir en cómo Drew se comportó, aunque por supuesto, su comportamiento finalmente se convirtió en un gran problema.

Debido a que su padre era el intérprete primario de Drew de lo que Dios pensaba, no es de extrañar que Drew se considerara a sí mismo "dañado y roto", lleno de perpetuo "auto-odio", y creía que necesitaba ser "castigado". Ser incapaz de cambiar la manera que Dios lo había hecho, se quedó con la elección inevitable: negar a quién se sabía que era o negar a Dios.

Tal vez Brad agonizó a lo largo del camino sobre si sus convicciones religiosas tergiversaron el corazón de Dios, especialmente cómo se revelaba en la vida de Jesús. Pero él nunca informa haberlo hecho. Él se refiere repetidamente a sus convicciones como inmutables. Después de todo, es profesor de teología.

¿Hubiera hecho una diferencia si desde el principio Brad hubiese enfatizado la gracia de Dios? ¿Qué habría pasado si el mensaje hubiera sido tan claro como: Tú eres salvo por la gracia sola, a través de la fe, y no por las "obras" de cambiar o renunciar a Dios que te hizo ser? ¿Hubiera hecho una diferencia para Drew?

¿Quién sabe? Hay miles de cristianos homosexuales que mantienen su fe en Jesús sin necesidad de negar que Dios los hiciera ser. Pero la tragedia en esta historia es que su padre nunca parecía capaz de afirmar eso como una opción para Drew.

Hill, Wesley. *Washed and Waiting*. Grand Rapids, MI: Zondervan, 2010. Wesley es un pastor anglicano *gay* que descubrió a los trece años que estaba interesado en chicos en vez de chicas. Creció en un hogar amoroso, su familia asistió a una iglesia bautista del sur donde aceptó a Cristo como su salvador y fue bautizado. Asistió a Wheaton College donde escribió nerviosamente un artículo sobre la visión cristiana de la homosexualidad. Eso y estudios adicionales lo convencieron de que mientras la conducta *gay* era pecaminosa, la atracción hacia el mismo sexo—aunque no pecadora en sí misma—fue el resultado de la caída. Está comprometido a ser un cristiano fiel y célibe, aunque reconoce su permanente atracción por el mismo sexo y anhela la profunda relación interpersonal que el matrimonio podría proporcionar incluso si el sexo no juega ningún papel.

Lee, Justin. *TORN: Rescuing the Gospel from the Gays-vs.-Christians Debate*. New York: Jericho Books, 2012. Uno de los libros más poderosos escritos por un hombre *gay* evangélico (bautista del sur) que cuenta su historia de descubrir que era *gay* como un adolescente aunque provenía de una familia cristiana sana, tenía buenas relaciones con sus padres, no estaba involucrado sexualmente, intentó desesperadamente durante años "no ser *gay*", agonizó en la oración para que Dios lo liberara . . . hasta que finalmente aceptó su orientación y más tarde llegó a la conclusión de que la Biblia legítimamente se puede entender a permitir el matrimonio homosexual sobre la misma base que el matrimonio heterosexual. Sin embargo, él permanece célibe, no habiendo encontrado todavía a la pareja que cree que Dios tiene para él. Es el fundador de la Gay Christian Network, con unos 30.000 miembros.

Marin, Andrew. *Love Is an Orientation: Elevating the Conversation with the Gay Community*. Downers Grove, IL: IVP Books, 2009. Marin trabaja para construir puentes entre la comunidad LGBTQ y los conservadores a través de la investigación científica, educación bíblica y social, y diversas reuniones comunitarias. Su libro explora muchas de las maneras en que no nos encontramos en medio de toda la retórica candente, y él dice: "Es posible estar en desacuerdo y, sin embargo, seguir escuchando, aprendiendo y dialogando pacíficamente para que algo significativo pueda suceder para el reino".

McDowell, Sean y John Stonestreet. *Same-Sex Marriage*. Grand Rapids, MI: Baker Books, 2014. Estos argumentos que el matrimonio es legítimo sólo entre un hombre y una mujer. Representa una perspectiva neo-tradicional, pero se esfuerza por reunir a los lectores para combatir la tendencia hacia la igualdad de matrimonio, proporcionando respuestas a "los puntos de conversación estándar para el matrimonio entre personas del mismo sexo".

Otto, Tim. *Oriented to Faith: Transforming the Conflict over Gay Relationships*. Eugene, OR: Cascade Books, an Imprint of Wipf and Stock Publishers, 2014. Otto es un pastor evangélico *gay* que creció en una familia amorosa en el campo misionero. No sólo ha aceptado su orientación del mismo sexo, sino que ha concluido que la Biblia permite el matrimonio homosexual. Sin embargo, él ha permanecido célibe por el bien de su trabajo pastoral—él ministra en una población que no sería capaz de entender un matrimonio homosexual—. Esta es una historia muy personal de un chico que no fue abusado de ninguna manera, amó al Señor, pero descubrió en la adolescencia que estaba mirando a otros chicos mientras sus amigos estaban notando chicas. Invita a los lectores a explorar cómo Dios está trabajando en el mundo, incluso en medio de las circunstancias más difíciles, redimiendo y transformando a la iglesia a través de este difícil debate.

París, Jenell Williams. *The End of Sexual Identity*. Downers Grove, IL: IVP Books, 2011. Escribiendo como un antropólogo, París dice: "La identidad sexual se ha convertido en un ídolo tanto en la cultura en general como en la subcultura cristiana. Y sin embargo conceptos como '*gay*' o 'hetero' son desarrollos relativamente recientes en la historia humana. Nos dejamos definir por nociones socialmente construidas de identidad sexual y orientación sexual—aunque éstas no sean las únicas o mejores maneras de pensar sobre la sexualidad"—. Evalúa los problemas con la comprensión cultural y cristiana popular de la heterosexualidad y la homosexualidad por igual.

Stanton, Glenn. *Loving My (LGBT) Neighbor: Being Friends in Grace and Truth*. Chicago: Moody Publishers, 2014. Stanton es el Director de Estudios de Formación Familiar en Enfoque a la Familia y un investigador del Instituto de Matrimonio y Familia de Ottawa. Debate y da conferencias sobre el género, la sexualidad, el matrimonio y la crianza de los hijos en universidades e iglesias de todo el país. Uno podría pensar que sería durísimo y él se apega a la "verdad" como lo interpreta, pero su amistad personal con muchos homosexuales le ha dado respeto y empatía por ellos.

Vander Wal-Gritter, Wendy. *Generous Spaciousness, Responding to Gay Christians in the Church*. Grand Rapids, MI: Brazos Press, a division of Baker Publishing Group, 2014. En la introducción dice: "Ser el líder de una organización nacional [New Direction, que forma parte de la red de Exodus en Canadá] con el legado de promover y defender una posición clara y segura (que no sólo es la posición tradicional que dice que la intimidad sexual está reservada para el matrimonio entre un hombre y una mujer, sino también la posición evangélica ex *gay* que dice que la libertad y el cambio son posibles para la persona atraída hacia el mismo sexo), hace que sea particularmente amenazador ir a ese lugar honesto y auténtico, donde la duda, las preguntas y la incertidumbre viven, con una expectativa totalmente infantil que Dios me obligó a tomar, aunque con mucho temor y temblor de mi parte. Y es un viaje que me ha permitido a mí ya la organización que he llevado a emerger como un lugar de amplitud generosa". Eso la obligó a pedir públicamente perdón por sí mismo y su ministerio y ministerios como el suyo por lastimar a la gente homosexual. Su objetivo ahora es animar a la iglesia a respetar diferentes perspectivas con respecto a la homosexualidad, evitando tres distracciones: la política, la fijación en el cambio de orientación y la preocupación sobre la cuestión de la causalidad.

Vines, Matthew. *God and the Gay Christian*. New York: Convergent Books, 2014. Vines asistió a la Universidad de Harvard de 2008 a 2010. A continuación, tomó un permiso para investigar la Biblia y la homosexualidad y trabajar para la inclusión de los LGBT en la iglesia. En marzo de 2012, Matthew pronunció un discurso en una iglesia en su ciudad natal sobre la Biblia y la homosexualidad, pidiendo la aceptación de los cristianos homosexuales y sus relaciones matrimoniales. Desde entonces, el video del discurso se ha visto casi un millón de veces en YouTube, lo que lleva a una noticia en el New York Times. Mientras afirma la igualdad de matrimonio, permanece soltero y ha fundado el Reformation Project, una organización cristiana sin fines de lucro basada en la Biblia que busca reformar la enseñanza de la iglesia sobre la orientación sexual y la identidad de género. Él expresa una posición evangélica de fondo y a la vista de las Escrituras.

Wilson, Ken. *A Letter to My Congregation*. Canton, MI: Read the Spirit Books, una imprenta de David Crumm Media, 2014. Descrito como: "El camino de un pastor evangélico para abrazar a las personas que son homosexuales, lesbianas y transgéneros en compañía de Jesús". Ken fue el pastor fundador de la Iglesia la Viña de Ann Arbor. Él se preocupó por cómo la iglesia rechazó a las personas homosexuales y emprendió un viaje de "repensar lo que la Biblia plenamente acreditada e inspirada debe ser entendida a significar en la vida de la iglesia hoy". Mientras él trata con muchos pasajes bíblicos, sus ideas constantemente se relacionan con personas y situaciones reales. La publicación de este libro no fue bien recibida por la Association of Vineyard Churches y Wilson ahora es pastor de Blue Ocean Faith, una iglesia "amigable a todo el pueblo" en Ann Arbor.

Yuan, Christopher y Angela Yuan. *Out of a Far Country*. Colorado Springs, CO: WaterBrookPress, 2014. Christopher Yuan, ahora instructor adjunto en el Moody Bible Institute de Chicago, descubrió a una edad temprana que era *gay*. Su historia es paralela a los viejos estereotipos sobre los hombres homosexuales—un padre frío y distante, una madre sofocante y manipuladora, rebelión persistente y rechazo de Dios, una infancia solitaria y socialmente incómoda (hasta que salió del clóset), la participación en clubes homosexuales, orgías homosexuales, relaciones de corto plazo para el sexo y finalmente el mundo de las drogas . . . hasta que fue infectado con el VIH y finalmente arrestado por un importante tráfico de drogas—. La historia de su conversión a Cristo y la liberación de su vida anterior es poderosa en su pathos, y no se puede negar que hay muchas personas homosexuales—como muchas personas heterosexuales—que viven vidas igualmente destructivas y pecaminosas y por lo tanto necesitan liberación. Sin embargo, su experiencia no es paralela a la de muchos cristianos homosexuales (y de no cristianos) que no se embarcaron en tal libertinaje. Por lo tanto, muchos no encuentran necesariamente sus "soluciones" pertinentes.

Expresiones de gratitud

El aprecio y la admiración debo primeramente a nuestra hija y nuera por permitirme contar nuestra historia familiar. Estoy más convencido que nunca de que uno nunca debe "hacer teología" sin prestar atención a cómo afecta a las personas reales. Después de todo, es gente por la que Dios dio a su hijo, no una teoría o un principio.

Por la misma razón estoy en deuda con todos los que compartieron sus experiencias por las historias de "daños colaterales". Gracias por sentarte a nuestra mesa, invitarnos a la tuya, hablar por teléfono, aguantar las entrevistas o dejarme adaptar algo que ya había escrito. Hiciste real este libro. Lo mismo ocurre con las decenas de personas en la conferencia de la Gay Christian Network que compartieron sus testimonios, muchos de los cuales informé en la sección "Ciudades de Refugio".

Gracias, Neta, mi compañera de vida y amante por estos últimos cincuenta años. Tú eres la mayor en todos los sentidos, incluyendo ser mi pareja de lluvia de ideas, mi desafiante, animador y primer editor.

Estoy agradecido a Anita Lustrea por el fuerte Prefacio y a mis endosantes, aunque no hubo espacio para todos ellos. Gracias a los que todavía tengan preguntas, pero encontraron en *Risking Grace* una valiosa contribución a la conversación. Sé que no tengo todas las respuestas.

A mi equipo de oración: Bill D., Bill S., Charlotte, Cindy, Hilda, Jean, Janalee, Jim, Joan, Julia, Julian, Kristin, Mary, Nick, Shelly, Ted, Theda, Tim O. y Tim N., y Virgil, no podría haber hecho esto sin ustedes. Ya sea que oraran con frecuencia o de vez en cuando, si me desafiaban o me animaban, me hacía falta todo lo que hacían. No pueden imaginar la cantidad de veces que Dios respondió a sus oraciones guiándome a la siguiente Escritura, a la siguiente pregunta, a la siguiente persona, al siguiente recurso para poder continuar con este viaje y asignación.

Mucho agradecimiento a mi redactora, Rogena Mitchell-Jones, y mi equipo de correctoras: Alison, Jayne, Jill, Laurie y Michelle.

* * * *

Finalmente, con respecto a la traducción, quiero agradecer a varias personas que contribuyeron con muchas horas de revisión, sugerencias y correcciones, pero por razones personales deben quedarse anónimas. Mi mayor consideración y gratitud hacia Adriana, Ruth, Lucas, Alfredo, Leopoldo, Juanma y Jonathan por las largas horas invertidas en hacer de esta traducción una realidad. Un agradecimiento especial a las personas que forman parte de Cristianos Inclusivos de Paraguay, la mayoría de los cuales ha esperado toda su vida para escuchar de otros cristianos que son amados, hijos e hijas de Dios, y con alegría proporcionaron comentarios y sugerencias para mejorar el mensaje que Dios ama incondicionalmente.

Made in the USA
Lexington, KY
02 October 2018